国家知识产权局商标局　编著

类似商品和服务区分表

基于尼斯分类第十二版

（2023文本）

图书在版编目（CIP）数据

类似商品和服务区分表：基于尼斯分类第十二版：2023文本/国家知识产权局商标局编著．—北京：知识产权出版社，2023.1

ISBN 978-7-5130-8425-3

Ⅰ．①类… Ⅱ．①国… Ⅲ．①商标管理—中国 Ⅳ．① F760.5

中国版本图书馆 CIP 数据核字（2022）第 200949 号

责任编辑：许　波　　　　　　　　　　责任印制：刘译文

类似商品和服务区分表——基于尼斯分类第十二版（2023文本）
LEISI SHANGPIN HE FUWU QUFENBIAO—— JIYU NISI FENLEI DI-SHI'ER BAN（2023 WENBEN）

国家知识产权局商标局　编著

出版发行：	知识产权出版社有限责任公司	网　　址：	http://www.ipph.cn
电　　话：	010-82004826		http://www.laichushu.com
社　　址：	北京市海淀区气象路50号院	邮　　编：	100081
责编电话：	010-82000860 转 8380	责编邮箱：	xubo@cnipr.com
发行电话：	010-82000860 转 8101	发行传真：	010-82000893
印　　刷：	天津嘉恒印务有限公司	经　　销：	新华书店、各大网上书店及相关专业书店
开　　本：	889mm×1194mm　1/16	印　　张：	17.5
版　　次：	2023年1月第1版	印　　次：	2023年1月第1次印刷
字　　数：	428千字	定　　价：	80.00元

ISBN 978-7-5130-8425-3

出版权专有　侵权必究
如有印装质量问题，本社负责调换。

编者说明

一、世界知识产权组织提供的《商标注册用商品和服务国际分类》（以下简称《国际分类》）第十二版于2023年1月1日起正式使用。以此为基础，国家知识产权局商标局对《类似商品和服务区分表》（以下简称《区分表》）作了相应调整，形成《类似商品和服务区分表——基于尼斯分类第十二版（2023文本）》。

二、类似商品是指商品在功能、用途、所用原料、销售渠道、消费对象等方面具有一定的共同性，如果使用相同、近似的商标，易使相关公众认为其存在特定联系，使消费者误认为是同一企业生产的商品。类似服务是指在服务的目的、内容、方式、对象等方面具有一定的共同性，如果使用相同、近似的商标，易使相关公众认为其存在特定联系，使消费者误认为是同一企业提供的服务。《区分表》中的类似商品和服务，是商标主管部门为了商标检索、审查、管理工作的需要，总结多年来的实践工作经验，并广泛征求各部门的意见，把某些存在特定联系、容易造成误认的商品或服务组合到一起编制而成的。《区分表》不可能穷尽所有的类似商品和服务项目。认定商品或服务是否类似，应依据相关公众对商品或服务的一般认识综合判断。《区分表》可以作为商标审查人员、商标代理人和商标注册申请人判断类似商品或者服务的参考，也可以作为行政机关和司法机关在处理商标案件时判断类似商品或者服务的参考。

三、《区分表》共分为商品（第一类至第三十四类，共34个类别）和服务（第三十五类至第四十五类，共11个类别）两大部分。"目录"部分收录了各个类别的标题、各类似群号和类似群名称，以便检索。申请人在申请商标注册时，应填写具体商品或服务项目，不得填写类别标题和类似群名称。

四、《区分表》中每一类别的标题原则上指出了归入该类的商品或服务的范围。各类的【注释】部分援引了《国际分类》的注释，为正确确定商品和服务项目的类别提供了思路。

五、《区分表》所列商品和服务项目名称，包括《国际分类》及我国常用但未列入《国际分类》的商品和服务项目名称，两部分内容分段表示，后者在段前用"※"标注以示区别。

六、《国际分类》中出现的与某一特殊类别有关的统称（涵盖某些商品或服务），不能排除这个统称同样在其他类别出现的可能性（涵盖其他的商品和服务）。它究竟归于哪个类别，应依据该统称所表述的方式确定。在这种情况下的商品或服务名称（例如：服装，油漆）要标上星号"*"。《区分表》也采用了该种表述方式。申请人在申请商标注册时，只填写商品或服务项目名称，不填写星号。

七、《区分表》将《国际分类》中使用的商品和服务项目的基本号排在项目名称之后，未列入《国际分类》的我国常用商品和服务项目名称后也编排了顺序号，用"C"标注以示区别。

八、一个类似群内的商品和服务项目原则上是类似商品和服务。若该类似群内的商品和服务项目并不全部判为类似，则按照类似关系将商品和服务项目分为若干部分，用中文序号（一）、序号（二）……表示，同一部分的商品和服务项目原则上判为类似，不同部分间的商品和服务项目原则上不判为类似。对于某些特殊情况，该类似群后面用加"注"的形式详细说明。类似的商品和服务项目之间应交叉检索。

九、《区分表》采用层次代码结构。第一层是商品和服务类别，用中文第一类、第二类……表示，共 45 个类别；第二层是商品和服务类似群，代码采用四位数字，前两位数字表示商品和服务类别，后两位数字表示类似群号，如"0304"表示第三类商品的第 4 类似群；第三层是商品和服务项目，代码采用六位数字，前两位表示商品和服务类别，后四位数字为商品或服务项目编码，如"120092"表示第十二类第 92 号商品，六位数字前面加"C"的代码表示未列入《国际分类》的我国常用商品和服务项目，如"C120008"为第十二类第 8 号国内商品；第四层代码用中文序号（一）、序号（二）……表示各类似群中的某一部分；第五层代码在各类似群后面的"注"中出现，用数字序号 1、2……区分各条说明。

十、对于移类的项目，如果需要交叉检索，则在移入的类别进行加注说明。例如：第七版时"牙科用药"由第五类 0507 类似群移入 0501 类似群，则 0501 类似群加注"牙科用药与第六版及以前版本 0507 牙科用药交叉检索"；第八版时第四十二类 4205 类似群中的服务项目分别移入第四十三类 4305 类似群和第四十四类 4403 类似群，则 4305、4403 类似群均加注"本类似群与第七版及以前版本 4205 交叉检索"；第九版时第一类 0117 类似群所有商品项目全部移入第四类 0407 类似群，则 0407 类似群加注"本类似群与第八版及以前版本 0117 交叉检索"。为保持类似群号的连续性，《区分表》保留了商品或服务项目已经全部移除的无效类似群，在类似群号前用"#"标注以示区别。类似群中商品或服务项目已经全部移除的无效部分，也标注"#"以示区别。

商品和服务项目正不断更新、发展，市场交易的状况也不断发生变化，商品或服务的类似关系也不会固定不变，希望各方在实际使用中提出宝贵意见，我们将结合实际情况，总结经验，以使《区分表》更加合理和完善。

国家知识产权局商标局
2022 年 11 月

目 录

商 品

第一类

用于工业、科学、摄影、农业、园艺和林业的化学品；未加工人造合成树脂，未加工塑料物质；灭火和防火用合成物；淬火和焊接用制剂；鞣制动物皮毛用物质；工业用黏合剂；油灰及其他膏状填料；堆肥，肥料，化肥；工业和科学用生物制剂。

编号	名称	页码
0101	工业气体，单质	003
0102	用于工业、科学、农业、园艺、林业的工业化工原料	004
0103	放射性元素及其化学品	008
0104	用于工业、科学的化学品、化学制剂，不属于其他类别的产品用的化学制品	008
0105	用于农业、园艺、林业的化学品、化学制剂	011
0106	化学试剂	012
0107	摄影用化学用品及材料	012
0108	未加工的人造合成树脂，未加工塑料物质（不包括未加工的天然树脂）	013
0109	肥料	013
0110	灭火、防火用合成物	014
0111	淬火用化学制剂	014
0112	焊接用化学制剂	014
0113	食药用化学品（不包括食品用防腐盐）	014
0114	鞣料及皮革用化学品	015
0115	工业用黏合剂和胶（不包括纸用黏合剂）	015
0116	纸浆	016
#0117	能源	016

第二类

颜料，清漆，漆；防锈剂和木材防腐剂；着色剂，染料；印刷、标记和雕刻用油墨；未加工的天然树脂；绘画、装饰、印刷和艺术用金属箔及金属粉。

0201	染料，媒染剂（不包括食用）	017
0202	颜料（不包括食用、绝缘用），绘画、装饰、印刷和艺术用金属箔及金属粉	018
0203	食品着色剂	018
0204	油墨	018
0205	涂料，油漆及附料（不包括绝缘漆）	018
0206	防锈剂，木材防腐剂	019
0207	未加工的天然树脂	019

第三类

不含药物的化妆品和梳洗用制剂；不含药物的牙膏；香料，香精油；洗衣用漂白剂及其他物料；清洁、擦亮、去渍及研磨用制剂。

0301	肥皂，香皂及其他人用洗洁物品，洗衣用漂白剂及其他物料	020
0302	清洁、去渍用制剂	021
0303	抛光、擦亮制剂	022
0304	研磨用材料及其制剂	022
0305	香料，香精油	023
0306	化妆品（不包括动物用化妆品）	023
0307	牙膏，洗牙用制剂	024
0308	熏料	025
0309	动物用化妆品	025
0310	室内芳香剂	025

第四类

工业用油和油脂，蜡；润滑剂；吸收、润湿和黏结灰尘用合成物；燃料和照明材料；照明用蜡烛和灯芯。

0401	工业用油及油脂，润滑油，润滑剂（不包括燃料用油）	026
0402	液体、气体燃料和照明燃料	027

0403	固体燃料	027
0404	工业用蜡	028
0405	照明用蜡烛和灯芯	028
0406	吸收、润湿和黏结灰尘用合成物	028
0407	能源	028

第五类

药品，医用和兽医用制剂；医用卫生制剂；医用或兽医用营养食物和物质，婴儿食品；人用和动物用膳食补充剂；膏药，绷敷材料；填塞牙孔用料，牙科用蜡；消毒剂；消灭有害动物制剂；杀真菌剂，除莠剂。

0501	药品，消毒剂，中药药材，药酒	029
0502	医用营养品，人用膳食补充剂，婴儿食品	033
0503	净化制剂	034
0504	兽药，动物用膳食补充剂	034
0505	杀虫剂，除莠剂，农药	035
0506	卫生用品，绷敷材料，医用保健袋	035
0507	填塞牙孔用料，牙科用蜡	036
0508	宠物尿布	036

第六类

普通金属及其合金，金属矿石；金属建筑材料；可移动金属建筑物；普通金属制非电气用缆线；金属小五金具；存储和运输用金属容器；保险箱。

0601	普通金属及其合金、板、各种型材（不包括焊接及铁路用金属材料）	038
0602	普通金属管及其配件	038
0603	金属建筑材料，可移动金属建筑物（不包括建筑小五金）	039
0604	铁路用金属材料	040
0605	非电气用缆索和金属线、网、带	040
0606	缆绳用非电气金属附件	041
0607	钉及标准紧固件	041
0608	家具及门窗的金属附件	041
0609	日用五金器具	042

0610	非电子锁	042
0611	保险箱柜	042
0612	金属器具，金属硬件（非机器零件）	043
0613	金属容器	043
0614	金属标牌	044
0615	动物用金属制品	044
0616	焊接用金属材料（不包括塑料焊丝）	044
0617	锚，停船用金属浮动船坞，金属下锚桩	044
0618	手铐，金属制身份鉴别手环	044
0619	（测气象或风力的）金属风标	044
0620	金属植物保护器	045
0621	捕野兽陷阱	045
0622	普通金属艺术品，青铜（艺术品）	045
0623	矿石，矿砂	045
0624	金属棺（埋葬用），金属棺材扣件，棺材用金属器材	045

第七类

机器，机床，电动工具；马达和引擎（陆地车辆用的除外）；机器联结器和传动机件（陆地车辆用的除外）；除手动手工具以外的农业器具；孵化器；自动售货机。

0701	农业用机械及部件（不包括小农具）	046
0702	渔牧业用机械及器具	047
0703	伐木、锯木、木材加工及火柴生产用机械及器具	047
0704	造纸及加工纸制品工业用机械及器具	048
0705	印刷工业用机械及器具	048
0706	纤维加工及纺织、针织工业用机械及部件	049
0707	印染工业用机械	049
0708	制茶工业用机械	050
0709	食品业用机械及部件	050
0710	酿酒、饮料工业用机械	050
0711	烟草工业用机械	051
0712	皮革工业用机械	051
0713	缝纫、制鞋工业用机械	051

0714	自行车工业用设备	051
0715	陶瓷、砖、瓦制造机械	052
0716	工业用雕刻、打标机械	052
0717	制电池机械	052
0718	日用杂品加工机械	052
0719	制搪瓷机械	052
0720	制灯泡机械	053
0721	包装机械（不包括成套设备专用包装机械）	053
0722	民用煤加工机械	053
0723	厨房家用器具（不包括烹调、电气加热设备及厨房手工具）	053
0724	洗衣机	054
0725	制药工业用机械及部件	054
0726	橡胶、塑料工业机械	054
0727	玻璃工业用机械	055
0728	化肥设备	055
0729	其他化学工业用机械	055
0730	地质勘探、采矿、选矿用机械	055
0731	冶炼工业用设备	055
0732	石油开采、精炼工业用设备	056
0733	建筑、铁道、土木工程用机械	056
0734	起重运输机械	056
0735	锻压设备	057
0736	铸造机械	057
0737	蒸汽动力设备	058
0738	内燃动力设备	058
0739	风力、水力动力设备	058
0740	制办公用针钉机械	059
0741	制纽扣拉链机械	059
0742	切削机床，切削工具和其他金属加工机械	059
0743	非手动的手持工具	060
0744	静电、电子工业用设备	060
0745	光学工业用设备	060
0746	气体分离设备	060
0747	喷漆机具	061

0748	发电机，非陆地车辆用马达和引擎，马达和引擎零部件	061
0749	泵，阀，气体压缩机，风机，液压元件，气动元件	062
0750	机器传动用联轴节，传动带及其他机器零部件	063
0751	焊接机械	064
0752	清洁、废物处理机械	064
0753	单一商品	065
0754	电镀设备	066

第八类

手工具和器具（手动的）；刀、叉和匙餐具；除火器外的随身武器；剃刀。

0801	手动研磨器具	067
0802	小农具（不包括农业、园艺用刀剪）	068
0803	林业、园艺用手工具	068
0804	畜牧业用手工具	068
0805	渔业用手工具	069
0806	理发工具，修指甲刀，文身器具	069
0807	非动力手工具（不包括刀、剪）	069
0808	非动力手工器具	070
0809	专业用手工具	071
0810	刀剪（不包括机械刀片，文具刀）	071
0811	除火器外的随身武器	072
0812	餐具刀、叉、匙	072
0813	手工具柄	072

第九类

科学、研究、导航、测量、摄影、电影、视听、光学、衡具、量具、信号、侦测、测试、检验、救生和教学用装置及仪器；处理、开关、转换、积累、调节或控制电的配送或使用的装置和仪器；录制、传送、重放或处理声音、影像或数据的装置和仪器；已录制和可下载的媒体，计算机软件，录制和存储用空白的数字或模拟介质；投币启动设备用机械装置；收银机，计算设备；计算机和计算机外围设备；潜水服，潜水面罩，潜水用耳塞，潜水和游泳用鼻夹，潜水员手套，潜水呼吸器；灭火设备。

| 0901 | 电子计算机及其外部设备 | 074 |

0902	记录、记数检测器	075
0903	其他办公用机械（不包括打字机、誊写机、油印机）	076
0904	衡器	076
0905	量具	077
0906	信号器具	077
0907	通信导航设备	077
0908	音像设备	078
0909	摄影、电影用具及仪器	079
0910	测量仪器仪表，实验室用器具，电测量仪器，科学仪器	079
0911	光学仪器	081
0912	光电传输材料	082
0913	电器用晶体及碳素材料，电子、电气通用元件	082
0914	电器成套设备及控制装置	083
0915	非空气、非水处理用电离设备	084
0916	灭火器具	084
#0917	电弧切割、焊接设备及器具	084
0918	工业用X光机械设备	084
0919	安全救护器具	084
0920	警报装置，电铃	085
0921	眼镜及附件	086
0922	电池，充电器	086
0923	电影片，已曝光材料	086
0924	单一商品	087

第十类

外科、医疗、牙科和兽医用仪器及器械；假肢，假眼和假牙；矫形用物品；缝合材料；残疾人专用治疗装置；按摩器械；婴儿护理用器械、器具及用品；性生活用器械、器具及用品。

1001	外科、医疗和兽医用仪器、器械、设备，不包括电子、核子、电疗、医疗用X光设备、器械及仪器	088
1002	牙科设备及器具	090
1003	医疗用电子、核子、电疗和X光设备	090
1004	医疗用辅助器具、设备和用品	090

1005	奶嘴，奶瓶	091
1006	性用品	091
1007	假肢，假发和假器官	092
1008	矫形矫正及助行用品	092
1009	缝合用材料	092

第十一类

照明、加热、冷却、蒸汽发生、烹饪、干燥、通风、供水及卫生用装置和设备。

1101	照明用设备、器具（不包括汽灯、油灯）	094
#1102	喷焊灯	095
1103	汽灯，油灯	095
1104	烹调及民用电气加热设备（不包括厨房用手工用具，食品加工机器）	095
1105	制冷、冷藏设备（不包括冷藏车）	096
1106	干燥、通风、空调设备（包括冷暖房设备），气体净化设备	096
1107	加温、蒸汽设备（包括工业用炉、锅炉，不包括机车锅炉、锅驼机锅炉、蒸汽机锅炉）	097
1108	供暖装置及水暖管件	098
1109	卫生设备（不包括盥洗室用具）	099
1110	消毒和净化设备	099
1111	小型取暖器	100
1112	不属别类的打火器具	100
1113	核能反应设备	100

第十二类

运载工具；陆、空、海用运载装置。

1201	火车及其零部件	101
1202	汽车、电车、摩托车及其零部件（不包括轮胎）	102
#1203	摩托车及其零部件（不包括轮胎）	103
1204	自行车、三轮车及其零部件（不包括轮胎）	103
1205	缆车，架空运输设备	104
1206	轮椅，手推车，儿童推车	104
1207	畜力车辆，雪橇	105

1208	轮胎及轮胎修理工具	105
1209	空用运载工具（不包括飞机轮胎）	105
1210	水用运载工具	106
1211	运载工具零部件	106

第十三类

火器；军火及弹药；炸药；焰火。

1301	火器，军火及子弹	108
1302	爆炸物	109
1303	烟火，爆竹	109
1304	个人防护用喷雾	109

第十四类

贵金属及其合金；首饰，宝石和半宝石；钟表和计时仪器。

1401	贵金属及其合金	110
1402	贵金属盒和首饰盒	111
1403	珠宝，首饰，宝石及贵金属制纪念品	111
1404	钟，表，计时器及其零部件	111

第十五类

乐器；乐谱架和乐器架；指挥棒。

| **1501** | 乐器 | 113 |
| **1502** | 乐器辅助用品及配件 | 114 |

第十六类

纸和纸板；印刷品；书籍装订材料；照片；文具和办公用品（家具除外）；文具用或家庭用黏合剂；绘画材料和艺术家用材料；画笔；教育或教学用品；包装和打包用塑料纸、塑料膜和塑料袋；印刷铅字，印版。

1601	工业用纸	115
1602	技术用纸（不包括绝缘纸）	116
1603	生活用纸	116
1604	纸板	117
1605	办公、日用纸制品	117
1606	印刷出版物	118
1607	照片，图片，图画	118
#1608	纸牌，扑克牌	119
1609	纸及不属别类的塑料包装物品	119
1610	办公装订、切削用具	119
1611	办公文具（不包括笔，墨，印，胶水）	120
1612	墨，砚	120
1613	印章，印油	121
1614	笔	121
1615	办公或家庭用胶带或黏合剂	121
1616	办公室用绘图仪器，绘画仪器	122
1617	绘画用具（不包括绘图仪器，笔）	122
1618	打字机、誊写机、油印机及其附件（包括印刷铅字、印版）	122
1619	教学用具（不包括教学实验用仪器）	123
1620	室内模型物（不包括教学用模型标本）	123
1621	单一商品	123

第十七类

未加工和半加工的橡胶、古塔胶、树胶、石棉、云母及这些材料的代用品；生产用成型塑料和树脂制品；包装、填充和绝缘用材料；非金属软管和非金属柔性管。

1701	不属别类的橡胶，古塔胶，树胶	124
1702	非金属密封减震制品	125
1703	橡胶，树脂，纤维制品	125
1704	软管	126
1705	保温、隔热、隔音材料	126
1706	绝缘用材料及其制品	127
1707	包装、填充用材料（包括橡胶、塑料制品）	128
1708	单一商品	128

第十八类

皮革和人造皮革;动物皮;行李箱和背包;雨伞和阳伞;手杖;鞭,马具和鞍具;动物用项圈、皮带和衣服。

1801	皮革和人造皮革,裘皮	129
1802	不属别类的皮革、人造皮革制品,箱子及旅行袋,日用革制品	130
#1803	裘皮	131
1804	雨伞及其部件	131
1805	手杖	131
1806	动物用具	131
#1807	肠衣	131

第十九类

非金属的建筑材料;建筑用非金属硬管;柏油,沥青;可移动非金属建筑物;非金属纪念碑。

1901	木材	133
1902	土,沙,石,石料,灰泥,炉渣等建筑用料	133
1903	石膏	133
1904	水泥	134
1905	水泥预制构件	134
1906	建筑砖瓦	134
1907	非金属耐火材料及制品	134
1908	柏油,沥青及制品	134
1909	非金属建筑材料及构件(不包括水泥预制构件)	135
1910	非金属建筑物	136
1911	建筑用玻璃及玻璃材料	137
1912	建筑用涂层	137
1913	建筑用黏合料	137
1914	石、混凝土、大理石雕塑品	137
1915	棺椁墓碑	138

第二十类

家具，镜子，相框；存储或运输用非金属容器；未加工或半加工的骨、角、鲸骨或珍珠母；贝壳；海泡石；黄琥珀。

2001	家具	140
2002	非金属容器及附件	141
2003	不属别类的工业、建筑配件	141
2004	镜子、画框及部件	142
2005	不属别类的竹、藤、棕、草制品	142
2006	未加工或半加工的骨、角、牙、介及不属别类的工艺品	142
2007	非金属牌	143
2008	食品用塑料装饰品	143
2009	禽、畜等动物用制品	143
2010	非金属制身份鉴别手环	144
2011	非金属棺材及附件	144
2012	家具部件及非金属附件	144
2013	垫，枕	144
2014	非金属紧固件及门窗附件	145

第二十一类

家用或厨房用器具和容器；烹饪用具和餐具（刀、叉、匙除外）；梳子和海绵；刷子（画笔除外）；制刷原料；清洁用具；未加工或半加工玻璃（建筑用玻璃除外）；玻璃器皿、瓷器和陶器。

2101	厨房炊事用具及容器（包括不属别类的餐具）	147
2102	不属别类的玻璃器皿	148
2103	瓷器，陶器（茶具，酒具除外）	149
2104	玻璃、瓷、陶的工艺品	149
2105	茶具、酒具、咖啡具及饮水用具	149
2106	家庭日用及卫生器具	150
2107	梳子，刷子（不包括牙刷），制刷原料	151
2108	刷牙用具	151
2109	牙签	151
2110	化妆用具	152

2111	隔热用具	152
2112	家务用具	152
2113	未加工或半加工玻璃（不包括建筑用玻璃）	153
2114	不属别类的动植物器具	153
2115	家用灭虫、灭鼠用具	154

第二十二类

绳索和细绳；网；帐篷和防水遮布；纺织品或合成材料制遮篷；帆；运输和储存散装物用麻袋；衬垫和填充材料（纸或纸板、橡胶、塑料制除外）；纺织用纤维原料及其替代品。

2201	缆，绳，线，带	155
2202	网，遮篷，帐篷，防水帆布，帆	156
2203	袋子，装卸、包装用物品	156
2204	衬垫，填充料，密封物品（不包括橡胶、塑料制品）	156
2205	纤维原料	157

第二十三类

纺织用纱和线。

2301	纺织用纱、丝	158
2302	线	159
2303	毛线	159

第二十四类

织物及其替代品；家庭日用纺织品；纺织品制或塑料制帘。

2401	纺织品，布料	160
2402	特殊用织物	161
2403	纺织品壁挂	161
2404	毡及毡制品	161
2405	毛巾，浴巾，手帕	161
2406	床上用品	162
2407	室内遮盖物	162

#2408	洗涤用手套	163
2409	特殊用布	163
2410	纺织品制或塑料制旗	163
2411	寿衣	163

第二十五类

服装，鞋，帽。

2501	衣物	165
2502	婴儿纺织用品	165
2503	特种运动服装	166
2504	不透水服装	166
2505	戏装	166
#2506	特殊用鞋	166
2507	鞋	166
2508	帽	167
2509	袜	167
2510	手套（不包括特种手套）	167
2511	领带，围巾，披巾，面纱	167
2512	腰带，服装带	168
2513	单一商品	168

第二十六类

花边，编带和刺绣品，缝纫用饰带和蝴蝶结；纽扣，领钩扣，饰针和缝针；人造花；发饰；假发。

2601	花边，饰品及编带	170
2602	不属别类的服饰品，饰针	170
2603	纽扣，领钩扣，拉链	170
2604	假发，假胡须	171
2605	缝纫用具（线除外）	171
2606	假花	171
2607	硬托衬骨	172
2608	修补纺织品用热黏胶片	172

2609	亚麻布标记用品	172
#2610	茶壶保暖套	172
2611	单一商品	172

第二十七类

地毯，地席，亚麻油地毡及其他铺在已建成地板上的材料；非纺织品制壁挂。

2701	地毯	173
2702	地席	173
2703	垫及其他可移动铺地板用品	174
2704	墙纸，非纺织品墙帷及非纺织品壁挂	174

第二十八类

游戏器具和玩具；视频游戏装置；体育和运动用品；圣诞树用装饰品。

2801	娱乐器械，娱乐物品	175
2802	玩具	176
2803	棋，牌及辅助器材	177
2804	球类及器材	177
2805	健身器材	178
2806	射箭运动器材	178
2807	体操、举重、田径、冰雪及属于本类的其他运动器材	178
2808	游泳池及跑道	179
2809	运动防护器具及冰鞋	179
2810	圣诞树用的装饰品	180
2811	钓具	180
2812	单一商品	180

第二十九类

肉，鱼，家禽和野味；肉汁；腌渍、冷冻、干制及煮熟的水果和蔬菜；果冻，果酱，蜜饯；蛋；奶，奶酪，黄油，酸奶和其他奶制品；食用油和油脂。

| 2901 | 肉，非活的家禽，野味，肉汁 | 181 |

2902	非活水产品	182
2903	罐头食品（软包装食品不包括在内，随原料制成品归组）	183
2904	腌渍、干制水果及果蔬制零食小吃	183
2905	腌制、干制蔬菜	183
2906	蛋品	184
2907	奶及乳制品	184
2908	食用油脂	185
#2909	色拉	185
2910	食用果胶	186
2911	加工过的坚果	186
2912	菌类干制品	186
2913	食物蛋白，豆腐制品	186
2914	肠衣	186

第三十类

咖啡、茶、可可及其代用品；米，意式面食，面条；食用淀粉和西米；面粉和谷类制品；面包、糕点和甜食；巧克力；冰淇淋，果汁刨冰和其他食用冰；糖，蜂蜜，糖浆；鲜酵母，发酵粉；食盐，调味料，香辛料，腌制香草；醋，调味酱汁和其他调味品；冰（冻结的水）。

3001	咖啡，咖啡代用品，可可	187
3002	茶、茶饮料	188
3003	糖	188
3004	糖果，南糖，糖	188
3005	蜂蜜，蜂王浆等营养食品	189
3006	面包，糕点	189
3007	方便食品	190
3008	米，面粉（包括五谷杂粮）	190
3009	面条及米面制品	191
3010	谷物膨化食品	191
#3011	豆粉，食用预制面筋	191
3012	食用淀粉及其制品	191
3013	食用冰，冰制品	192
3014	食盐	192
3015	酱油，醋	192

3016　芥末，味精，沙司，酱等调味品 ······ 192

3017　酵母 ······ 193

3018　食用香精，香料 ······ 194

3019　单一商品 ······ 194

第三十一类

未加工的农业、水产养殖业、园艺、林业产品；未加工的谷物和种子；新鲜水果和蔬菜，新鲜芳香草本植物；草木和花卉；种植用球茎、幼苗和种子；活动物；动物的饮食；麦芽。

3101　未加工的林业产品 ······ 195

3102　未加工的谷物及农产品（不包括蔬菜，种子） ······ 196

3103　花卉，草本植物 ······ 196

3104　活动物 ······ 196

3105　未加工的水果及干果 ······ 196

3106　新鲜蔬菜 ······ 197

3107　种子 ······ 197

3108　动物饲料 ······ 197

3109　麦芽 ······ 198

3110　动物栖息用干草等制品 ······ 198

第三十二类

啤酒；无酒精饮料；矿泉水和汽水；水果饮料及果汁；糖浆及其他用于制无酒精饮料的制剂。

3201　啤酒 ······ 199

3202　不含酒精饮料 ······ 200

3203　糖浆及其他供饮料用的制剂 ······ 200

第三十三类

酒精饮料（啤酒除外）；制饮料用酒精制剂。

3301　含酒精的饮料（啤酒除外） ······ 201

第三十四类

烟草和烟草代用品；香烟和雪茄；电子烟和吸烟者用口腔雾化器；烟具；火柴。

- **3401** 烟草及其制品 …… 202
- **3402** 烟具 …… 202
- **3403** 火柴 …… 203
- **3404** 吸烟用打火机 …… 203
- **3405** 烟纸，过滤嘴 …… 203
- **3406** 香烟用调味品 …… 203
- **3407** 电子烟及其部件 …… 203

服 务

第三十五类

广告；商业经营、组织和管理；办公事务。

- **3501** 广告 …… 208
- **3502** 工商管理辅助业 …… 208
- **3503** 为他人推销 …… 209
- **3504** 人事管理辅助业 …… 209
- #**3505** 商业企业迁移 …… 209
- **3506** 办公事务 …… 209
- **3507** 财会 …… 210
- **3508** 单一服务 …… 210
- **3509** 药品、医疗用品零售或批发服务 …… 210

第三十六类

金融，货币和银行服务；保险服务；不动产服务。

- **3601** 保险 …… 211
- **3602** 金融事务 …… 212

3603	珍品估价	213
3604	不动产事务	213
3605	海关经纪	213
3606	担保	213
3607	慈善募捐	213
3608	受托管理	213
3609	典当	213

第三十七类

建筑服务；安装和修理服务；采矿，石油和天然气钻探。

3701	建设、维修信息服务	214
3702	建筑工程服务	215
3703	开采服务	215
3704	建筑物装饰修理服务	215
3705	供暖设备的安装与修理	215
3706	机械、电器设备的安装与修理	215
3707	陆地机械车辆维修	216
3708	飞机维修	216
3709	船只建造和维修服务	217
3710	影视器材维修	217
3711	钟表修理	217
3712	保险装置的维修	217
3713	特殊处理服务	218
3714	轮胎维修服务	218
3715	家具的修复、保养	218
3716	衣服、皮革的修补、保护、洗涤服务	218
3717	灭虫，消毒服务	218
3718	单一服务	219

第三十八类

电信服务。

3801	进行播放无线电或电视节目的服务	220
3802	通信服务	221

第三十九类

运输；商品包装和储藏；旅行安排。

3901	运输及运输前的包装服务	222
3902	水上运输及相关服务	223
3903	陆地运输	224
3904	空中运输	224
3905	其他运输及相关服务	224
3906	货物的储藏	225
3907	潜水工具出租	225
3908	供水电气服务	225
3909	水闸管理服务	225
3910	投递服务	225
3911	旅行安排	226
3912	单一服务	226

第四十类

材料处理；废物和垃圾的回收利用；空气净化和水处理；印刷服务；食物和饮料的防腐处理。

4001	综合加工及提供信息服务	228
4002	金属材料处理或加工服务	228
4003	纺织品化学处理或加工服务	228
4004	木材加工服务	229
4005	纸张加工服务	229
4006	玻璃加工服务	229
4007	陶器加工服务	229
4008	食物、饮料加工服务	229

4009	剥制加工服务	230
4010	皮革、服装加工服务	230
4011	影像加工处理服务	230
4012	废物处理服务	230
4013	空气调节服务	230
4014	水处理服务	231
4015	单一服务	231
4016	船只定制生产服务	231
4017	航空器定制生产服务	231

第四十一类

教育；提供培训；娱乐；文体活动。

4101	教育	233
4102	组织和安排教育、文化、娱乐等活动	233
4103	图书馆服务	233
4104	出版服务	233
4105	文娱、体育活动的服务	234
4106	驯兽	235
4107	单一服务	235

第四十二类

科学技术服务和与之相关的研究与设计服务；工业分析、工业研究和工业品外观设计服务；质量控制和质量认证服务；计算机硬件与软件的设计与开发。

#4201	提供饮食供应，临时住宿服务	237
#4202	提供房屋设施的服务	237
#4203	医疗、社会福利服务	237
#4204	卫生、美容服务	237
#4205	兽医服务	237
#4206	农业服务	237
#4207	法律服务	237
#4208	安全服务	237

4209	提供科学技术研究服务	238
4210	提供地质调查、研究、开发服务	238
4211	提供化学研究服务	238
4212	提供生物学、医学研究服务	239
4213	提供气象情报服务	239
4214	提供测试服务	239
#4215	印刷业	239
4216	外观设计服务	239
4217	建筑物的设计、咨询服务	239
4218	服装设计服务	240
#4219	提供语言文字服务	240
4220	计算机编程及相关服务	240
#4221	提供人员服务	241
#4222	提供照相、录像服务	241
#4223	新闻记者服务	241
4224	提供艺术品鉴定服务	241
#4225	物品清仓服务	241
#4226	殡仪服务	241
4227	单一服务	241

第四十三类

提供食物和饮料服务；临时住宿。

4301	提供餐饮，住宿服务	244
4302	提供房屋设施的服务	244
4303	养老院	244
4304	托儿服务	244
4305	为动物提供食宿	245
4306	单一服务	245

第四十四类

医疗服务；兽医服务；人或动物的卫生和美容服务；农业、水产养殖、园艺和林业服务。

4401	医疗服务	247

4402	卫生、美容服务	248
4403	为动物提供服务	248
4404	农业、园艺服务	248
4405	单一服务	249

第四十五类

法律服务；为有形财产和个人提供实体保护的安全服务；交友服务，在线网络社交服务；殡仪服务；临时照看婴孩。

4501	安全服务	250
4502	提供人员服务	251
4503	提供服饰服务	251
4504	殡仪服务	251
4505	单一服务	251
4506	法律服务	252

商 品

第一类

用于工业、科学、摄影、农业、园艺和林业的化学品；未加工人造合成树脂，未加工塑料物质；灭火和防火用合成物；淬火和焊接用制剂；鞣制动物皮毛用物质；工业用黏合剂；油灰及其他膏状填料；堆肥，肥料，化肥；工业和科学用生物制剂。

【注释】

第一类主要包括用于工业、科学和农业的化学制品，包括用于制造属于其他类别的产品的化学制品。

本类尤其包括：

——感光纸；

——补轮胎用合成物；

——非食品用防腐盐；

——某些食品工业用添加剂，例如：果胶，卵磷脂，酶和化学防腐剂；

——某些生产化妆品和药品用原料，例如：维生素，防腐剂和抗氧化剂；

——某些过滤材料，例如：矿物质材料，植物质材料和颗粒状陶瓷材料。

本类尤其不包括：

——未加工的天然树脂（第二类），半加工的树脂（第十七类）；

——医用或兽医用化学制剂（第五类）；

——杀真菌剂，除草剂和消灭有害动物制剂（第五类）；

——文具用或家用黏合剂（第十六类）；

——食品用防腐盐（第三十类）；

——褥草（腐殖土的覆盖物）（第三十一类）。

0101 工业气体，单质

（一）氨*010061，无水氨010066，氩010082，氮010092，一氧化二氮010093，氯气010183，氟010302，焊接用保护气体010326，工业用固态气体010328，干冰（二氧化碳）010333，氦010344，氢010359，氪010372，氖010401，工业用氧010413，氡010457，氙010551，工业用二氧化碳010732

※ 液体二氧化硫C010001，三氧化硫C010002，液体二氧化碳C010003

（二）碱土金属010039，锑010074，砷010084，砹010086，钡010101，铋010125，碳010148，镥010153，铈010161，铯010163，镝010250，铒010276，铕010287，化学用硫华010299，工业用石墨010305，钆010318，镓010321，钬010345，化学用碘010365，工业用碘010368，镧010375，锂010379，汞010387，准金属010390，钕010400，磷010430，钾010447，镨010449，铼010463，铷010466，钐010470，钪010473，硒010479，硅010483，钠010485，硫010493，锶010498，铽010516，碲010517，铥010519，稀土010526，铊010532，铥010534，镱010552，钇010553，碱金属010560，化学用溴010585，石墨烯010715

※钙C010004，工业硅C010005，结晶硅C010006

注：1. 本类似群各部分之间商品不类似；
2. 氨，无水氨与0102第（二）部分工业用挥发碱（氨水），工业用氨水（挥发性碱）类似，与第九版及以前版本0102第（二）部分工业用挥发碱（氨），工业用氨（挥发性碱），工业用挥发性碱（氨水）交叉检索；
3. 碱土金属与0601镁类似。

0102 用于工业、科学、农业、园艺、林业的工业化工原料

注：本类似群各部分之间商品不类似；每部分内的商品根据功能、用途确定类似商品。

（一）酸*010014，盐酸溶液010058，亚砷酸010085，硝酸010095，工业用硼酸010135，碳酸010150，盐酸010185，铬酸010191，氢氟酸010304，碘酸010367，无机酸010396，过硫酸010425，磷酸010433，磺酸010501，亚硫酸010502，硫酸010503，钨酸010541

※蓄电池硫酸C010008，氯磺酸C010009，铬酸酐C010010，钼酸C010011

注：本部分为无机酸。

（二）碱010037，苛性碱010038，氢氧化铝010048，碱（化学制剂）010106，工业用苛性碱010489，工业用苛性钠010490，工业用挥发碱（氨水）010558，工业用氨水（挥发性碱）010558

※氢氧化钾C010012，碳酸氢钠C010013，氢氧化锶C010014，氢氧化镁C010015，氢氧化铈C010016，氢氧化锂C010017，氢氧化锆C010018

注：1. 本部分为无机碱；
2. 工业用挥发碱（氨水），工业用氨水（挥发性碱）与0101氨，无水氨，0109类似。

（三）氧化锑010075，氧化钡010102，二氧化锰010124，氧化铬010189，氧化锂010378，氧化汞010389，氧化铅010441，工业用二氧化钛010536，氧化锆010556，工业用氧化钴010599

注：1. 本部分为金属氧化物；
2. 工业用二氧化钛与0202二氧化钛（颜料）类似。

（四）矾土 010046，铝矾 010047，硅酸铝 010049，氯化铝 010050，碘化铝 010051，明矾 010052，氯化铵 010057，氨盐 010060，铵明矾 010063，硫化锑 010076，砷酸铅 010083，苏打灰 010100，纯碱 010100，钡化合物 010104，二氯化锡 010118，重铬酸钾 010119，重铬酸钠 010120，碱式棓酸铋 010126，硼砂 010134，钾盐镁矾 010140，碳酸盐 010146，碳酸镁 010147，二硫化碳 010149，碳化物 010151，碳化钙 010152，稀土金属盐 010162，碳酸钙 010172，氯化钙 010173，氯酸盐 010182，盐酸盐 010184，铬酸盐 010187，铬矾 010188，铬盐 010190，蓝矾 010225，硫酸铜（蓝矾）010225，氰化物 010228，氰亚铁酸盐 010229，工业用白云石 010248，铁盐 010290，萤石化合物 010303，岩盐 010331，水合物 010356，次氯酸苏打 010360，连二亚硫酸盐 010361，碘盐 010366，硅藻土 010371，菱镁矿 010382，氯化镁 010383，锰酸盐 010384，汞盐 010388，工业用贵金属盐 010391，工业用盐 010397，硝酸铀 010405，橄榄石（硅酸盐矿石）010408，氯金酸钠 010409，氯化钯 010415，过硼酸钠 010421，过碳酸盐 010422，高氯酸盐 010423，过硫酸盐 010424，碳酸钾 010446，碳酸钾水 010448，硝酸钾 010469，盐类（化学制剂）010475，原盐 010476，正铬盐 010477，硅酸盐 010481，硫化物 010486，煅烧苏打 010488，钠盐（化合物）010491，化学用次硝酸铋 010494，重晶石 010495，尖晶石（氧化物矿石）010496，滑石（镁铝合金硅酸盐）010506，钙盐 010510，榍石 010537，硫化剂 010549，碳酸钡石 010550，氯化物 010554，硫酸盐 010555，工业用碱性碘化物 010559，碱金属盐 010561，铵盐 010567，硝酸银 010569，硝酸盐 010572，硫酸钡 010574，化学用小苏打 010578，硅藻土 010632，氯化铵溶液 010678，碳化硅（原材料）010689，硝酸铵 010700，甘汞（氯化亚汞）010709

※ 麦饭石 C010019，碳化铌 C010021，碳化钨 C010022，合成钡 C010023，工业用硝酸铋 C010024，碳酸氢铵 C010025，轻质碳酸钙 C010026，镍盐 C010027，硅酸钾 C010028，硅酸钙 C010029，冰晶粉 C010031，锆酸钴 C010032，碳酸铜 C010033，碳酸锌 C010034，碳酸锂 C010035，钨酸铵 C010036，钨酸钙 C010037，钨酸锌 C010038，氟硅酸钾 C010039，锆氟酸钾 C010040，硫氢化钙 C010041，碳酸锶 C010042，氯化钴 C010043，氯化镉 C010044，硫化铁 C010045

注：1. 本部分为无机盐及其他金属化合物；

2. 氯化铵，硝酸钾，硝酸铵与0109类似；

3. 尖晶石（氧化物矿石）与0104第（四）部分搪瓷着色化学品，玻璃着色化学品类似，与第十版及以前版本0104第（四）部分搪瓷或玻璃着色化学品交叉检索；

4. 硫化剂与0104第（十一）部分，0108第（二）部分类似。

（五）醋酸酐 010010，酐 010067，邻氨基苯甲酸 010070，苯基酸 010110，苯酸 010112，焦木酸 010133，木醋 010133，儿茶 010139，胆酸 010186，工业用柠檬酸 010199，冰醋酸（稀醋酸）010277，甲酸 010310，制墨用棓酸 010320，脂肪酸 010340，乳酸 010373，油酸 010407，草酸 010412，苦味酸 010437，焦棓酸 010453，水杨酸 010468，癸二酸 010474，硬脂酸 010497，单宁 010508，单宁酸 010511，酒石酸 010515，工业用谷氨酸 010683

※冰醋酸C010046，蚁酸C010047，稀醋酸C010048，丙酸C010049，丁酸C010050，甲基丙烯酸C010051，琥珀酸C010052，己二酸C010053，氯乙酸C010054，环烷酸C010055，石油磺酸C010056，对苯二甲酸C010057，苯醋酸C010058，邻苯二甲酸酐C010059，顺丁烯二酸酐（即失水草果酸酐）C010060，没食子酸C010073

注：1.本部分为有机酸及酸酐类化合物；

2.儿茶，单宁，单宁酸与0114类似。

（六）醋酸盐（化学品）*010007，草酸氢钾010123，醋酸钙010171，化学用酒石酸氢钾010219，一水草酸氢钾010410，草酸盐010411，醋酸铅010440，非药用酒石010514，工业用藻酸盐010564，乙酸铝*010565，醋酸铝*010565，工业用酒石酸氢钾010668

※米吐尔C010061，氯化苄C010062，蚁酸钠C010063，醋酸钾C010064，醋酸锌C010065，醋酸钴C010066，醋酸锰C010067，吐酒石（即酒石酸锑钾）C010068，酒石酸锑钠C010069，戊基醋酸盐C010072

注：1.本部分为有机盐类化合物；

2.本部分与第九版及以前版本0104第（十九）部分非医用酒石乳剂，非食用藻酸盐（胶化和加压剂）交叉检索。

（七）乙炔010012，四氯乙烷010013，苯衍生物010111，甲基异丙基苯010230，乙烷010280，甲烷010394，萘010399，四氯化碳010528，四氯化物010529，甲苯010538，工业用甲基苯010576，甲基苯010577，工业用樟脑010638，混合二甲苯010711，二甲苯010712，苯010713，粗制苯010714

※乙烯C010074，丁烯C010075，异丁烯C010076，异戊二烯C010077，乙基苯C010078，苯乙烯C010079，异丙苯C010080，苯烷C010081，轻苯C010083，氯乙烯C010084，氯丁二烯C010085，二氯乙烷C010086，环氧丙烷C010087，一氯甲烷C010088，二氯甲烷C010089，工业用三氯甲烷C010090，氯乙烷C010091，三氯乙烯C010092，过氯乙烯C010093，偏氯乙烯C010094，对二氯苯C010095，邻二氯苯C010096，二硝基氯化苯C010097，对硝基氯化苯C010098，邻硝基氯化苯C010099，联苯C010100，间二氯苯C010101，环氧乙烷C010120

注：1.本部分为烃类及苯衍生物；

2.本部分与第十版及以前版本0401混合二甲苯，二甲苯，苯，粗制苯交叉检索。

（八）酒精*010040，乙醇010041，戊醇010065，木醇010131，工业用甘油010252，乙二醇010337，酒精010547

※精甲醇C010102，异丙醇C010103，丁醇C010104，辛醇C010105，丙二醇C010106，氯乙醇C010107，丙烯醇C010108，异丁醇C010109，叔丁醇C010110，己醇C010111，环己醇C010112，一缩二乙二醇C010113，二缩三乙二醇C010114，季戊四醇C010115，糖醇C010116，山梨醇C010117

注：本部分为醇类化合物。

（九）醚*010281，乙醚010282，乙二醇醚010283，甲醚010284，硫酸醚010285

※联苯醚C010119，异丙醚C010121

注：本部分为醚类化合物。

（十）工业用酚010426，工业用类黄酮（酚类化合物）010703，工业用麝香草酚010704

※肉桂油C010071，愈疮木酚C010122，对硝基苯酚C010123，对苯二酚C010124，间苯二酚C010125，对硝基苯酚钠C010126，对氨基酚C010127，间氨基酚C010128，苯酚C010129，2-萘酚C010130

注：本部分为酚类化合物。

（十一）联氨010358，对称二苯硫脲010533，生物碱*010562

※苯胺C010082，一乙基苯胺C010131，二苯胺C010132，乙酰苯胺C010133，苯乙酰胺C010134，多乙烯多胺C010135，甲萘胺C010136，盐酸羟基胺C010137，双氰胺C010138，三聚氰胺C010139，甲酰胺C010140，一甲胺C010141，二甲胺C010142，二乙胺C010143，乙二胺C010144，三乙醇胺C010145，二乙醇胺C010146，一乙醇胺C010147，硫脲C010148，硝酸胍C010149，硫酸肼C010150，过氧化二苯甲酰C010151，乙腈C010152，三氯三聚氰C010153，皂素C010154，四甲基吡啶C010155，溴化棕榈酸吡啶C010156，丙烯腈C010157

注：本部分为胺类及其衍生物。

（十二）丙酮010011，酮010164

※环己酮C010164，对硝基苯乙酮C010165，双乙酮C010166

注：本部分为酮类化合物。

（十三）醛*010042，氨醛010062，巴豆醛010220，化学用甲醛010311

※苯甲醛C010158，丁醛C010159，糠醛C010160，庚醛C010161，三聚甲醛C010162，多聚甲醛C010163，丙烯醛C010167

注：本部分为醛类化合物。

（十四）乙酸戊酯010064，酯*010279，甘油酯010336

※硫酸二甲酯C010168，乙酰乙酸乙酯C010169，甲基丙烯酸甲酯C010170，磷酸三丁酯C010171，醛酯C010172，丙烯酯C010174，丁酯C010175，丙烯酸-2-乙基乙酯C010176

注：本部分为酯类化合物。

（十五）工业用琼脂010029，动植物白朊（原料）010033，碘化蛋白010034，麦芽蛋白010035，动物蛋白（原料）010069，磷脂010429，蛋白质（原料）010452，卵磷脂（原料）010588，工业酪蛋白010591，工业用卵磷脂010664，工业用果胶010666，工业用谷蛋白010671，工业用胶原蛋白010688，生产用蛋白质010697

注：本部分为蛋白类及其他高分子化合物。

（十六）工业用淀粉010055，纤维素010155，糖苷010335，碳水化合物010357，工业用土豆粉010444，工业用木薯粉010512，工业用纤维素酯010590，纤维素衍生物（化学品）010592，工业用纤维素醚010593，工业用葡萄糖010614，工业用乳糖010673，乳糖（原料）010674

注：1. 本部分为碳水化合物及其衍生物；

2. 工业用淀粉，工业用土豆粉与0104第（十九）部分工业用面粉类似；

3. 本部分与第十一版及以前版本0104第（十九）部分工业用土豆粉交叉检索。

（十七）工业淀粉酶010244，工业用酶制剂010272，工业用酶010273，化学用酵素010291，生产生物燃料用酵母010725

注：1. 本部分为工业用酶；

2. 工业淀粉酶，工业用酶制剂，工业用酶与0104第（十九）部分催化剂，0106生物化学催化剂类似。

（十八）表面活性剂010518

注：本部分为表面活性化学剂。

（十九）工业用过氧化氢010414

注：本部分为过氧化氢。

（二十）蒸馏水010247

※ 硅胶C010020

注：1. 本部分为单一商品；

2. 硅胶与0104第（十七）部分类似。

0103 放射性元素及其化学品

锕010018，镅010054，核反应堆用燃料010087，锫010115，锎010142，镝010159，核反应堆减速材料010179，可裂变的化学元素010180，锔010226，重水010253，核能用可裂变物质010297，钫010314，工业用同位素010369，镎010402，钋010442，镤010443，镭010450，镁010451，科学用放射性元素010456，科学用镭010458，钍010535，铀010542，氧化铀010543

0104 用于工业、科学的化学品、化学制剂，不属于其他类别的产品用的化学制品

注：本类似群各部分之间商品不类似，但所有商品与第十一版及以前版本工业用化学品，第十版及以前版本工业化学品交叉检索。

（一）纺织工业用上浆料010077，纺织品上光化学品010091，长袜用防抽丝物质010105，漂白用润

湿剂010127，漂白用浸湿剂010127，蜡漂白化学品010128，罩面漆和底漆上浆料010202，织物用防污化学品010286，纺织工业用漂洗剂010312，漂洗剂010313，五倍子010319，脂肪漂白化学品010339，纺织品防水化学品010362，纺织品浸渍化学品010363，染色用润湿剂010398，染色用浸湿剂010398，纺织工业用漂白土010525，纺织工业用润湿剂010530，纺织工业用浸湿剂010530

※染料助剂C010177，印染用保险粉C010178，印染用吊白粉C010179，固色剂C010180，印染用扩散剂C010181，印染用溶解盐C010182，印染用太古油C010183，印染用渗透剂C010184，增白剂C010185，漂毛粉C010186，防染盐C010187，印染用净洗剂C010188，匀染剂C010189，印染用海藻酸钠C010190，柔软剂C010191，防皱剂C010192，印染用整理剂C010193，纤维润滑剂C010194

注：五倍子与0114类似。

（二）混凝土用凝结剂010030，混凝土充气用化学品010116，混凝土用除油漆和油外的保护剂010117，除油漆外的水泥防水化学品010195，水泥用除油漆和油外的保护剂010196，石建筑用除油漆和油外的保护剂010380，砖建筑用除油漆和油外的保护剂010381，砖瓦用除油漆和油外的保护剂010540，除油漆外的砖石建筑防潮化学品010617

（三）易燃制剂（发动机燃料用化学添加剂）010001，发动机燃料化学添加剂010020，汽车燃料化学添加剂010020，汽油净化添加剂010021，喷雾器用气体推进剂010026，内燃机抗爆剂010071，防冻剂010072，引擎脱碳用化学品010089，液压循环用传动液010197，油分离化学品010233，燃料节省剂010257，制动液010315，刹车液010315，石油分散剂010351，油分散剂010352，油漂白化学品010353，油净化化学品010354，油脂分离剂010604，吸油用合成材料010620，动力转向液010643，传动液010644，引擎冷却剂用抗沸剂010645，运载工具引擎用冷却剂010647，油类用化学添加剂010654，传动油010706

※起动液C010197，润闸液C010200，硅油乙基C010214

（四）除颜料外的制造搪瓷用化学品010107，膨润土010109，陶瓷釉010160，搪瓷遮光剂010262，玻璃遮光剂010263，搪瓷着色化学品010265，瓷土010370，高岭土010370，制毛玻璃用化学品010386，玻璃着色化学品010521，水玻璃（硅酸钠水溶液）010544，制技术陶瓷用合成物010631，烧结用颗粒状和粉状陶瓷物质010646

注：1.陶瓷釉与0205瓷釉（漆），瓷漆，釉料（漆、亮面漆）类似，与第十一版及以前版本0205釉料（漆、清漆）交叉检索；

2.搪瓷着色化学品，玻璃着色化学品与0102第（四）部分尖晶石（氧化物矿石）类似，与第十版及以前版本0102第（四）部分尖晶石（化学制剂）交叉检索。

（五）蓄电池用防泡沫溶液010006，电池用防泡沫溶液010006，促进金属合金形成用化学制剂010045，镀银用银盐溶液010081，镀锌液010098，电镀液010098，蓄电池充电用酸性水010251，电池充电用酸性水010251，原电池盐010261，电镀制剂010324，蓄电池硫酸盐清除剂010500，电池硫酸盐

清除剂 010500

※ 电刷镀溶液 C010201

（六）气体净化剂 010275，化学物质制过滤材料 010611，矿物质过滤材料 010612，植物质过滤材料 010613，用作过滤介质的颗粒状陶瓷材料 010621，未加工塑料制过滤材料 010610

注：本部分与第十一版及以前版本 0108 第（一）部分过滤材料（未加工塑料）交叉检索。

（七）铸造制模用制剂 010307，铸造用沙 010467

※ 铸粉 C010202

（八）水软化剂 010023，澄清剂 010254，净化剂（澄清剂）010254，离子交换剂 010255，絮凝剂 010587，水净化用化学品 010608，工业用软化剂 010609

（九）防水垢剂 010073，清洁烟囱用化学品 010174，生产加工用除脂剂 010231，除水垢剂 010240，生产加工用去污剂 010241，镜头防污剂 010377，工业用肥皂（含金属）010472，玻璃防污剂 010522，窗玻璃防污用化学品 010523，非家用除水垢剂 010635，散热器清洗化学品 010648

※ 工业用洗净剂 C010211

注：防水垢剂，除水垢剂，非家用除水垢剂与第九版及以前版本 0104 第（十九）部分防水锈剂，除水锈剂交叉检索。

（十）制清漆用羯布罗香膏 010343，制漆用化学品 010575，清漆溶剂 010606

注：清漆溶剂与 0205 油漆稀释剂，亮面漆用稀释剂，松节油（涂料稀释剂），稀料，松香水，天那水，信那水，0302 去漆剂类似，与第十一版及以前版本 0205 漆稀释剂交叉检索。

（十一）硫化加速剂 010005，橡胶保护剂 010145，非家用抗静电剂 010260，工业用炭黑 010597，橡胶用化学增强剂 010640，生产用抗氧化剂 010693

※ 促进剂 C010203，乌洛托品 C010204，抗氧剂 C010206

注：本部分与 0102 第（四）部分硫化剂，0108 第（二）部分类似。

（十二）钻探泥浆用化学添加剂 010019，钻探泥浆 010136

（十三）和研磨剂配用的辅助液 010004

（十四）液化淀粉制剂（去胶剂）010056，分离和脱胶用制剂 010232，脱胶制剂（分离）010232，脱胶和分离用制剂 010232，脱胶制剂（溶胶）010234，胶溶剂 010234，墙纸清除剂 010653

注：本部分与第八版及以前版本 0205 墙纸清除剂交叉检索。

（十五）动物炭 010068，动物炭制剂 010165，骨炭 010167，血炭 010168，兽炭 010568

（十六）非食品用防腐盐 010003，耐酸化学物质 010016，防霉化学制剂 010395

※化学防腐剂 C010260

注：化学防腐剂与第十一版及以前版本 0104 第（二）部分除油漆和油外的混凝土防腐剂，除油漆和油外的水泥防腐剂，除油漆和油外的石建筑防腐剂，除油漆和油外的砖建筑防腐剂，除油漆和油外的砖瓦防腐剂，第九版及以前版本 0206 防腐剂交叉检索。

（十七）活性炭 010025，过滤用炭 010166，吸气剂（化学活性物质）010332，工业用脱色剂 010580

注：本部分与 0102 第（二十）部分硅胶类似。

（十八）工业用亮色化学品 010570，制颜料用化学品 010679

（十九）未加工醋酸纤维素 010008，化学冷凝制剂 010015，钢材制造用表面处理剂 010017，铝土矿 010108，防冷凝化学品 010138，催化剂 010154，粘胶纤维 010157，节煤剂 010169，火棉胶*010206，金属着色用盐 010207，腐蚀剂 010214，脱模制剂 010237，去光材料 010238，工业脱水制剂 010239，唱片修复制剂 010246，金属硬化剂 010249，闪光灯用制剂 010256，乳化剂 010268，工业用面粉 010289，加工螺纹用合成剂 010295，石灰石硬化物 010301，工业用灯黑 010316，工业用红树皮 010385，毒气中和剂 010403，工业用白雀树皮 010454，制冷剂 010459，工业用谷物加工的副产品 010460，工业或农业用煤灰 010499，工业用蒸煮激发剂 010557，木醇蒸馏剂 010582，化学用杂酚油 010602，制唱片用合成物 010603，金属腐蚀剂 010633，工业用海水 010636，纸用化学增强剂 010639，工业用磁性液 010642，汽车车身修补用膏状填充物 010649，眼镜片用化学涂层 010708，导热膏 010726

※防水浆消泡剂 C010205，荧光粉 C010207，油墨抗凝剂 C010208，固香剂 C010209，探伤气雾剂 C010212，松醇油 C010213

注：1. 本部分根据商品的功能、用途确定类似商品；

2. 未加工醋酸纤维素与 0108 第（一）部分类似；

3. 催化剂与 0102 第（十七）部分工业淀粉酶，工业用酶制剂，工业用酶，0106 生物化学催化剂类似；

4. 原接受的工业用化学品，工业化学品与 0104 所有商品交叉检索；

5. 工业用面粉与 0102 第（十六）部分工业用淀粉，工业用土豆粉类似；

6. 制唱片用合成物与第九版及以前版本 0107 制唱片用混合剂交叉检索。

（二十）镶玻璃用油灰 010651，油石灰（油灰）010655

注：本部分与 0205 类似。

0105 用于农业、园艺、林业的化学品、化学制剂

除杀真菌剂、除草剂、杀虫剂、杀寄生虫剂外的农业化学品 010031，花用保鲜剂 010209，脱叶剂 010236，杀虫剂用化学添加剂 010308，杀真菌剂用化学添加剂 010309，除杀真菌剂、除草剂、杀虫

剂、杀寄生虫剂外的园艺化学品010347，预防小麦枯萎病的化学制剂010404，预防小麦黑穗病的化学制剂010404，保存种子用物质010480，除杀真菌剂、除草剂、杀虫剂、杀寄生虫剂外的林业用化学品010505，预防藤蔓植物病害的化学制剂010546，植物保护用蒽油010586，植物用微量元素制剂010637，预防谷类植物病害的化学制剂010719

※ 防微生物剂C010215，赤霉素C010216，增润剂C010219

树洞填充物（林业用）010080，树木嫁接用蜡010198，加工烟草用加味料010471

※ 烟草用防霉剂C010217，消辣剂C010218

注：1. 第一、二自然段与0505第一、二自然段类似；
2. 第一、二自然段与0109植物生长调节剂，植物用生物刺激剂，0113水果催熟用激素类似，与第九版及以前版本0113水果催熟激素交叉检索；
3. 植物用微量元素制剂与0109类似。

0106 化学试剂

生物化学催化剂010122，科学用化学制剂（非医用、非兽医用）010177，非医用、非兽医用化学试剂010178，实验室分析用化学品（非医用、非兽医用）010181，实验室分析用化学制剂（非医用、非兽医用）010181，低温实验制剂010221，非医用、非兽医用诊断制剂010243，试纸（非医用、非兽医用）010259，化学试纸010278，硝酸盐试纸010416，石蕊试纸010419，非医用、非兽医用生物制剂010579，非医用、非兽医用细菌制剂010594，非医用、非兽医用细菌学研究制剂010595，非医用、非兽医用微生物培养物010596，电泳凝胶010650，农业生产用种子基因010656，非医用、非兽医用干细胞010657，非医用、非兽医用生物组织培养物010658，非医用、非兽医用微生物制剂010680，非医用、非兽医用佐剂010690，科学用酵母010724，非医用、非兽医用母乳检测诊断条010727

注：生物化学催化剂与0102第（十七）部分工业淀粉酶，工业用酶制剂，工业用酶，0104第（十九）部分催化剂类似。

0107 摄影用化学用品及材料

摄影用还原剂010027，蛋白纸010036，自动着色纸（摄影用）010090，定影液（摄影用）010097，调色定影液（摄影用）010099，氧化钡纸010103，摄影用化学制剂010211，照相感光布010212，感光板010213，晒蓝图用溶液010227，重氮纸010245，摄影感光乳剂010267，感光照相板010269，铁板照相板（摄影用）010292，定影溶液（摄影用）010298，相纸010322，摄影用明胶010329，胶印用感光板010406，光度测定纸010417，感光纸010418，摄影用果胶010420，蓝图纸010432，蓝图布010434，摄影用显影剂010435，摄影用感光剂010436，未曝光的X光感光胶片010464，调色盐（摄影用）

010548，未曝光的感光胶片 010581，未曝光的感光电影胶片 010598

※ 光谱感光板 C010220，晒图纸 C010222

注：1. 未曝光的 X 光感光胶片，未曝光的感光胶片，未曝光的感光电影胶片与 0923 类似；

2. 本类似群与第十版及以前版本 0102 第（十五）部分蛋白纸交叉检索。

0108 未加工的人造合成树脂，未加工塑料物质（不包括未加工的天然树脂）

（一）未加工环氧树脂 010274，未加工塑料 010438，未加工合成树脂 010455，未加工人造树脂 010455，未加工丙烯酸树脂 010461，硅酮 010484，硅氧烷 010484，未加工聚合树脂 010707，制造药用胶囊用树枝状聚合物 010718，未加工导电性树脂 010721

※ 未加工聚丙烯 C010224，未加工赛璐珞 C010225，未加工酚醛树脂 C010226，未加工脲醛树脂 C010227，未加工酪素树脂 C010229，未加工聚氯乙烯树脂 C010230，未加工玛脂 C010231，电木粉 C010232，胶木粉 C010233，未加工硅塑料 C010235，未加工模塑料 C010236，塑膏 C010237，未加工磷酸三甲酚酯 C010238，未加工有机硅树脂 C010239，未加工离子交换树脂 C010240，尼龙 66 盐 C010243，未加工聚氨酯 C010251

（二）增塑剂 010143，塑料分散剂 010605

注：1. 本类似群各部分之间商品不类似；

2. 第（一）部分与 0104 第（十九）部分未加工醋酸纤维素类似；

3. 第（一）部分与第十一版及以前版本 0115 聚氨酯交叉检索；

4. 第（二）部分与 0102 第（四）部分硫化剂，0104 第（十一）部分类似。

0109 肥料

海藻（肥料）010043，土壤调节制剂 010053，氮肥 010094，氰氨化钙（肥料）010141，肥料 010271，肥料制剂 010293，鸟粪 010342，腐殖土 010355，磷酸盐（肥料）010427，矿渣（肥料）010428，过磷酸盐（肥料）010431，园艺用罐装泥炭 010445，盐类（肥料）010478，种植土 010524，壤土 010527，泥炭（肥料）010539，无土生长培养基（农业）010589，堆肥 010622，植物生长调节剂 010634，腐殖质表层肥 010641，溶液培养的植物用多孔黏土 010652，鱼粉肥料 010659，盆栽土 010681，有机沼渣（肥料）010686，表土 010705，厩肥 010710，石膏（肥料）010716，植物用生物刺激剂 010720

※ 化学肥料 C010244，植物肥料 C010245，动物肥料 C010246

注：1. 本类似群与0105植物用微量元素制剂类似；

2. 本类似群与0102第（二）部分工业用挥发碱（氨水），工业用氨水（挥发性碱）类似，与第九版及以前版本0102第（二）部分工业用挥发碱（氨），工业用氨（挥发性碱），工业用挥发性碱（氨水）交叉检索；

3. 本类似群与0102第（四）部分氯化铵，硝酸钾，硝酸铵类似，与第九版及以前版本0102第（四）部分卤砂、氯化铵，硝酸钠交叉检索；

4. 本类似群与第六版及以前版本3103腐殖质高效肥交叉检索；

5. 植物生长调节剂，植物用生物刺激剂与0105第一、二自然段，0113水果催熟用激素，0505第一、二自然段类似，与第九版及以前版本0113水果催熟激素交叉检索。

0110 灭火、防火用合成物

灭火合成物010288，防火制剂010294

※ 阻燃剂C010199，消防泡沫液C010247，灭火药粉C010248

注：本类似群与第十版及以前版本0104第（三）部分阻燃剂交叉检索。

0111 淬火用化学制剂

金属退火剂010393，金属回火剂010682

※ 淬火剂C010249，淬火油C010250

0112 焊接用化学制剂

铜焊制剂010137，焊接用化学品010487，铜焊助剂010583，助焊剂010584

0113 食药用化学品（不包括食品用防腐盐）

醋化用细菌制剂010009，食物防腐用化学品010044，酿葡萄酒用杀菌剂（制葡萄酒用化学制剂）010096，苯甲酸酰亚胺010113，工业用糖精010114，啤酒澄清剂和防腐剂010121，（未发酵）葡萄汁澄清剂010200，葡萄酒澄清剂010205，制药工业用保存剂010210，饮料工业用的过滤制剂010296，熏肉用化学制剂010317，水果催熟用激素010346，保存食物用油010348，化学用奶发酵剂010374，工业用嫩肉剂010545，防止蔬菜发芽剂010571，工业用人造增甜剂010607，啤酒防腐剂010619，食品工业用酶制剂010660，食品工业用酶010661，食品工业用葡萄糖010662，食品工业用卵磷脂010663，食品工业用果胶010665，食品工业用酒石酸氢钾010667，食品工业用藻酸盐010669，食品工业用谷蛋白010670，食品工业用乳糖010672，食品工业用奶发酵剂010675，工业用奶发酵剂010676，食品工业用酪蛋白010677，制药用茶提取物010684，食品工业用茶提取物010685，制化妆品用茶提取物010687，制食品补充剂用维生素010691，食品工业用维生素010692，制化妆品用抗氧化剂010694，制药用抗氧化剂010695，制食品补充剂用抗氧化剂010696，制食品补充剂用蛋白质010698，食品工业用蛋白质010699，制药用维生素010701，制化妆品用维生素010702，食品工业用碱水010723，食品工业用植物提取物010728，制化妆品用植物提取物010729，制药用植物提取物010730，食品工业用人造增甜剂010733，食品工业用糖精010734，工业用阿斯巴甜010735，食品工业用阿斯巴甜010736

注：1. 水果催熟用激素与0105第一、二自然段，0109植物生长调节剂，植物用生物刺激剂，0505第一、二自然段类似；
2. 本类似群与第十一版及以前版本0104第（十九）部分制药工业用保存剂交叉检索。

0114 鞣料及皮革用化学品

鞣料木010130，皮革翻新用化学品010175，使皮革软化的脱灰碱液010208，除油外的皮革处理剂010208，皮革鞣剂010215，生皮鞣剂010216，皮革表面处理用化学制品010223，皮革浸渍化学品010224，上浆剂010270，鞣酸010323，黑儿茶010325，制革用油010349，鞣革用油010350，皮革防水化学品010364，鞣革用漆叶010504，鞣料（鞣革剂）010507，鞣革物010509，皮革整理用油010601

注：1. 本类似群与0102第（五）部分儿茶，单宁，单宁酸，0104第（一）部分五倍子类似，与第九版及以前版本0104第（一）部分苦味五倍子交叉检索；
2. 本类似群与第十版及以前版本0104第（一）部分上浆料（化学制剂）交叉检索；
3. 制革用油，鞣革用油，皮革整理用油与0401皮革用油脂类似，与第九版及以前版本0401制革用脂交叉检索。

0115 工业用黏合剂和胶（不包括纸用黏合剂）

工业用黏合剂010002，外科绷带用黏合制剂010022，工业用黄蓍胶010024，粘贴海报用黏合剂010028，补轮胎内胎用合成物010032，工业用阿拉伯树胶010078，树木嫁接用黏性制剂010079，冶金黏合剂010158，鞋用黏合剂010170，皮革黏合剂010192，轮胎黏合剂010193，修补破碎物品用黏合剂010194，裱墙纸用黏合剂010203，墙纸用黏合剂010203，皮革胶010222，上浆糊精010242，铸造用黏合物质010306，工业用明胶010330，粘鸟胶010334，树木嫁接用胶黏剂010341，增塑溶胶010439，补轮胎用合成物010465，非文具、非家用淀粉浆糊010566，墙砖黏合剂010573，工业用胶010600，非文具、非家用谷朊胶010615，工业用树胶（黏合剂）010616，非文具、非家用、非食用鱼胶010618，导电胶黏剂010722

※ 氯丁胶C010252，聚醋酸乙烯乳液C010253，固化剂C010254，工业用聚氨酯胶黏剂C010261

注：1. 本类似群与1701液态橡胶，橡胶水类似，与第九版及以前版本1701液体橡胶交叉检索；
2. 本类似群与1702密封裂缝用化学合成物，聚氨酯泡沫填缝剂类似，与第十一版及以前版本1702补漏用化学合成物，第九版及以前版本1702补裂缝用化学化合物交叉检索。

0116 纸浆

木浆010132，纸浆010156
※ 纤维素浆C010255

#0117 能源

注：本类似群第九版时移入0407类似群。

第二类

颜料，清漆，漆；防锈剂和木材防腐剂；着色剂，染料；印刷、标记和雕刻用油墨；未加工的天然树脂；绘画、装饰、印刷和艺术用金属箔及金属粉。

【注释】

第二类主要包括颜料、着色剂和防腐制品。

本类尤其包括：

——工业、手工业和艺术用颜料、清漆和漆；

——用于油漆、清漆和漆的稀释剂、增稠剂、固定剂和催干剂；

——木材和皮革用媒染剂；

——防锈油和木材防腐油；

——服装染料；

——食品和饮料用着色剂。

本类尤其不包括：

——未加工的人造树脂（第一类），半加工的树脂（第十七类）；

——金属腐蚀剂（第一类）；

——洗衣和漂白用上蓝剂（第三类）；

——美容用染料（第三类）；

——颜料盒（学校用文具）（第十六类）；

——文具用墨水（第十六类）；

——绝缘颜料和绝缘漆（第十七类）。

0201 染料，媒染剂（不包括食用）

媒染剂*020002，茜素染料020006，木材媒染剂020027，木材染色剂020028，鞋染料020041，着色剂*020047，苯胺染料020052，制革用媒染剂020057，皮革染色剂020057，染料*020058，姜黄（染料）020060，黄桑（染料）020074，靛青（染料）020086，复活节彩蛋用染色纸020096，藏红染料020099，染料木020111，染料木提取物（染料）020112，染色剂020139

注：跨类似群保护商品：着色剂（0201，0202）。

0202 颜料（不包括食用、绝缘用），绘画、装饰、印刷和艺术用金属箔及金属粉

绘画用铝粉020008，石棉颜料020009，水彩固定剂020011，银乳剂（颜料）020015，金胺020018，赭石土（颜料）020029，绘画用青铜粉020032，铅白020038，炭黑（颜料）020039，氧化钴（颜料）020044，胭脂虫红020045，着色剂*020047，颜料020059，灯黑（颜料）020073，绘画用藤黄020076，氧化锌（颜料）020081，铅黄020089，黄丹020089，绘画、装饰、印刷和艺术用金属粉020090，绘画、装饰、印刷和艺术用金属箔020092，铅红020095，红丹020095，胭脂树橙（颜料）020098，烟灰色（颜料）020101，二氧化钛（颜料）020106，艺术用水彩020126，艺术用油彩020127，家具修复用补色笔020130，绘画用闪粉020140

※ 色母粒C020001，立德粉（锌钡白）C020014

注：1. 二氧化钛（颜料）与0102第（三）部分工业用二氧化钛类似；
2. 跨类似群保护商品：着色剂（0201，0202）。

0203 食品着色剂

饮料色素020004，食用色素020005，黄油色素020023，啤酒色素020024，焦糖（食品色素）020034，麦芽焦糖（食品色素）020035，麦芽色素020048，利口酒用色素020088

0204 油墨

（一）制革用墨020033，印刷膏（油墨）020043，印刷油墨020066，动物打印记用墨020067，雕刻油墨020080，打印机和复印机用墨水020121，打印机和复印机用已填充的鼓粉盒020123，可食用墨020128，已填充可食用墨的打印机墨盒020129，打印机和复印机用墨粉020132，打印机和复印机用已填充的墨盒020133，导电油墨020137

※ 文字处理机用已填充的墨盒C020002，激光打印机用已填充的墨盒C020015，喷墨打印机用已填充的墨盒C020016，复印机用碳粉C020017

（二）文身用墨020138

注：1. 本类似群各部分之间商品不类似；
2. 第（二）部分与0306类似。

0205 涂料，油漆及附料（不包括绝缘漆）

油漆*020001，清漆*020003，铝涂料020007，银涂料020014，银镀粉020016，黑亮漆020017，

杀菌漆020019，粉刷用石灰浆020020，沥青清漆020025，木材涂料（油漆）020026，青铜漆020031，屋顶毡用涂料（油漆）020036，陶瓷涂料020037，运载工具底盘防蚀涂层020040，运载工具底盘底漆020040，粉刷用石灰水020042，油漆稀释剂020053，亮面漆用稀释剂020054，油漆增稠剂020055，刷墙粉020062，瓷釉（漆）020064，瓷漆020065，油漆催干剂020068，涂料（油漆）020070，固定剂（清漆）020072，釉料（漆、亮面漆）020075，虫胶020077，防火漆020085，油漆凝结剂020087，油漆黏合剂020087，清漆用苏模鞣料020102，底漆020108，粉刷用白垩灰浆020110，苯乙烯树脂漆020114，亮面漆020115，防污涂料020122，松节油（涂料稀释剂）020124，油漆补片（可替换的）020125，防涂鸦涂料（油漆）020131，木地板面漆020134，防尿油漆020135，导电油漆020136

※ 稀料C020003，松香水C020004，可赛银C020005，防水冷胶料C020006，水溶性内外墙有光喷塑料C020007，聚乙烯胶泥C020008，无黏性化学涂料（不粘锅用）C020009，天那水C020010，信那水C020011，防水粉（涂料）C020012，树脂胶泥C020013，磁漆C020018

注：1. 瓷釉（漆），瓷漆，釉料（漆、亮面漆）与0104第（四）部分陶瓷釉类似，与第十版及以前版本0104第（四）部分陶瓷釉料交叉检索；
2. 油漆稀释剂，亮面漆用稀释剂，松节油（涂料稀释剂），稀料，松香水，天那水，信那水与0104第（十）部分清漆溶剂，0302去漆剂类似；
3. 防水粉（涂料）与1705防水隔热粉类似；
4. 虫胶与0207类似；
5. 本类似群与0104第（二十）部分，1912类似。

0206 防锈剂，木材防腐剂

防腐蚀剂020010，防腐蚀带020021，木材防腐剂020049，木材防腐用杂酚油020056，防锈油脂020079，木材防腐油020082，防锈油020083，金属防锈制剂020093，金属用保护制剂020094，防锈制剂020107，木头防腐用羰基化合物020113

注：防锈油脂，防锈油，金属防锈制剂，金属用保护制剂，防锈制剂与第九版及以前版本0104第（十九）部分防水锈剂交叉检索。

0207 未加工的天然树脂

加拿大香脂020022，松香*020046，天然硬树脂020050，未加工的天然树脂020061，树胶脂020078，天然树脂020091，山达脂020100

注：本类似群与0205虫胶类似。

第三类

不含药物的化妆品和梳洗用制剂；不含药物的牙膏；香料，香精油；洗衣用漂白剂及其他物料；清洁、擦亮、去渍及研磨用制剂。

【注释】

第三类主要包括不含药物的梳洗制剂以及用于家庭和其他环境的清洁制剂。

本类尤其包括：

——梳妆用卫生制剂；

——浸化妆水的薄纸；

——人用或动物用除臭剂；

——室内芳香剂；

——指甲彩绘贴片；

——抛光蜡；

——砂纸。

本类尤其不包括：

——生产化妆品用原料，例如：维生素，防腐剂和抗氧化剂（第一类）；

——生产加工用除脂剂（第一类）；

——清洁烟囱用化学制品（第一类）；

——非人用、非动物用除臭剂（第五类）；

——含药物的洗发水、肥皂、洗液和牙膏（第五类）；

——指甲砂锉，金刚砂锉，磨石和砂轮（手工具）（第八类）；

——化妆和清洁器具，例如：化妆刷（第二十一类），清洁用布、垫和抹布（第二十一类）。

0301 肥皂，香皂及其他人用洗洁物品，洗衣用漂白剂及其他物料

杏仁肥皂030007，肥皂*030012，剃须皂030017，润发乳*030034，洗涤用皂树皮030093，洁肤乳液030123，梳洗用制剂*030125，洗发液*030134，汗足皂030143，除臭皂030149，香皂030152，防汗皂030163，非医用沐浴盐030175，个人清洁或祛味用下体注洗液030218，干洗式洗发剂*030223，非医用洗浴制剂030230，护发素030231，不含药物的个人私处清洗液030238，非医用洗眼剂030243，个人清洁或祛味用阴道洗液030244，浸清洁制剂的婴儿湿巾030251

※ 洗手膏 C030001，洗发粉 C030002，香波 C030003，洗发软皂 C030004，柔发剂 C030005，洗面奶 C030007，浴液 C030008，浴盐 C030009

洗涤上光粉 030009，洗衣用浆粉 030010，洗衣用淀粉 030010，纺织品上光皂 030013，洗衣用上蓝剂 030014，漂白盐 030026，漂白碱 030027，洗衣用漂白剂 030028，洗衣上光剂 030029，漂白水 030089，洗衣浸泡剂 030098，浸洗衣服制剂 030098，洗衣剂 030124，光滑剂（上浆）030127，家庭洗衣用亮色化学品 030174，洗衣用织物柔顺剂 030193，干洗剂 030205，家用漂白剂（脱色剂）030247，洗衣用防染色片 030260，干衣机用抗静电纸 030261，装有洗衣剂的洗衣球 030278

※ 洗衣粉 C030067

注：1. 第一、二自然段与 0306 类似；

2. 第一、二自然段与 0501 医用洗浴制剂，药浴用海水，浴用泥浆类似，与第十版及以前版本 0501 药浴制剂，第九版及以前版本 0501 医用浴剂交叉检索；

3. 非医用沐浴盐，浴盐与 0501 矿泉水沐浴盐类似，与第九版及以前版本 0501 矿泉水浴盐交叉检索；

4. 个人清洁或祛味用下体注洗液，不含药物的个人私处清洗液，个人清洁或祛味用阴道洗液与 0501 医用下体注洗液，医用阴道清洗液类似，与第十版及以前版本 0501 阴道清洗液交叉检索；

5. 第三、四自然段与 0302 类似；

6. 第三、四自然段与 0303 皮革漂白制剂，皮革洗涤剂类似；

7. 漂白盐，漂白碱，洗衣用漂白剂，漂白水，家用漂白剂（脱色剂）与 0503 漂白粉（消毒）类似，与第九版及以前版本 0104 第（一）部分漂白剂交叉检索；

8. 跨类似群保护商品：梳洗用制剂（0301，0306）；

9. 杏仁肥皂，肥皂，剃须皂，汗足皂，除臭皂，香皂，防汗皂与 0501 抗菌皂，消毒皂，药皂类似；

10. 本类似群商品根据功能用途与 5 类含药物的相应商品类似；

11. 浸清洁制剂的婴儿湿巾与 0506 浸卫生消毒剂的湿巾，消毒纸巾类似。

0302 清洁、去渍用制剂

刮面石（收敛剂）030005，白垩粉 030022，清洁用火山灰 030038，清洁用白垩 030067，去污剂 030068，清洗用洗涤碱 030072，非生产操作用、非医用的去污剂 030075，擦洗溶液 030076，非生产过程中用的脱脂剂 030077，家用除水垢剂 030081，家用抗静电剂 030083，去漆剂 030085，去色剂 030087，次氯酸钾 030089，清洁制剂 030104，清洁用油 030117，挡风玻璃清洗剂 030126，墙纸洗涤剂 030138，苏打碱液 030153，脱脂用松脂 030157，脱脂用松节油 030158，氨水（挥发性碱）（去污剂）

030167，挥发碱（氨水）（去污剂）030167，明矾石（收敛剂）030168，除锈制剂030170，去颜料制剂030179，疏通下水道制剂030195，地板蜡清除剂（刷净剂）030206，用于清洁和除尘的罐装压缩空气030209，浸清洁剂的清洁布030211，洗碗机用催干剂030214，家用化学清洁制剂030245，咖啡机清洗片剂030266

※硅清洁剂C030013，厕所清洗剂C030014，玻璃擦净剂C030015，去蜡水C030016，去油剂C030017，去渍剂C030018，去油渍油C030019，去雾水C030020，去污粉C030021，地毯清洗剂C030022，洗洁精C030068

注：1. 本类似群与0301第三、四自然段类似；
2. 厕所清洗剂与0503化学盥洗室用消毒剂，卫生间用芳香除臭剂，厕所除臭剂类似；
3. 去漆剂与0104第（十）部分清漆溶剂，0205油漆稀释剂，亮面漆用稀释剂，松节油（涂料稀释剂），稀料，松香水，天那水，信那水类似，与第十一版及以前版本0205漆稀释剂交叉检索；
4. 本类似群与第八版及以前版本2112浸清洁剂的清洁布交叉检索。

0303 抛光、擦亮制剂

抛光铁丹030011，皮革漂白制剂030025，擦鞋膏030039，抛光制剂030045，鞋蜡030046，家具或地板用抛光剂030047，擦亮用剂030048，鞋匠用蜡030049，鞋线蜡030050，拼花地板蜡030053，抛光蜡030054，裁缝用蜡030055，皮革保护剂（抛光剂）030061，抛光乳膏030070，磨剃刀皮带用软膏030073，皮革膏030074，皮革用蜡030074，抛光用纸030139，抛光石030144，抛光用硅藻石030164，地板防滑蜡030207，地板防滑液030208，植物叶子增光剂030212，鞋油030228，地板蜡030241

※上光剂C030023，夹克油C030024，鞋粉C030025，帽粉C030026，汽车、自行车上光蜡C030027，擦铜水C030028，皮革擦亮纸（浸擦亮剂）C030029，皮革洗涤剂C030030，水果擦亮剂C030066

注：1. 皮革保护剂（抛光剂），皮革膏，皮革用蜡与0401皮革保护用油脂，皮革保护油类似，与第十版及以前版本0401皮革防腐剂（油和脂），皮革保护剂（油和脂）交叉检索；
2. 皮革漂白制剂，皮革洗涤剂与0301第三、四自然段类似。

0304 研磨用材料及其制剂

磨光用石头030002，研磨剂030003，磨利用制剂030003，金属碳化物（研磨料）030035，碳化硅（研磨料）030036，金刚砂（研磨用）030062，金刚铝（研磨料）030082，金刚砂纸030084，金刚砂布 030086，金刚砂 030094，砂纸 030140，浮石 030145，砂布 030160，玻璃砂布 030161，研磨材料 * 030165，研磨纸 030166

※ 磨光粉 C030032，研磨膏 C030033，玻璃砂（研磨用）C030034，研磨用刚玉砂 C030035，白刚玉 C030036，裁布机用砂带 C030073

0305 香料，香精油

杏仁油 030006，八角茴香香精 030015，香柠檬油 030021，杉木香精油 030037，柠檬香精油 030056，醚类香精 030099，香精油 030100，花精（香料）030101，熏香制剂（香料）030106，蛋糕用调味香精油 030107，冬青油 030108，香叶醇 030110，天芥菜精 030113，茉莉油 030115，薰衣草油 030116，制香料香水用油 030118，玫瑰油 030119，紫罗酮（香料）030121，薄荷油（芳香油）030128，香料用薄荷 030129，麝香（香料）030132，香料 030141，黄樟油精 030151，萜烯烃（香精油）030159，芳香剂（香精油）030172，饮料用调味香精油 030173，香橼香精油 030226，食物用调味香精油 030236，香薰藤条 030246，芳香疗法用香精油 030270，芳香疗法用香精油制乳霜 030274

※ 烟用香精 C030037，月桂油 C030038，香草油 C030039，珠兰油 C030040，桉叶油 C030041，椰子醛 C030042，安息香酸乙酯 C030043，人造麝香酮 C030045，工业用香料 C030046，化妆品用香料 C030047，香皂香精 C030048，芳香精油 C030069，安神用香精油 C030070，降低食欲用香精油 C030071

注：饮料用调味香精油与第十一版及以前版本 3203 饮料香精交叉检索。

0306 化妆品（不包括动物用化妆品）

假发粘贴剂 030001，琥珀香水 030008，洗澡用化妆品 030016，唇膏 030018，化妆用棉签 030019，美容面膜 030020，皮肤增白霜 030023，指甲油 030032，化妆剂 030033，染发剂 030040，毛发卷曲剂 030041，烫发剂 030041，假睫毛 030042，睫毛用化妆制剂 030043，胡须用蜡 030052，古龙水 030058，梳妆用颜料 030060，含化妆品的彩妆盘 030064，化妆品 030065，化妆棉 030066，化妆笔 030069，美容霜 030071，化妆品清洗剂 030078，除指甲油制剂 030088，薰衣草水 030090，带香味的水 030091，淡香水 030092，脱毛剂 030096，脱毛制剂 030096，除汗毛用蜡 030097，彩妆化妆品 030102，化妆用矿脂 030109，化妆用油脂 030111，化妆用过氧化氢 030112，化妆用油 030114，梳妆用油 030120，化妆洗液 030122，梳洗用制剂 * 030125，眉毛化妆品 030131，烫发中和剂 030133，香水 030135，假指甲 030136，指甲护剂 030137，护肤用化妆剂 030142，化妆用润发脂 030146，化妆粉 030147，修面剂 030148，眉笔 030154，梳妆用滑石粉 030155，化妆染料 030156，防汗剂（化妆品）030162，化妆用杏仁乳 030169，晒黑制剂（化妆品）030171，胡须染料 030176，减肥用化妆品 030177，假睫毛黏胶 030178，个人或动物用除臭剂 030180，化妆用装饰性转印贴 030181，化妆用收敛剂 030191，化妆用漂白剂（脱色剂）030192，浸化妆水的薄纸030197，化妆用黏合剂030199，剃须后用液030200，喷发胶030201，睫毛膏030202，化妆用芦荟制剂030219，非医用按摩凝胶030220，唇彩030221，非医用香膏030222，指甲彩绘贴片030224，防晒剂030225，散沫花（化妆用染料）030227，唇膏盒030229，头发拉直制剂030232，浸卸妆液的薄纸030233，化妆用胶原蛋白制剂030234，草本化妆品030237，化妆用草本提取物030239，指甲油去除剂030240，美容用按摩蜡烛030248，儿童用化妆品030249，巴斯马（化妆用染色剂）030252，美容用凝胶眼贴030253，美甲闪粉030254，胶束化妆水030255，化妆用人体彩绘颜料030256，化妆用人体彩绘液态乳胶颜料030257，浸卸妆液的卸妆棉030259，身体用闪光粉030262，双眼皮贴030263，化妆用冷却喷雾030264，非医用一次性热敷蒸汽面膜030265，补甲用包覆材料030267，已装化妆品的化妆用印章030269，美容用浴茶030271，化妆用片状面膜030272，化妆用爽肤水030273，精华液（化妆品）030275，皮肤保湿霜（化妆品）030277

※防皱霜C030049，增白霜C030050，粉刺霜C030051，祛斑霜C030052，痱子粉C030053，爽身粉C030054，去痱水C030055，胭脂C030056，眼影膏C030057，乌发乳C030058，头油C030059，生发油C030060，发用摩丝C030062，焗油制剂C030063，双眼皮胶C030064，花露水C030072，口红C030074

注：1. 本类似群与0301第一、二自然段类似；

2. 化妆用棉签，化妆棉，唇膏盒与2110类似；

3. 化妆用棉签与0506医用棉签类似；

4. 浸化妆水的薄纸，浸卸妆液的薄纸，浸卸妆液的卸妆棉与0506浸卫生消毒剂的湿巾，消毒纸巾，1603卫生纸，纸手帕，卸妆用薄纸，纸餐巾，纸巾，纸制洗脸巾类似，与第十版及以前版本1603卸妆用纸巾交叉检索；

5. 洗澡用化妆品与0501医用洗浴制剂，药浴用海水，浴用泥浆类似，与第十版及以前版本0501药浴制剂，第九版及以前版本0501医用浴剂交叉检索；

6. 跨类似群保护商品：个人或动物用除臭剂（0306，0309），梳洗用制剂（0301，0306）；

7. 本类似群商品根据功能用途与5类含药物的相应商品类似；

8. 本类似群与0204第（二）部分类似。

0307 牙膏，洗牙用制剂

非医用漱口剂030031，洁牙剂*030079，假牙清洁剂030194，假牙用抛光剂030198，口气清新喷雾030204，牙用漂白凝胶030210，口气清新片030216，牙齿美白贴030235，个人卫生用口气清新剂030250，牙膏*030258，牙齿美白笔030276

※口香水C030065

注：本类似群与0501含药物的洁牙剂，含药物的牙膏类似。

0308 熏料

香木 030030，香 030095，熏日用织品用香囊 030150，干花瓣与香料混合物（香料）030203，祭祀用香 030213

0309 动物用化妆品

动物用化妆品 030063，个人或动物用除臭剂 030180，宠物用沐浴露（不含药物的清洁制剂）030196，宠物用除臭剂 030217，动物用沐浴露（不含药物的清洁制剂）030242

注：1. 宠物用沐浴露（不含药物的清洁制剂），动物用沐浴露（不含药物的清洁制剂）与 0504 牲畜用洗涤剂（杀虫剂），狗用洗涤液（杀虫剂），动物用洗涤剂（杀虫剂），动物用杀虫沐浴露，兽医用杀虫洗涤剂，含药物的宠物用沐浴露类似，与第十版及以前版本 0504 牲畜用洗涤剂，狗用洗涤液，动物用洗涤剂，狗用洗涤剂交叉检索；

2. 跨类似群保护商品：个人或动物用除臭剂（0306，0309）。

0310 室内芳香剂

空气芳香剂 030215，无芯香氛蜡（芳香制剂）030268

注：本类似群与 0503 类似。

第四类

工业用油和油脂,蜡;润滑剂;吸收、润湿和黏结灰尘用合成物;燃料和照明材料;照明用蜡烛和灯芯。

【注释】

第四类主要包括工业用油和油脂,燃料和照明材料。

本类尤其包括:

——砖石建筑或皮革保护用油;

——蜡(原料),工业用蜡;

——电能;

——发动机用燃料,生物燃料;

——燃料用非化学添加剂;

——木材(燃料)。

本类尤其不包括:

——某些特殊的工业用油和油脂,例如:鞣革用油(第一类),木材防腐油,防锈油和油脂(第二类),香精油(第三类);

——美容用按摩蜡烛(第三类)和含药物的按摩蜡烛(第五类);

——某些特殊的蜡,例如:树木嫁接用蜡(第一类),裁缝用蜡,抛光蜡,除汗毛用蜡(第三类),牙科用蜡(第五类),封蜡(第十六类);

——油炉专用炉芯(第十一类),吸烟打火机用火芯(第三十四类)。

0401 工业用油及油脂,润滑油,润滑剂(不包括燃料用油)

传动带防滑剂040009,鞋用油脂040026,皮革用油脂040034,工业用油脂040035,脱模油(建筑)040036,动物脂040037,石油醚040044,工业用矿脂040047,煤焦油040053,煤石脑油040054,砖石建筑保护用油040055,非食用鱼油040057,炊具防粘用豆油制剂040058,重油040064,工业用菜油040065,工业用菜籽油040065,石脑油040066,工业用骨油040067,油精040068,石油(原油或精炼油)040071,硬脂(精)040073,羊毛脂040074,工业用葵花籽油040075,纺织用油040080,皮革保护用油脂040086,工业用油040087,工业用蓖麻油040089,皮革保护油040090,切削液040101,绘画用油040102,发动机油040104,石油挥发油040110,制化妆品用羊毛脂040115

※ 桐油 C040001，木油 C040002，梓油（即青油）C040003，樟木油 C040004，椰子油（工业用）C040005，核桃油（工业用）C040006，橄榄油（工业用）C040007，乳化油 C040008，钟表油 C040009，缝纫机油 C040010，擦枪油 C040011，唱机唱片两用油 C040012，显微镜用香柏油 C040013，白油 C040014，硬化油 C040015，溶剂油 C040016，精密仪器油 C040017，切割油 C040018，皮带油 C040019，车轮防滑膏 C040024

武器用润滑油 040011，传动带用润滑油 040033，润滑油 040042，润滑石墨 040052，润湿油 040056，润滑脂 040060，润滑剂 040063，齿轮油 040118

※ 轻油 C040021，加脂油 C040022，导热油 C040023

注：1. 石油（原油或精炼油）与 0402 挥发性混合燃料，燃料，照明用油，汽油，轻石油，柴油，粗柴油，煤油，发动机燃料，燃料油，石油气类似，与第十一版及以前版本 0402 照明用油脂，第十版及以前版本 0402 挥发性燃料混合物，汽车燃料交叉检索；

2. 皮革保护用油脂，皮革保护油与 0303 皮革保护剂（抛光剂），皮革膏，皮革用蜡类似，与第十一版及以前版本 0303 皮革保护剂（上光），第十版及以前版本 0303 皮革防腐剂（抛光剂）交叉检索；

3. 皮革用油脂与 0114 制革用油，鞣革用油，皮革整理用油类似，与第九版及以前版本 0114 皮革加脂用油交叉检索。

0402 液体、气体燃料和照明燃料

甲基化酒精 040002，酒精（燃料）040003，以酒精为主的燃料 040004，挥发性混合燃料 040020，燃料 040025，照明用油 040039，照明燃料 040041，汽油 040043，轻石油 040045，柴油 040048，粗柴油 040048，煤油 040059，碳氢燃料 040081，发动机燃料 040081，燃料油 040084，发动机燃料用非化学添加剂 040085，乙醇（燃料）040107，苯燃料 040112，二甲苯燃料 040113

照明用气体 040040，气体燃料 040049，石油气 040050，固态气体（燃料）040088，发生炉煤气 040103

注：1. 跨类似群保护商品：燃料（0402，0403）；

2. 挥发性混合燃料，燃料，照明用油，汽油，轻石油，柴油，粗柴油，煤油，发动机燃料，燃料油，石油气与 0401 石油（原油或精炼油）类似。

0403 固体燃料

点火用木片 040006，引火物 040007，无烟煤 040008，木柴 040013，木炭（燃料）040014，煤球

040016，泥煤球（燃料）040017，木质煤040018，易燃煤球040019，煤040023，泥炭（燃料）040024，燃料040025，焦炭040031，矿物燃料040032，褐煤040062，煤屑（燃料）040072，生物质燃料040111，水烟炭040117，用作燃料的木片040119，食品熏制调味用木片040120

注：跨类似群保护商品：燃料（0402，0403）。

0404 工业用蜡

蜂蜡 * 040001，棕榈蜡040021，纯地蜡040022，蜡（原料）040027，传动带用蜡040028，工业用蜡040030，地蜡040069，石蜡040070，滑雪板用蜡040114，制化妆品用蜂蜡040116

注：本类似群与第十版及以前版本2807滑雪板用蜡交叉检索。

0405 照明用蜡烛和灯芯

点火用纸捻040005，圣诞树用蜡烛040010，蜡烛 * 040015，小蜡烛040015，照明用蜡040029，蜡烛芯040046，灯芯040061，夜间照明物（蜡烛）040076，香味蜡烛040105，火绒040108，大豆制蜡烛040121

0406 吸收、润湿和黏结灰尘用合成物

清扫用黏结灰尘合成物040012，除尘制剂040038，沉积灰尘用合成物040079，吸收灰尘用合成物040109

0407 能源

电能040106
※ 核聚变产生的能源C040027，电C040028

注：本类似群与第八版及以前版本0117交叉检索。

第五类

药品，医用和兽医用制剂；医用卫生制剂；医用或兽医用营养食物和物质，婴儿食品；人用和动物用膳食补充剂；膏药，绷敷材料；填塞牙孔用料，牙科用蜡；消毒剂；消灭有害动物制剂；杀真菌剂，除莠剂。

【注释】

第五类主要包括药品和其他医用或兽医用制剂。

本类尤其包括：

——除梳妆用制剂以外的个人保健用卫生制剂；

——婴儿和失禁者用尿布；

——非人用、非动物用除臭剂；

——含药物的洗发水、肥皂、洗剂和牙膏；

——膳食补充剂，为正常饮食提供补充或有益健康的；

——医用或兽医用代餐物、营养食物和饮料；

——不含烟草的医用卷烟。

本类尤其不包括：

——制药用原料，例如：维生素，防腐剂和抗氧化剂（第一类）；

——梳妆用不含药物的卫生制剂（第三类）；

——人用或动物用除臭剂（第三类）；

——支撑绷带，矫形用绷带（第十类）；

——非医用、非兽医用的代餐物、营养食物和饮料，上述应被归入相应的食品或饮料类别，例如：低脂炸土豆片（第二十九类），高蛋白谷物棒（第三十类），等渗饮料（第三十二类）。

0501 药品，消毒剂，中药药材，药酒

（一）维生素制剂＊050090，鱼肝油050150，补药050262，医用卵磷脂050313，药用蜂王浆050316，人用药050328，药物饮料050332，膳食纤维050367，医用珍珠粉050410，药用蜂胶050426，治疗用或医用营养制剂050459，维生素补充片050483

※赖氨酸冲剂C050010，赖氨酸盐酸盐C050011，珍珠层粉C050013，洋参冲剂C050026，蜂王精C050027，人参C050046，枸杞C050047，蛋白质补充剂C050053，冬虫夏草C050054，阿胶C050055

乌头碱050002，饮食疗法用或药用淀粉050013，麻醉剂050017，医用安果斯都拉树皮050020，气喘茶050022，治痔剂050025，防寄生虫制剂050029，防尿制剂050032，医用及兽医用细菌学研究制剂050037，细菌抑制剂050038，医用和兽医用细菌制剂050039，医用止痛制剂050046，药用铋制剂050053，古拉尔氏水（稀次醋酸铅溶液）050054，铅水050054，药用木炭050056，治疗烧伤制剂050061，除口臭药片050062，胖胚治疗剂050063，斑蝥粉050065，药用糖浆050067，药用胶囊050068，医药制剂050069，化学药物制剂050077，药用水合氯醛050079，氯仿（医用）050080，医用无烟草香烟050081，医用南美牛奶菜的干皮050092，缓和便秘的药物050093，化学避孕剂050095，止血药笔050104，巴豆茎皮050105，马钱子050106，疫苗050107，煎好的药050109，药用助消化剂050122，洋地黄苷050123，止痛药050124，医用药物050125，轻便药箱（已装药的）050126，药用氧化镁050127，药用蜂花水050128，药用树皮050132，酊剂（药物制剂）050133，医用盐050137，药用酯050138，药用乙醚050139，药用桉树脑050141，药用桉树050142，泻药050143，药用面粉050144，药用谷粉050144，解热剂050146，医用茴香050147，药茶050149，杀真菌剂050151，神经镇定剂050152，药用邻甲氧基苯酚050153，驱肠虫药050154，轻泻剂050156，医用明胶050157，药用龙胆050158，杀菌剂050159，甘油磷酸盐050160，药用亚麻籽050162，乳脂050165，血红蛋白元050168，血红蛋白050169，药草050170，医用激素050171，白毛莨碱050174，白毛莨分碱050175，药用蛋白胨050180，三碘甲烷050181，医用角叉菜050182，球根牵牛制泻药050183，药浸枣050184，药用甘草050185，药用奶发酵剂050187，药用亚麻籽粉050190，药用酵母050194，药用蛇麻腺050197，药用红树皮050199，药用薄荷050201，药用麦芽050203，医用血清050209，薄荷醇050210，药用锭剂050214，药用芥末050219，药用樱桃李树皮050221，麻醉药050223，嗅盐050224，医用药膏050225，器官疗法制剂050229，药用果胶050231，药用苯酚050236，药用草药茶050240，药用胃蛋白酶050242，药用扁胶囊050243，急救箱（备好药的）050244，药用磷酸盐050245，汗足药050247，血浆050248，医用钾盐050251，医用破斧木050253，医用苦木药050254，医用金鸡纳树皮050255，医用奎宁050256，医用喹啉050257，药用植物根050260，药用大黄根050261，药用次硝酸铋050263，医用菝葜050264，医用血050265，医用水蛭050266，镇静药050268，镇静剂050268，药用麦角050269，血清疗法药剂050270，安眠药050273，医用钠盐050274，灭菌剂050275，马钱子碱050276，止血剂050277，医用糖050278，磺胺（药）050279，药用酒石050281，药用松脂050282，医药用松节油050283，药用麝香草酚050284，祛汗药050285，发疱剂050290，药用醋酸盐050291，药用酸050292，医用生物碱050296，药用醋酸铝050299，药用甘草茎050303，药用小苏打050304，医用生物制剂050305，药用溴050306，医用樟脑油050308，医用樟脑050309，减肥用药剂050317，药用纤维素酯050318，药用苛性碱050319，药用纤维素醚050320，饮食疗法用或医用谷类加工副产品050321，药用化学制剂050323，药用酒石酸氢钾050325，药用杂酚油050326，牙科用药050327，药用酵素050333，药用硫华050334，医用发烟药草050336，药用棓酸050338，医用葡萄糖050340，医用藤黄050341，医用蓖麻油050344，药用碘050346，药用碘化物050347，药用碱性碘化物050348，医用化学制剂050362，医用淀粉酶050366，医用酶050368，医用酶制剂050370，医用催干剂050373，人和动物用微量元素制剂050375，医用氨基酸050376，药用鱼粉050381，医用漱口剂050383，外科和矫形用骨结合剂050385，抗生素050388，医用食欲抑制剂050389，支气管扩张制剂050390，医用阴道清洗液050393，医用头发增长剂050394，类固醇050395，医用佐药050396，由活组织组成的外科移植物050397，医用下体注洗液050402，医用干细胞050403，医用生物组织培养物050405，医用冷却喷雾050407，个人用性交润滑剂050408，药用芦荟制剂050409，性欲抑制剂050411，含药物的洗眼剂050414，食欲抑制剂050415，减肥药050416，晒黑用药050417，抗氧化药050418，药用藻酸盐050433，移植物（活体组织）050450，医用胶原蛋白050451，药用植物提取物050452，医用或兽医用微生物制剂050454，医用草本疗法制剂050455，医用草本提取物050456，性刺激用凝胶050457，免疫刺激剂050458，医用载药注射器050462，医用收敛剂050465，含药物的洁牙剂050466，治疗虱子用制剂（灭虱药）050467，灭虱洗发剂050468，辅助戒烟用尼古丁咀嚼胶050485，药用树枝状聚合物制胶囊050487，可注射的皮肤填充物050489，含药物的牙膏050491，避孕用海绵050494，由活组织组成的骨间空隙填充物050498，消炎药050510，注射填充型皮肤保湿剂050515

※ 针剂C050001，片剂C050002，酊剂C050003，水剂C050004，膏剂C050005，口服补盐液C050012，原料药C050014，中药成药C050015，生化药品C050022，血液制品C050023，胶丸C050024，药酒C050025，减肥茶C050050，杀寄生虫药C050051，中药材C050052，药用灵芝C050056，药用鹿茸C050057，药用石斛茎C050058，药用林蛙油C050059，药用天麻C050060，淮山药（中药材）C050061，藏红花（中药材）C050062，罗汉果（中药材）C050063

医用酒精050008，药用乙醛050009，药用莳萝油050018，冻伤药膏050023，抗菌剂050030，治疣药笔050033，医用香膏050050，甘汞（杀真菌剂）050064，石灰制药剂050074，熏蒸香锭050085，眼药水050088，除鸡眼药物050098，治晒伤用药剂050100，腐蚀性药笔050102，冻疮制剂050103，医用去污剂050108，清除橡皮膏溶剂050134，浸制药液050148，医用油脂050163，药油050167，医用芥子油050172，碘酒050179，药用洗液050191，搽剂050196，硫黄棒（消毒用）050205，医用润发脂050207，医用酊剂050208，汞软膏050211，肥皂樟脑搽剂050228，芥子膏药纸050237，芥子敷剂纸050237，护肤药剂050239，治头皮屑药剂050241，芥子膏药050271，芥子泥敷剂050271，栓剂050280，治晒伤软膏050301，医用甘油050331，药用甲醛050335，医用熏蒸制剂050337，医用矿脂050339，医用羯布罗香膏050342，药用蛇麻子浸膏050343，医用过氧化氢050345，药用酒精050438，痤疮治疗制剂050444，治疗用按摩蜡烛050481，辅助戒烟用尼古丁贴片050486，浸驱虫剂的手环050490，医用按摩凝胶050492，头痛缓解涂抹棒050493，艾灸疗法用艾条050512

※ 油剂C050006，止痒水C050007，去灰指甲油C050008，艾卷C050020，贴剂C050021，风湿油C050043，伤风油C050044，清凉油C050045

医用洗浴制剂050041，矿泉水沐浴盐050042，药浴用海水050044，浴用治疗剂050045，医用泥浆050058，医用沉淀泥050058，浴用泥浆050059，泥敷剂050070，医用矿泉水050129，矿泉水盐050130，温泉水050131，医用沐浴盐050302，抗菌皂050471，抗菌洗手液050472，含药物的剃须后用液050473，含药物的洗发液050474，含药物的梳洗用制剂050475，含药物的润发乳050476，含药物的

干洗式洗发剂050477，消毒皂050479，药皂050480，治疗用浴茶050508

怀孕诊断用化学制剂050166，医用诊断制剂050330，医用或兽医用化学试剂050364，医用试纸050437，医用生物标志物诊断试剂050443，医用母乳检测诊断条050503

（二）医用放射性造影物质050096，医用放射性物质050258，医用镭050259，医用同位素050349

※ 放射性药品C050009

（三）浴用氧气050043，医用气体050314，医用氧050399，已充氧的医用氧气瓶050499

（四）心电图电极用化学导体050091

（五）人工授精用精液050177

（六）卫生消毒剂050118，消毒剂050441

（七）隐形眼镜用溶液050094，隐形眼镜清洁剂050365

（八）培养细菌用介质050036，培养细菌用肉汤050036，细菌培养基050036，微生物用营养物质050212，医用或兽医用微生物培养物050213

注：1. 本类似群各部分之间商品不类似，但杀真菌剂，杀菌剂，灭菌剂，卫生消毒剂，消毒剂互为类似商品；

2. 第（一）部分第一、二自然段与0502第一自然段含药物的糖果，医用树胶，医用冰糖及第二、三自然段类似，与第十一版及以前版本0502第一自然段药制糖果，医用糖果，第九版及以前版本0502医用胶，医用食物营养制剂，医用营养添加剂交叉检索；

3. 第（一）部分第一、二自然段（人用药除外）与3005类似；

4. 药茶，药用草药茶，减肥茶与第九版及以前版本3002茶叶代用品交叉检索；

5. 杀真菌剂，杀菌剂，灭菌剂，卫生消毒剂，消毒剂与0503化学盥洗室用消毒剂，0505灭干朽真菌制剂，灭微生物剂，土壤消毒制剂，农业用杀菌剂类似，与第九版及以前版本0505土壤消毒剂，第八版及以前版本0503污物消毒剂，污物消毒制剂交叉检索；

6. 第（一）部分与第十一版及以前版本0506腐蚀性药笔，止血药笔，第六版及以前版本0507牙科用药交叉检索；

7. 轻便药箱（已装药的），急救箱（备好药的）与1001医生用器械箱，医疗器械箱类似，与第十版及以前版本1001外科医生和医生用器械箱，外科医生和医生用箱交叉检索；

8. 防寄生虫制剂，驱肠虫药，医用及兽医用细菌学研究制剂，医用和兽医用细菌制剂，医用或兽医用微生物培养物，医用或兽医用微生物制剂，杀寄生虫药，医用或兽医用化学试剂，人和动物用微量元素制剂与0504类似；

9. 医用洗浴制剂，药浴用海水，浴用泥浆与0301第一、二自然段，0306洗澡用化妆品类似；

10. 医用阴道清洗液，医用下体注洗液与0301个人清洁或祛味用下体注洗液，不含药物的个人私处清洗液，个人清洁或祛味用阴道洗液类似，与第十一版及以前版本0301非医用个人私处清洗液交叉检索；

11. 矿泉水沐浴盐与0301非医用沐浴盐，浴盐类似；

12. 防寄生虫制剂，杀寄生虫药与0505杀寄生虫剂类似；

13. 除口臭药片与0502医用口香糖类似；

14. 第（二）部分与第十版及以前版本第（一）部分医用X光造影剂交叉检索；

15. 抗菌皂，消毒皂，药皂与0301杏仁肥皂，肥皂，剃须皂，汗足皂，除臭皂，香皂，防汗皂类似；

16. 含药物的洁牙剂，含药物的牙膏与0307类似；

17. 第（一）部分与第十版及以前版本0301消毒皂，药皂，抑菌洗手剂交叉检索；

18. 本类似群含药物的化妆、梳洗制剂类商品根据功能用途与3类不含药物的相应商品类似。

0502 医用营养品，人用膳食补充剂，婴儿食品

医用白朊食品050006，医用白朊制剂050007，含药物的糖果050057，糖尿病人食用的面包050121，医用树胶050161，医用麦乳精饮料050188，药用乳糖050192，医用口香糖050198，药用杏仁乳050300，医用冰糖050310

医用营养食物050297，医用营养饮料050307，医用营养品050350，矿物质膳食补充剂050382，营养补充剂050384，白朊膳食补充剂050420，亚麻籽膳食补充剂050421，亚麻籽油膳食补充剂050422，小麦胚芽膳食补充剂050423，酵母膳食补充剂050424，蜂王浆膳食补充剂050425，蜂胶膳食补充剂050427，花粉膳食补充剂050428，酶膳食补充剂050429，葡萄糖膳食补充剂050430，卵磷脂膳食补充剂050431，藻酸盐膳食补充剂050432，酪蛋白膳食补充剂050434，蛋白质膳食补充剂050435，医用冻干食物050460，医用均质食物050461，医用冻干肉050463，巴西莓粉膳食补充剂050482，乳清蛋白膳食补充剂050504，啤酒酵母膳食补充剂050505

※ 灵芝孢子粉膳食补充剂C050064

婴儿含乳面粉050145，婴儿食品050298，婴儿配方奶粉050448，婴儿奶粉050449

注：1. 含药物的糖果，医用树胶，医用冰糖与0501第（一）部分第一、二自然段类似；

2. 第二、三自然段与0501第（一）部分第一、二自然段，3005类似；

3. 婴儿含乳面粉，婴儿食品，婴儿配方奶粉，婴儿奶粉与2907奶，奶制品，奶饮料（以奶为主），蛋白奶，奶粉类似，与第十一版及以前版本2907牛奶，牛奶饮料（以牛奶为主），牛奶制品，白朊牛奶，蛋白质牛奶交叉检索；

4. 医用口香糖与0501除口臭药片类似。

0503 净化制剂

空气净化制剂050005，净化剂050117，非人用、非动物用除臭剂050119，除霉化学制剂050202，化学盥洗室用消毒剂050380，衣服和纺织品用除臭剂050400，空气除臭剂050401，排泄盘用除臭剂050501，卫生间用芳香除臭剂050502

※ 冰箱除味剂C050029，厕所除臭剂C050030，漂白粉（消毒）C050031

注：1. 化学盥洗室用消毒剂，卫生间用芳香除臭剂，厕所除臭剂与0302厕所清洗剂类似；
2. 漂白粉（消毒）与0301漂白盐，漂白碱，洗衣用漂白剂，漂白水，家用漂白剂（脱色剂）类似，与第九版及以前版本0104第（一）部分漂白剂交叉检索；
3. 化学盥洗室用消毒剂与0501杀真菌剂，杀菌剂，灭菌剂，卫生消毒剂，消毒剂，0505灭干朽真菌制剂，灭微生物剂，土壤消毒制剂，农业用杀菌剂类似，与第九版及以前版本0505土壤消毒剂交叉检索；
4. 本类似群与0310类似。

0504 兽药，动物用膳食补充剂

牲畜用洗涤剂（杀虫剂）050051，狗用洗涤液（杀虫剂）050075，狗用驱虫剂050076，动物蹄用胶合剂050083，动物用防寄生虫颈圈050087，兽医用油脂050164，动物用洗涤剂（杀虫剂）050189，兽医用洗液050220，兽医用制剂050287，兽医用药050329，兽医用生物制剂050361，兽医用化学制剂050363，兽医用酶050369，兽医用酶制剂050371，兽医用氨基酸050377，兽医用干细胞050404，兽医用生物组织培养物050406，动物用膳食补充剂050419，动物用蛋白质补充剂050436，含药物的饲料050445，兽医用诊断制剂050446，兽医用试纸050464，动物用杀虫沐浴露050469，兽医用杀虫洗涤剂050470，含药物的宠物用沐浴露050478

注：1. 牲畜用洗涤剂（杀虫剂），狗用洗涤液（杀虫剂），动物用洗涤剂（杀虫剂），动物用杀虫沐浴露，兽医用杀虫洗涤剂，含药物的宠物用沐浴露与0309宠物用沐浴露（不含药物的清洁制剂），动物用沐浴露（不含药物的清洁制剂）类似，与第十版及以前版本0309宠物用香波交叉检索；
2. 本类似群与0501防寄生虫制剂，驱肠虫药，医用及兽医用细菌学研究制剂，医用和兽医用细菌制剂，医用或兽医用微生物培养物，医用或兽医用微生物制剂，杀寄生虫药，医用或兽医用化学试剂，人和动物用微量元素制剂类似，与第九版及以前版本0501防寄生虫制剂（人或兽用），打虫药（人或兽用），驱虫剂（人或兽用），医用或兽医用培养基，医用或兽医用微生物培养体，杀寄生虫药（人或兽用），人用和兽用微量元素制剂交叉检索；
3. 兽医用试纸与第十版及以前版本0501试纸（医用或兽医用）交叉检索。

0505 杀虫剂，除莠剂，农药

灭干朽真菌制剂050026，灭微生物剂050052，杀昆虫剂050055，灭鼠剂050120，抗隐花植物制剂050135，驱昆虫剂050178，烟精（杀虫剂）050186，灭幼虫剂050193，除蛞蝓剂050195，除草剂050204，消灭有害植物制剂050204，除莠剂050204，鼠药050216，治小麦枯萎病的化学制剂050222，治小麦黑穗病的化学制剂050222，杀寄生虫剂050238，治葡蚜用化学制剂050246，除虫菊粉050252，土壤消毒制剂050272，治疗藤蔓植物病害的化学制剂050288，消灭有害动物制剂050289，蒽油（杀寄生虫用）050311，除藻剂050312，驱虫用香050386，杀螨剂050387，杀虫剂050439，治疗谷类植物病害的化学制剂050488

※ 农业用杀菌剂C050048

防蛀剂050028，粘蝇纸050035，捕苍蝇用黏胶050217，粘蝇胶050217，灭蝇剂050218，防蛀纸050286，用于驱虫的杉木050379

※ 蚊香C050032，熏蚁纸C050033，粘蝇带C050034，卫生球C050035

注：1. 第一、二自然段与0105第一、二自然段，0109植物生长调节剂，植物用生物刺激剂，0113水果催熟用激素类似，与第九版及以前版本0113水果催熟激素交叉检索；
2. 灭干朽真菌制剂，灭微生物剂，土壤消毒制剂，农业用杀菌剂与0501杀真菌剂，杀菌剂，灭菌剂，卫生消毒剂，消毒剂，0503化学盥洗室用消毒剂类似，与第八版及以前版本0503污物消毒剂，污物消毒制剂交叉检索；
3. 杀寄生虫剂与0501防寄生虫制剂，杀寄生虫药类似。

0506 卫生用品，绷敷材料，医用保健袋

（一）月经内裤050200，卫生内裤050200，卫生棉条050232，卫生巾050234，卫生护垫050234，内裤衬里（卫生用）050315，失禁用尿布050351，失禁用吸收裤050372，浸药液的薄纸050374，婴儿尿布050412，婴儿尿裤050413，婴儿用一次性游泳尿裤050495，可重复使用的婴儿游泳尿裤050496，婴儿用一次性尿布更换垫050497，浸卫生消毒剂的湿巾050514

※ 消毒纸巾C050036，失禁用衣C050049

（二）橡皮膏050019，灭菌棉050031，无菌棉050034，脚戴除鸡眼环050040，包扎绷带050049，医用填料050072，医用棉绒050073，敷布050089，医用棉050099，医用敷料050114，外伤药用棉050136，外科敷料050140，敷料纱布050155，脱脂棉050176，能吸附的填塞物050176，外科用肩绷带050267，医用胶布050294，药用火棉胶050324，防溢乳垫050378，拇囊炎衬垫050391，医用包足绷带布050392，医用眼罩050398，外科胶水050442，医用棉签050447

※ 救急包C050037，止血栓C050038，中药袋C050039，药枕C050040，产包C050041，医用保健袋C050042

注：1. 本类似群各部分之间商品不类似；

2. 卫生棉条，卫生巾，卫生护垫，浸药液的薄纸，浸卫生消毒剂的湿巾，消毒纸巾与1603卫生纸，纸手帕，卸妆用薄纸，纸餐巾，纸巾，纸制洗脸巾，清洁用纸抹布，纸制抹布类似，与第十版及以前版本1603卸妆用纸巾，第九版及以前版本1603纸或纤维素制婴儿餐巾（一次性），纸制或纤维制婴儿餐巾（一次性）交叉检索；

3. 浸卫生消毒剂的湿巾，消毒纸巾与0301浸清洁制剂的婴儿湿巾，0306浸化妆水的薄纸，浸卸妆液的薄纸，浸卸妆液的卸妆棉类似，与第九版及以前版本0306浸化妆品的卫生纸，浸化妆品的薄纸交叉检索；

4. 月经内裤，卫生内裤与2501内裤，女士内裤类似，与第十版及以前版本2501内裤（服装）交叉检索；

5. 失禁用尿布，失禁用吸收裤与第十版及以前版本1004失禁用垫，第九版及以前版本1603纸或纤维素制婴儿尿布（一次性），纸制和纤维制婴儿尿布（一次性），纸或纤维素制婴儿尿布裤（一次性），纸制和纤维制婴儿尿裤（一次性），纸制或纤维制婴儿尿布（一次性）交叉检索；

6. 婴儿尿布，婴儿尿裤，婴儿用一次性游泳尿裤，可重复使用的婴儿游泳尿裤，婴儿用一次性尿布更换垫与第十版及以前版本1004失禁用垫，第九版及以前版本2502婴儿纺织品尿布，1603纸或纤维素制婴儿尿布（一次性），纸制和纤维制婴儿尿布（一次性），纸或纤维素制婴儿尿布裤（一次性），纸制和纤维制婴儿尿裤（一次性），纸制或纤维制婴儿尿布（一次性）交叉检索；

7. 包扎绷带，外科用肩绷带与1008关节用矫形绷带，弹性绷带，悬吊式绷带，矫形用膝绷带，矫形用石膏绷带，吊带（支撑绷带），支撑绷带类似，与第十版及以前版本1008矫形用石膏绷带（模压品），第九版及以前版本1008吊绷带等绷带类商品交叉检索；

8. 医用棉签与0306化妆用棉签类似，与第十版及以前版本0306棉签（梳妆用品）交叉检索。

0507 填塞牙孔用料，牙科用蜡

牙用研磨剂050001，假牙黏合剂050003，牙科用贵金属合金050010，牙科用汞合金050012，牙科用橡胶050066，牙科用水门汀050082，牙医用造型蜡050084，牙医制模用蜡050084，牙填料050110，牙科用印模材料050111，牙用光洁剂050112，牙用胶黏剂050113，假牙用瓷料050115，出牙剂050116，牙科用金汞合金050230

0508 宠物尿布

宠物尿布050440，垫宠物箱用一次性吸收垫050509，宠物用一次性训练尿垫050511

第六类

普通金属及其合金，金属矿石；金属建筑材料；可移动金属建筑物；普通金属制非电气用缆线；金属小五金具；存储和运输用金属容器；保险箱。

【注释】

第六类主要包括未加工及半加工的普通金属，金属矿石，以及某些普通金属制品。

本类尤其包括：

——用于进一步加工的金属箔或金属粉，例如：用于3D打印；

——金属建筑材料，例如：铁轨用金属材料，金属管及金属管道；

——金属小五金具，例如：螺栓，螺丝，钉子，家具脚轮，窗栓；

——金属制可移动的建筑物或建筑结构，例如：活动房屋，游泳池，兽笼，溜冰场；

——某些自动或非自动的金属分配装置，例如：毛巾分配器，排队号码纸分配器，狗便袋分配器，卫生纸分配器；

——不按照功能或用途分类的某些普通金属制品，例如：多用途普通金属盒，塑像，普通金属制艺术品及半身塑像。

本类尤其不包括：

——因为其化学特性在工业和科学研究中被用作化学品的金属和矿石，例如：铝土，汞，锑，碱金属及碱土金属（第一类）；

——绘画、装饰、印刷和艺术用金属箔及金属粉（第二类）；

——某些按其功能和用途分类的分配装置，例如：工业用流体分配机（第七类），电子出票机（第九类），医用剂量分配器（第十类），胶带分配器（第十六类）；

——电缆（第九类），非金属、非电气缆绳（第二十二类）；

——作为卫生设备部件的管道（第十一类），非金属软管和非金属柔性管（第十七类），非金属硬管（第十九类）；

——家养宠物用笼子（第二十一类）；

——某些按其功能和用途分类的普通金属制品，例如：手动的手工具（第八类），曲别针（第十六类），家具（第二十类），厨房用具（第二十一类），家用容器（第二十一类）。

0601 普通金属及其合金、板、各种型材（不包括焊接及铁路用金属材料）

未锻造或半锻造的钢060001，钢合金060002，铸钢060005，镍银060016，铝060017，青铜060018，耐磨金属060027，镀银的锡合金060032，铍060043，白合金060046，镉060061，铪060067，铬060079，铬铁060080，钴（未加工的）060088，未加工或半加工铜060109，生铁或半锻造铁060115，未加工或半加工铸铁060133，钼铁060136，硅铁060137，钛铁060138，钨铁060139，铅封060146，锗060147，钢060154，未加工或半加工黄铜060157，金属锉屑060161，普通金属锭060164，大钢坯（冶金）060168，镁060169，锰060174，未加工或半加工普通金属060182，可自燃金属060185，钼060189，镍060193，铌060194，未加工或半加工铅060214，锌060223，钽（金属）060246，钛060251，顿巴黄铜060253，钨060257，钒060259，锆060264，普通金属合金060269，铝箔*060270，锡060373，马口铁060374，锡箔060375，包装和打包用金属箔060416，粉末状金属*060434，3D打印机用金属箔或金属粉060453

※ 钢砂C060001，铁砂C060002，白铁皮C060003，电解铜C060004，电解铅C060005，铝锭C060007，钨粉C060008，锰粉C060009，锌粉C060010，电解镍C060011，钢纤维C060043

钢条060003，钢桅杆060006，钢板060010，锚定板060020，垫板060020，金属桅杆060023，金属杆060024，金属装甲板060047，铁板060052，铁条060131，金属板条060160，金属桩060188，金属板桩060188，金属柱060205，金属角铁060345，金属支架060372，金属片和金属板060376，金属陶瓷060401，热轧钢棒060459，磨光钢棒060460，已剥皮的金属棒060461，已拉拔抛光的金属棒060462

注：1. 第三自然段与0603建筑用金属盖板，建筑用金属衬板，金属隔板，建筑用金属嵌板，钢模板，建筑用金属平板等金属制板材类似，与第九版及以前版本0603建筑用金属板交叉检索；
2. 锚定板与0604铁路金属材料类似；
3. 金属支架与第九版及以前版本0603装货物用金属支架交叉检索；
4. 镁与0101碱土金属类似。

0602 普通金属管及其配件

钢管060011，金属喷头060014，金属喷嘴060021，绳索用金属套管060058，中央供暖装置用金属管道060076，中央供热装置用金属管道060076，金属水管060091，金属套筒（金属制品）060092，管道用金属弯头060099，金属套管柱060111，金属排水管060114，金属管060127，滑油嘴060151，金属制管套筒060173，管道用金属接头060229，金属阀门（非机器部件）060243，金属管道060258，压缩空气管道用金属配件060267，管道用金属加固材料060275，紧固管道用金属环060312，缆绳和管道用金属夹060313，金属排水阱（阀）060335，油井用金属套管060337，金属雨水管060356，金属水管阀060359，金属分岔管060366，通风和空调设备用金属管060415，管道用金属歧管060420，金属压力水管060421

※ 管道用金属墙钩 C060046

注：1. 本类似群与 1108 第（一）部分类似；
2. 金属阀门（非机器部件），金属排水阱（阀），金属水管阀与 0749 第（二）部分类似；
3. 本类似群与第九版及以前版本 0608 管道用金属墙钩交叉检索；
4. 跨类似群保护商品：缆绳和管道用金属夹（0602，0606）。

0603 金属建筑材料，可移动金属建筑物（不包括建筑小五金）

金属楼梯 060124，金属格栅 060152，金属火箭发射台 060159，可移动金属建筑物 060170，金属围篱 060198，溜冰场（金属结构）060203，金属跳水板 060215，金属电线杆 060222，金属蓄水池 060232，可移动金属温室 060236，金属筒仓 060239，金属格架 060256，鸟舍（金属结构）060263，不发光金属信号台 060282，游泳池（金属结构）060290，金属制自行车停放架 060293，金属制简易小屋 060308，喷漆用金属间 060310，金属烟囱罩 060318，金属烟囱管帽 060331，金属建筑物 060339，金属梯 060361，乘客登乘用可移动金属梯 060362，电线用金属杆 060365，金属栅栏 060368，炉用金属护栏 060390，公路防撞用金属护栏 060397，金属广告栏 060411，金属烟囱 060413，金属烟囱柱 060414，金属电话间 060422，金属电话亭 060422，金属鸡房 060425，（壁炉的）柴架 060431，凉亭（金属结构）060436，金属牲畜棚 060437，金属猪圈 060438，金属预制房（组装件）060439，金属栏杆 060457，金属旗杆（建筑物）060468，车辆用金属坡道 060476，壁炉用金属炉栅 060483，金属制移动式隔音亭 060484，金属制非医用户外垃圾箱 060488，金属制回收箱 060492

※ 镀锌铁塔 C060012，桥梁支承 C060013，金属果皮箱 C060014，电缆桥架 C060015，金属护栏 C060034，金属井盖 C060035，预应力锚具 C060036，金属锚具 C060037，金属制帐篷桩 C060047，金属跳水台 C060048

钢制卷帘 060009，混凝土用金属加固材料 060033，金属地板砖 060040，金属栅栏用杆 060042，建筑用金属架 060074，建筑用金属柱 060090，金属制屋顶防雨板 060098，金属门*060100，窗用铁制品 060106，建筑用金属托架 060123，建筑用金属附件 060140，金属固定百叶窗 060156，金属制室外遮帘 060158，金属楼梯基（楼梯部件）060162，金属楣 060165，金属台阶（梯子）060177，门廊（金属结构）060179，建筑用金属制墙包层 060192，建筑用金属盖板 060195，金属百叶窗 060197，建筑用金属制墙衬料 060201，金属天花板 060209，金属地板 060210，建筑用金属衬板 060211，金属屋瓦 060213，金属大门 060218，金属门板 060219，金属梁 060224，金属搁栅 060225，预制金属台 060226，金属槛 060233，金属屋顶 060252，金属旋转栅门 060255，金属制楣窗 060260，钢结构建筑 060266，金属护壁板 060274，建筑用金属加固材料 060276，金属建筑材料 060291，混凝土用金属模板 060292，金属铺路块料 060294，金属窗框 060315，金属制温室骨架 060316，金属垫路板 060317，建筑用金属砖瓦 060321，金属砖地板 060322，建筑用金属框架 060328，金属门框 060329，金属门框架 060329，金属檐槽 060332，金属隔板 060336，金属檐口 060343，檐板金属嵌条 060344，金属窗 060346，门用铁制品 060347，金属检修孔盖 060349，金属制屋顶覆盖物 060350，金属楼梯踏板 060355，金属脚手架 060360，建筑用金属嵌板 060381，金属制防昆虫纱窗 060428，金属耐火建筑材料 060435，金属制街道排水沟 060441，金属墙砖 060445，金属铺地平板 060446，建筑用金属平板 060447，金属梯凳 060448，装有光伏电池的金属屋顶板 060449，金属装甲门 060450，金属波形瓦 060456，建筑用金属包层 060458，金属折门 060473，建筑用金属嵌条 060474，金属制壁炉罩 060475，金属双开弹簧门 060478，金属折扇门 060482，金属制吸音板 060485，金属制园艺罩骨架 060486，金属制浮动地板 060495，金属竖铰链窗 060499，具有隔音效果的金属建筑材料 060501

※ 钢模板 C060016，金属脚手架扣件 C060038，铝塑板 C060042

注：1. 建筑用金属盖板，建筑用金属衬板，金属隔板，建筑用金属嵌板，钢模板，建筑用金属平板等金属制板材与 0601 第三自然段类似；

2. 铝塑板与第八版及以前版本 1909 铝塑板（以塑料为主）交叉检索；

3. 金属门，金属固定百叶窗，金属制室外遮帘，金属百叶窗，金属大门，金属制楣窗，金属窗，金属竖铰链窗等金属制门窗与 1909 塑钢门窗类似；

4. 本类似群与第九版及以前版本 0615 金属鸟舍（建筑物）交叉检索；

5. 预应力锚具与 0733 预应力锚具张拉设备类似；

6. 本类似群与第七版及以前版本 0607 金属脚手架扣件交叉检索；

7. 金属旋转栅门与第九版及以前版本 0914 自动旋转栅门交叉检索；

8. 金属旗杆（建筑物）与第十版及以前版本 2003 旗杆交叉检索。

0604 铁路用金属材料

铁路转辙器 060013，铁路道岔 060013，铁路金属材料 060089，铁路金属护轨 060095，鱼尾形接轨夹（铁路）060116，金属轨道 060129，转车盘（铁道）060212，铁路用金属轨枕 060245，铁路货车用金属载量规杆 060326，缆索铁道永久导轨用金属材料 060330

※ 止轮器 C060017，铁道防爬器 C060018

注：铁路金属材料与 0601 锚定板类似。

0605 非电气用缆索和金属线、网、带

钢箍 060003，钢丝 060004，铝丝 060019，装卸用金属吊带 060026，带刺金属丝 060041，高架缆车的缆绳 060057，普通金属线 060108，铁箍 060131，铁丝 060132，金属丝网 060184，普通金属合金丝（除

保险丝外）060268，捆扎用金属带060285，包装或捆扎用金属带060285，捆扎用金属线060286，装卸用金属带060305，装卸用金属吊索060306，金属制非电气缆绳060311，农业用金属捆扎线060319，金属绳索060341，非绝缘铜线060353，金属捆扎物060363，金属捆扎线060396，金属绳060427，金属扎带060487，金属束线带060487，金属制落石防护网060500

※ 电焊网C060020，钢带C060044，铁带C060045

0606 缆绳用非电气金属附件

非电气缆绳用金属接头060059，缆绳和管道用金属夹060313，缆绳用金属接线螺钉060314

※ 铁接板C060021，马蹄形钩环（脚扣、铁鞋）C060022，紧线夹头C060023，铝合金滑车C060024

注：跨类似群保护商品：缆绳和管道用金属夹（0602，0606）。

0607 钉及标准紧固件

金属垫圈060037，金属环*060038，金属止动环*060038，盒用金属紧固扣件060048，金属螺栓060049，垫片（填隙片）060063，金属栓060078，金属开尾销060082，钉子060085，角钉060086，平头钉060086，金属膨胀螺栓060087，金属钩（扣钉）060102，金属扣钉（钩）060102，金属螺丝060118，销（五金件）060141，有眼螺栓060143，吊环螺钉060143，攀登用鞋底钉060149，金属制帐篷地钉060208，金属铆钉060217，五金器具*060227，小五金器具*060227，普通金属扣（五金器具）060298，金属螺母060364，鞋用金属钉060470，鞋用金属销钉060471，金属塞060481

※ 键销C060025，车辆紧固用螺丝C060039

注：1.跨类似群保护商品：五金器具（0607，0608，0609），小五金器具（0607，0608，0609）；
2.金属环与0608铜环，金属门环类似。

0608 家具及门窗的金属附件

金属门闩060022，金属制窗挡060035，金属制门挡060036，金属铰链*060068，金属安全链060071，金属铰链连接器060073，窗用金属滑轮060075，提拉窗用金属滑轮060075，窗扉栓060104，铜环060110，金属窗栓060125，窗用金属附件060130，金属关门器（非电动）060135，金属制门弹簧（非电动）060135，床用金属脚轮060166，金属闩060167，金属门环060180，家具用金属脚轮060187，金属衣服挂钩060202，金属门把手060216，金属门插销060220，五金器具*

060227，小五金器具＊060227，金属挡块060238，扁插销060247，球形金属把手060301，金属开门器（非电动）060320，金属合页060327，滑动门用金属滑轨060348，挂衣杆用金属钩060352，家具用金属附件060380，床用金属附件060393，门用金属附件060394，金属开窗器（非电动）060443，金属关窗器（非电动）060444，金属制浴缸扶手060451，金属制窗锁060454，金属制门用锁紧装置060455，家具用金属角码060464

※ 磁碰块C060026，家用金属滑轨C060040

注：1. 本类似群与第十版及以前版本0603金属闩交叉检索；
2. 金属门把手，球形金属把手与第九版及以前版本0609金属把手包头交叉检索；
3. 跨类似群保护商品：五金器具（0607，0608，0609），小五金器具（0607，0608，0609）；
4. 铜环，金属门环与0607金属环类似。

0609 日用五金器具

手杖用金属包头060064，门前鞋底刮板060113，金属门铃（非电动）060121，手柄用金属包头060172，普通金属制钥匙圈060221，五金器具＊060227，小五金器具＊060227，铃＊060241，金属包头060262，金属挂包钩060463，袋子用金属封口夹060469，金属制手持旗杆060480

※ 金属钥匙链C060027，帐圈C060028

注：1. 跨类似群保护商品：五金器具（0607，0608，0609），小五金器具（0607，0608，0609）；
2. 金属制手持旗杆与第十版及以前版本2003旗杆交叉检索。

0610 非电子锁

金属挂锁（非电子）060062，金属钥匙060083，金属锁（非电）060144，弹簧锁060153，锁簧060204，运载工具用金属锁060237，包用金属锁060379，汽车车轮锁060426

注：1. 本类似群商品（金属钥匙除外）与0920第二、三自然段，2014运载工具用非金属锁，非金属锁（非电），非金属挂锁（非电子）类似；
2. 金属钥匙与2014塑料钥匙类似。

0611 保险箱柜

钱箱（金属或非金属）060029，保险柜（金属或非金属）060034，保险箱（金属或非金属）060034，现金保险箱060066，电子保险柜060472

0612 金属器具，金属硬件（非机器零件）

机器传动带用金属扣060012，金属带式铰链060039，丁字砧060045，金属法兰盘060054，铁砧060097，金属制皮带张紧器060101，金属挂锅钩060103，钩子（金属器具）060105，搬运用金属货盘060175，运输用金属货盘060176，金属虎钳爪060191，弹簧（金属制品）060206，金属滑轮（非机器用）060207，金属线拉伸器（张力环）060230，铁砧（便携式）060248，张力环060249，钢滚珠060265，机器传动带用金属加固材料060277，铁带拉伸器（张力环）060284，装卸用金属货盘060325，屋顶石板片用金属钩060351，软管用非机械式金属卷盘060357，金属带拉伸器（张力环）060383，金属制岩钉060430，金属托盘*060440

注：钢滚珠与第九版及以前版本0750滚珠，轴承滚珠交叉检索。

0613 金属容器

压缩气体或液态空气用金属瓶（容器）060050，储酸金属容器060065，锡罐060093，存储和运输用金属容器060094，冷铸模（铸造）060096，压缩气体或液态空气用金属容器060112，马口铁制包装物060119，金属信箱060120，金属制冰块模060150，金属筐060199，金属包装容器060231，（储液或储气用）金属容器060232，搅拌灰浆用金属槽060279，金属琵琶桶060287，金属桶箍060288，金属桶060289，普通金属盒060295，桶用金属塞060296，金属密封盖060297，金属瓶盖060299，金属瓶塞060300，瓶用金属紧固塞060300，液态燃料用金属容器060338，金属浮动容器060340，金属大桶060354，金属制毛巾分配器060358，金属铸模060384，金属桶架060391，容器用金属盖060395，金属箱060398，桶用金属龙头060402，金属卸料斗（非机械）060418，金属工具盒（空）060423，金属工具箱（空）060424，瓶用金属螺旋盖060442，金属制五加仑装汽油罐060466，泄油用金属容器060479，用于搬运金属压缩气瓶的专用罩060491，金属制排队号码纸分配器060496，金属制纸巾分配盒060497，金属制卫生纸分配器060498

※ 集装箱C060030，啤酒罐C060032

注：1. 冷铸模（铸造）与0736铸模（机器部件），压铸模，0735冷冲模类似，与第九版及以前版本0736冷冲模交叉检索；

2. 本类似群与第九版及以前版本0603金属信箱交叉检索；

3. 本类似群与第十版及以前版本0609金属密封盖，金属瓶盖，金属瓶帽，瓶用金属密封盖，金属瓶塞，瓶用金属紧固塞，瓶用金属螺旋盖交叉检索；

4. 本类似群与第十一版及以前版本0608金属制固定式毛巾分配器交叉检索；

5. 金属制纸巾分配盒，金属制卫生纸分配器与第十一版及以前版本2106纸巾盒，卫生纸分配器交叉检索。

0614 金属标牌

运载工具用金属徽标060155,不发光金属门牌060196,不发光、非机械的金属信号板060200,不发光、非机械的金属路牌060228,不发光、非机械的金属标志060235,金属标志牌060370,金属纪念标牌060389,金属标示牌060399,金属身份牌060399,金属车牌060400,普通金属制字母和数字(铅字除外)060419,金属标签060465,服装用金属制缝制标签060493,包用金属制黏性标签060494

0615 动物用金属制品

拴牲畜的链子060044,马掌钉060077,靴刺060122,动物挂铃060240,鸟戏水台(金属结构)060280,金属制兽笼060433,金属制狗便袋分配器060452

0616 焊接用金属材料(不包括塑料焊丝)

银焊料060030,铜焊合金060053,金属焊丝060242,铜焊金属焊条060302,铜焊及焊接用金属棒060303,金属焊条060304,金焊料060417

※ 焊锡丝C060033

0617 锚,停船用金属浮动船坞,金属下锚桩

金属下锚柱060271,船只停泊用金属浮动船坞060272,锚*060273,金属系船浮标060412

注:锚与0734船用自动锚类似,与第九版及以前版本0734航海自动小锚,1210船锚,小船用锚,锚链交叉检索。

0618 手铐,金属制身份鉴别手环

金属制身份鉴别手环060051,手铐060181

注:本类似群商品(手铐除外)与2010类似。

0619 (测气象或风力的)金属风标

金属风向标060148,金属风力驱鸟器060432

0620 金属植物保护器

树木金属保护器 060028，树或植物的金属支桩 060467

注：树或植物的金属支桩与 2007 树或植物的非金属支桩类似，与第十版及以前版本 2007 树或植物的支桩交叉检索。

0621 捕野兽陷阱

捕野兽陷阱 * 060025

0622 普通金属艺术品，青铜（艺术品）

青铜制艺术品 060056，普通金属塑像 060244，普通金属艺术品 060278，普通金属制半身像 060307，普通金属小雕像 060382，普通金属小塑像 060382，普通金属制耶稣受难雕像（非首饰）060477，普通金属制雕塑纪念杯 060489，普通金属制奖杯 060490

0623 矿石，矿砂

铬矿石 060081，铁矿石 060134，方铅矿（矿石）060145，褐铁矿 060163，金属矿石 060183

0624 金属棺（埋葬用），金属棺材扣件，棺材用金属器材

墓碑用青铜制品 060055，墓碑用青铜制纪念物 060055，金属纪念碑 060190，金属墓 060254，金属墓穴 060323，棺材用金属附件 060324，墓穴用金属围栏 060367，金属墓板 060385，墓碑用金属制纪念物 060386，金属墓碑标牌 060387，金属墓碑柱 060388

第七类

机器，机床，电动工具；马达和引擎（陆地车辆用的除外）；机器联结器和传动机件（陆地车辆用的除外）；除手动手工具以外的农业器具；孵化器；自动售货机。

【注释】

第七类主要包括机器和机床、马达和引擎。

本类尤其包括：

——各类马达和引擎的部件，例如：各种类型马达和引擎用启动器、消音器和汽缸；

——电动清洁机器和装置，例如：电动擦鞋器，清洗地毯用电动机器和装置以及真空吸尘器；

——3D打印机；

——工业机器人；

——某些特殊的非运输用运载工具，例如：扫路机，筑路机，推土机，扫雪机以及作为非运输用履带式运载工具部件的橡胶履带。

本类尤其不包括：

——手动的手工具和器具（第八类）；

——具有人工智能的人形机器人，实验室机器人，教学机器人，安全监控机器人（第九类），外科手术机器人（第十类），机器自动驾驶汽车（第十二类），机器人鼓（第十五类），玩具机器人（第二十八类）；

——陆地车辆用马达和引擎（第十二类）；

——运载工具用履带，以及运载工具用各种轮胎（第十二类）；

——某些特殊机器，例如：自动取款机（第九类），人工呼吸器（第十类），冷冻设备和机器（第十一类）。

注：搅动机，搅拌机，磨粉机（机器），离心碾磨机，粉碎机，混合机（机器），碾碎机为跨类似群保护商品。但是对于申报限定行业用途的上述商品，应按照行业用途归入相应的类似群，并与对应的上述商品类似。

0701 农业用机械及部件（不包括小农具）

农业机械070008，农业起卸机070009，犁070028，打谷机070043，收割机械070051，捆干草装置070058，捆干草机070058，谷物脱壳机070089，玉米脱粒机070089，犁铧070100，中耕机070138，铲草皮犁 070148，排水机 070158，植物茎、柄、叶分离器（机器）070168，谷物脱粒机 070169，摊晒机 070186，割草机用刀 070188，割草机 070201，切草机 070210，稻草切割机 070210，耙土机 070213，喷雾机 070214，切草机刀片 070223，收割机 070268，收割捆扎机 070269，收割脱粒机 070270，耙机用耙 070323，耙机 070324，除草机 070344，播种机（机器）070348，扬谷机 070379，非手动的农业器具 070388，机动中耕机 070513，农用耕作机 070577

※ 插秧机 C070001，植树机 C070002，种子发芽器 C070003，沼气出料机 C070004，种子清洗设备 C070005，砻谷机 C070097，采茶机 C070366

注：1. 喷雾机与 0803 杀虫剂用喷雾器（手工具），杀虫剂用喷洒器类似，与第九版及以前版本 0803 杀虫喷雾器（手工具），杀虫剂喷雾器（手工具），杀虫用喷雾器交叉检索；

2. 排水机与 1108 农业用排灌机类似；

3. 本类似群与第十版及以前版本 0709 砻谷机，第七版及以前版本 0708 采茶机交叉检索。

0702 渔牧业用机械及器具

（一）水族池通气泵 070005，收网机（捕鱼具）070478

（二）粉碎机 070153，轧饲料机 070195，工业用切碎机（机器）070419，机械化牲畜喂食器 070517
※ 饲料粉碎机 C070006，青饲料切割机 C070007，块根切碎机 C070008，饲料蒸煮器（饲料加工机械部件）C070009

（三）挤奶机 070367，挤奶机用吸杯 070368，孵化器 070442
※ 蜜蜂巢础机 C070010，蛋鸡笼养设备 C070011，摇蜜机 C070012

（四）动物剪毛机 070431

（五）※ 盐池压平机 C070441，起盐机 C070442

注：1. 本类似群各部分之间商品不类似；

2. 跨类似群保护商品：粉碎机（0702 第（二）部分，0725，0733，0752），工业用切碎机（机器）（0702 第（二）部分，0709，0752）；

3. 第（二）部分与第八版及以前版本 0753 粉碎机，粉碎机（机器），工业用切碎机（机器）交叉检索。

0703 伐木、锯木、木材加工及火柴生产用机械及器具

锯台（机器部件）070035，木材加工机 070055，凿榫机 070071，刨花机 070071，锯条（机器部件）

070226，锯条夹（机器部件）070227，机锯（机器）070341

※ 铰盘机 C070013，编筏机 C070014，原木传送机 C070015，制木屑的机器 C070016，拼板机 C070017，火柴生产工业用机器 C070018

注：锯条（机器部件），机锯（机器）与 0742 链锯，带锯，圆锯片（机器零件），龙锯，截锯（机器零件），往复锯类似。

0704 造纸及加工纸制品工业用机械及器具

（一）研光辊 070240，造纸机 070291，研光机 070292

※ 洗浆机 C070019，卷浆机（造纸工业用）C070020，造纸用打浆机 C070021，脱水机（造纸工业用）C070022，筛浆机 C070023，轧光机 C070024，卷筒机（造纸工业用）C070025，平网抄纸机 C070026，纸板机 C070027，圆筛（造纸机械部件）C070028，纸浆泵 C070029，蒸煮锅（造纸机械部件）C070445

（二）※ 卫生巾生产设备 C070367，纸尿裤生产设备 C070368

注：1. 本类似群各部分之间商品不类似；
2. 跨类似群保护商品：研光辊（0704 第（一）部分，0706，0712），研光机（0704 第（一）部分，0706，0712），轧光机（0704 第（一）部分，0706）；
3. 第（一）部分与第九版及以前版本 0712 研光机交叉检索。

0705 印刷工业用机械及器具

排字机（印刷）070076，字模盒（印刷用）070081，排字机（照相排版）070112，铸字机 070120，印刷滚筒 070140，印刷机上墨装置 070175，在金属薄板上使用的印刷机器 070216，印刷版 070217，印刷机器 070218，印刷机 070219，印刷机用油墨辊 070220，进纸机（印刷）070246，凸版印刷机 070303，工业用书籍装订装置和机器 070327，轮转印刷机 070334，上光机 070345，铅板印刷机 070355，压纸格（印刷机部件）070377，凸版印刷机械 070378，印刷用字模 070436，工业用喷墨打印机 070580

※ 浇铅条机 C070030，铅字刨床 C070031，胶印机 C070032，三色版机（印刷工业机械）C070033，自动配页机 C070034，折页机 C070035，整理机（印刷工业机械）C070036，打眼机 C070037，铸铅板机 C070038，出纸型机 C070039，制版机 C070040，晒版机 C070041，打样机 C070042，裁纸机 C070043，烫金机 C070044，划线机（印刷工业机械）C070045，涂刷机 C070046，透明胶蜡网线版 C070047，印刷胶版 C070048，印刷胶辊 C070049，胶印锌版 C070050，外文模板（印刷用）C070051，铜网（印刷用）C070052，照相制版用腐蚀机 C070053，高速烂版机 C070054，印刷用镍网 C070369

注：1. 印刷版，印刷胶版，胶印锌版，外文模板（印刷用）与1618凸印版，胶版，电铸版类似，与第九版及以前版本1618印版，胶印版，电版交叉检索；

2. 跨类似群保护商品：工业用喷墨打印机（0705，0716）。

0706 纤维加工及纺织、针织工业用机械及部件

织布机卷线轴070054，织袜机（机器）070057，针布（梳棉机部件）070079，旋转式脱水机（非加热）070084，针织机滑动架070097，针织机滑板070097，制花边机070151，喷射器070170，纺织机070190，纺车070191，织布机传动齿轮070212，织机轴070224，研光辊070240，织布机（机器）070259，精纺机070260，梭（机器部件）070280，研光机070292，起绒毛机070325，织补机070329，梳棉机070364，织带机070372，编织机070374，纺织工业用机器070496，针织机用针070602，羊毛精梳机用针070604

※ 轧光机C070024，轧花机C070057，清花机C070058，棉籽脱绒机C070059，棉花烘干机C070060，弹花机C070061，风力清籽机C070062，弹花齿条C070063，剥麻机C070064，揉搓机C070065，弹麻机C070066，野生纤维整经机C070067，羽绒加工设备C070068，缫丝机械C070069，绢纺机械C070070，纸质纱管（纺织机配件）C070071，人造丝机械C070074，维尼龙抽丝设备C070075，合成纤维设备C070076，制地毯机械C070077，地毯植绒机C070078，电动织毯机C070079，平毯机C070080，针织机针C070454，经编机针C070455，横机针C070456

注：1. 纺织工业用机器与0707类似；

2. 旋转式脱水机（非加热）与第八版及以前版本0704脱水机交叉检索；

3. 跨类似群保护商品：旋转式脱水机（非加热）（0706，0724），研光辊（0704第（一）部分，0706，0712），研光机（0704第（一）部分，0706，0712），轧光机（0704第（一）部分，0706）；

4. 本类似群与第九版及以前版本0712研光机交叉检索；

5. 本类似群与第十一版及以前版本2605梳羊毛机用针，针织机针，纺织钢针，经编机针，横机针，棉毛针交叉检索。

0707 印染工业用机械

染色机070362，上浆机070595

※ 丝光机C070081，烧毛机C070082，平洗机C070083，蒸化机C070084，热风干燥拉幅机C070085，印染胶辊C070086，印花花筒雕刻设备C070087，印花机煮炼锅C070088

注：1. 印花花筒雕刻设备与0712压花机类似；
2. 本类似群与0706纺织工业用机器类似。

0708 制茶工业用机械

※ 制茶机械C070089，揉捻机（制茶工业用）C070090，萎凋机（制茶工业用）C070091，杀青机（制茶工业用）C070092，烘干机（制茶工业用）C070093，斜锅机（制茶工业用）C070094，解块机（制茶工业用）C070095，压茶砖机C070096

0709 食品业用机械及部件

搅动机070007，搅拌机070026，搅乳器070038，磨粉机（机器）070042，奶油机070046，瓶子冲洗机070065，乳脂分离器070083，离心碾磨机070087，电动绞肉机070211，电动碎肉机070211，制酪机070222，石磨070262，磨面机070266，混合机（机器）070267，切面包机070288，和面机070295，电动意式面食制作机070296，制香肠机070346，制糖机070356，工业用切碎机（机器）070419，制食品用电动机械070423，削皮机070454，蔬菜轧碎机070455，篮式压榨机070533，碾碎机070561，电动榨果汁机070565，酱油制造机070609，味噌制造机070610

※ 碾米机C070098，压面机C070100，切面机C070101，饼干印形机C070102，粉条机C070103，馒头机C070105，包饺子机C070106，榨油机C070107，甘蔗压榨机C070108，罐头工业用机器设备C070109，洗罐机C070110，豆芽机C070111，水果剥皮机C070112，胶体磨（食品工业用）C070113，食品包装机C070114，屠宰机C070116，食品工业用磨浆机C070370

注：1. 食品包装机与0721包装机，包装机械类似；
2. 本类似群与第八版及以前版本0753混合机（机器），搅拌机，搅拌机（机器），工业用切碎机（机器）交叉检索；
3. 跨类似群保护商品：搅动机（0709，0723，0733）；搅拌机（0709，0723，0733），磨粉机（机器）（0709，0725），瓶子冲洗机（0709，0710），离心碾磨机（0709，0723，0725），电动绞肉机（0709，0723），电动碎肉机（0709，0723），混合机（机器）（0709，0723，0733），工业用切碎机（机器）（0702第（二）部分，0709，0752），碾碎机（0709，0733，0752），电动榨果汁机（0709，0710，0723）。

0710 酿酒、饮料工业用机械

抽啤酒用压力装置070012，饮料加气设备070056，瓶子冲洗机070065，酿酒机器070066，酿葡萄酒用压榨机070102，汽水加气设备070163，饮用水矿化设备070164，电动制饮料机070315，电动榨果汁机070565，制备饮料用机械臂070611

注：1. 本类似群与第八版及以前版本0709瓶子冲洗机交叉检索；
2. 跨类似群保护商品：瓶子冲洗机（0709，0710），电动榨果汁机（0709，0710，0723）。

0711 烟草工业用机械

工业用卷烟机070103，烟草加工机070255

0712 皮革工业用机械

制革机070136，剥皮革机070157，去肉机（皮革工业用）070166，研光辊070240，研光机070292
※ 鞣制机（皮革工业用）C070118，磨革机C070119，喷光机（皮革工业用）C070120，压花机C070121，烫平机（皮革工业用）C070122，喷色机（皮革工业用）C070123，皮革喷浆机C070124，皮革修整机C070125

注：1. 压花机与0707印花花筒雕刻设备类似；
2. 跨类似群保护商品：研光辊（0704第（一）部分，0706，0712），研光机（0704第（一）部分，0706，0712）。

0713 缝纫、制鞋工业用机械

刺绣机绷圈070067，缝纫机踏板传动装置070111，缝合机070128，卷边机070283，熨衣机070328，鞋楦头（机器部件）070352，绕线轴（机器部件）070408，缝纫机070440，纺织品用便携式旋转蒸汽熨压机070480，缝纫机用针070603
※ 包缝机C070126，锁扣机C070127，撬边机C070128，鞋底压切机C070129，补鞋机C070130，裁布机C070131，下料机（缝纫机械）C070132，工业缝纫机台板C070133

注：1. 缝纫机用针与2605针，缝纫针类似；
2. 本类似群与第十一版及以前版本2605已接受商品缝纫机用针交叉检索。

0714 自行车工业用设备

自行车组装机械070512

※ 自行车工业用机器设备 C070134，车链机 C070135，车圈机 C070136，滚挡泥板机 C070137

0715 陶瓷、砖、瓦制造机械

陶匠用旋轮 070420

※ 陶瓷工业用机器设备（包括建筑用陶瓷机械）C070138，制砖机 C070371，制瓦机 C070372

0716 工业用雕刻、打标机械

雕刻机 070207，工业用喷墨打印机 070580，便携式激光雕刻机 070597

※ 塑料套管印字切割机 C070055，塑料导线印字机 C070056，电线印号机 C070295，电脑刻绘机 C070373，电脑刻字机 C070374，电脑割字机 C070375，工业打标机 C070440

注：1. 本类似群与第十版及以前版本 0705 塑料套管印字切割机，塑料导线印字机，0742 电线印号机交叉检索；

2. 跨类似群保护商品：工业用喷墨打印机（0705，0716）。

0717 制电池机械

※ 电池机械 C070139，轧线机（电池制造机械）C070140，电池芯加工机 C070141，上电池底机 C070142，蓄电池工业专用机械 C070143

0718 日用杂品加工机械

制绳机 070119

※ 蚕种脱水机 C070145，制筷机 C070150，脱皮开壳两用机 C070151，制笔机械 C070152，制蜡烛机 C070153

※ 织苇席机 C070146，草垫机 C070147，织草席机 C070148，草帽机 C070149

注：1. 本类似群根据商品功能、用途确定类似商品；

2. 本类似群第三自然段商品之间类似。

0719 制搪瓷机械

※ 制搪瓷机械 C070154

0720 制灯泡机械

※ 制灯泡机械 C070155

0721 包装机械（不包括成套设备专用包装机械）

工业用胶带分配机 070004，捆扎机 070052，装瓶机 070064，包装机 070177，打包机 070294，工业用封口机 070347，装填机 070353，瓶子盖塞机 070410，瓶子压盖机 070411，瓶子封口机 070412，包装机械 070499，塑料封口用电动装置（包装用）070541

※ 烫号机 C070156，钞票捆扎机 C070157，气动捆扎机 C070377

注：1. 包装机，包装机械与 0709 食品包装机类似；
2. 本类似群与第七版及以前版本 0743 气动捆扎机交叉检索；
3. 本类似群与第九版及以前版本 0903 封塑料用电动器械（包装用）交叉检索。

0722 民用煤加工机械

※ 蜂窝煤机 C070158，煤球机 C070159

0723 厨房家用器具（不包括烹调、电气加热设备及厨房手工具）

搅动机 070007，搅拌机 070026，离心碾磨机 070087，电动绞肉机 070211，电动碎肉机 070211，洗碗机 070231，厨房用电动轧碎机 070256，混合机（机器）070267，家用非手动研磨机 070277，电动开罐器 070287，非手动胡椒研磨机 070307，电搅拌器 070403，非手动磨咖啡机 070415，家用电动搅拌机 070444，厨房用电动机器*070445，家用电动打蛋器 070459，家用电动榨水果机 070460，电动食品处理机 070475，厨房用电动碾磨机 070553，电动榨果汁机 070565，电动螺旋切菜机 070578，电动奶酪切片机 070585，电动蔬菜削皮机 070586，电动蔬菜切片机 070590，电动蔬菜切丝机 070590

※ 家用切菜机 C070160，家用切肉机 C070161

注：1. 本类似群与第八版及以前版本 0753 混合机（机器），搅拌机，搅拌机（机器）交叉检索；
2. 本类似群与第八版及以前版本 0709 离心碾磨机交叉检索；
3. 跨类似群保护商品：搅动机（0709，0723，0733），搅拌机（0709，0723，0733），离心碾磨机（0709，0723，0725），电动绞肉机（0709，0723），电动碎肉机（0709，0723），混合机（机器）（0709，0723，0733），电动榨果汁机（0709，0710，0723）。

0724 洗衣机

旋转式脱水机（非加热）070084，洗衣机070234，投币启动的洗衣机070236，洗衣用甩干机070239，装有烘干滚筒的洗衣机070588，便携式超声波洗衣设备070589

※ 干洗机C070379

注：1. 本类似群与1106电干衣机类似，与第十一版及以前版本1106电动干衣机，第九版及以前版本1106家用干衣机（电烘干）交叉检索；
2. 本类似群与第八版及以前版本0704脱水机交叉检索；
3. 本类似群与第八版及以前版本0706旋转式脱水机，干燥机（脱水式）交叉检索；
4. 跨类似群保护商品：旋转式脱水机（非加热）(0706，0724)。

0725 制药工业用机械及部件

磨粉机（机器）070042，离心碾磨机070087，粉碎机070153，生物制药用生物反应器070593

※ 制药加工工业机器C070162，制丸机C070163，糖衣机C070164，压片机C070165，药物粉碎机C070166，制药剂专用离心机（不包括化工通用的离心机）C070167，制药剂专用板框压滤机（不包括化工通用的板框压滤机）C070168

注：1. 本类似群与第八版及以前版本0753粉碎机，粉碎机（机器）交叉检索；
2. 本类似群与第八版及以前版本0709磨粉机（机器），离心碾磨机交叉检索；
3. 跨类似群保护商品：磨粉机（机器）(0709，0725)，离心碾磨机(0709，0723，0725)，粉碎机(0702第（二）部分，0725，0733，0752)。

0726 橡胶、塑料工业机械

模压加工机器070206，硫化器070384，塑料加工机器070544

※ 切胶机C070169，碾胶机C070170，炼胶机C070171，洗胶机C070172，擦胶机C070173，粘胶机C070174，滤胶机C070175，轮胎成型机C070176

※ 塑料切粒机C070177，干塑模压瓦机C070178，注塑机C070179，电子冲塑机（塑料印刷表面处理）C070180，加工塑料用模具C070181，塑料绕丝机C070182，制塑料桶（罐）设备C070380，生产球拍线机械C070436

注：1. 第二自然段为橡胶工业用机器，第三自然段为塑料工业用机器；
2. 本类似群与第九版及以前版本0753生产球拍线机械交叉检索。

0727 玻璃工业用机械

玻璃加工机 070382

※ 玻璃工业用机器设备（包括日用玻璃机械）C070183，自动吹制机（玻璃加工机械）C070184，制瓶机 C070185，脱管机（玻璃加工机械）C070186，卷管机（玻璃加工机械）C070187，管件磨口机（玻璃加工机械）C070188，磨光玻璃抛光机 C070189，玻璃切割机 C070190

0728 化肥设备

※ 化肥制造设备 C070191，合成塔（化肥制造设备）C070192，冷凝塔 C070193，铜洗塔 C070194，碱洗塔 C070195，氨分离塔 C070196，滤油塔 C070197，尿素合成塔 C070198，水洗塔 C070199

0729 其他化学工业用机械

化学工业用电动机械 070490

※ 硫酸制造设备 C070200，纯碱制造设备 C070201，合成酒精设备 C070202，电解水制氢氧设备 C070203，制甘油酚类用机械设备 C070204，焦化设备 C070205

※ 制虫胶、骨胶用设备（槽搅合机）C070206，制清胶机 C070207，碎骨机 C070208，研胶机 C070209

※ 林产化学设备 C070210，松香制造设备 C070211，木材干馏设备 C070212，木材水解设备 C070213

※ 油漆加工用机器 C070214

※ 炸药及火工制品用机械设备 C070215

※ 制牙膏设备 C070216，化妆品生产设备 C070217

0730 地质勘探、采矿、选矿用机械

冲洗机 070063，炉渣筛（机器）070082，截煤机 070094，采掘机 070185，拖运设备（矿井用）070185，采矿钻机 070264，矿砂处理机械 070265，钻机 070299，矿井作业机械 070342

※ 地质勘探、采矿选矿用机器设备 C070218，浮选机 C070219，磁选机 C070220，洗矿机 C070221，采矿用电笛 C070222，矿杂质沉淀机 C070223，矿山杂物排除机 C070224，矿井卷扬机 C070225，矿井排水泵 C070226，矿用声控自动喷雾装置（矿井降尘）C070227

0731 冶炼工业用设备

炼钢厂转炉 070003，切断机（机器）070123，轧钢机滚筒 070141，轧钢机 070228，搅炼机 070319，

催化转化器 070482

※ 铸铁机 C070228，混铁炉 C070229，盛钢水桶 C070230，补炉机 C070231，炼焦机 C070232，铸造（锭）机 C070235

0732 石油开采、精炼工业用设备

钻探装置（浮动或非浮动）070462，油精炼机器 070498，浮式生产储卸油装置 070584

※ 石油开采、石油精炼工业用机器设备 C070236，石油化工设备 C070237，石油钻机 C070238，石油专用泥浆泵 C070239，洗井机 C070240，通井机 C070241，石油专用抽油泵 C070242

0733 建筑、铁道、土木工程用机械

搅动机 070007，压路机 070014，蒸汽压路机 070014，搅拌机 070026，粉刷机 070030，打浆机 070044，混凝土搅拌机（机器）070045，沥青制造机 070050，推土机 070069，机器铲 070070，粉碎机 070153，挖掘机 070184，涂焦油机 070202，混合机（机器）070267，石材加工机 070301，铺轨机 070322，筑路机 070340，铁路建筑机器 070383，挖掘机（机器）070397，夯锤（机器）070404，土方机械 070417，开沟犁 070458，碾碎机 070561，撞锤（机器）070562

※ 掘土机 C070244，挖沟机 C070245，松土机 C070246，铲运机 C070247，打桩机 C070248，刮泥机 C070249，多用养路机 C070250，灌浆机 C070251，钢筋拨机 C070252，联合抹灰机 C070253，起道机 C070254，混凝土振动器 C070255，石材切割机 C070381，装载机 C070382，水下清淤机 C070383，钢筋切断机 C070384，预应力锚具张拉设备 C070385，夯实机 C070386，铁路液压养路机具 C070450，铲土机 C070451

注：1. 预应力锚具张拉设备与 0603 预应力锚具类似；

2. 本类似群与第十版及以前版本 0604 铁路液压养路机具交叉检索；

3. 本类似群与第七版及以前版本 0730 石材切割机，0734 装载机交叉检索；

4. 本类似群与第八版及以前版本 0753 混合机（机器），搅拌机，粉碎机，粉碎机（机器）交叉检索；

5. 跨类似群保护商品：搅动机（0709，0723，0733），搅拌机（0709，0723，0733），粉碎机（0702 第（二）部分，0725，0733，0752），混合机（机器）（0709，0723，0733），碾碎机（0709，0733，0752）。

0734 起重运输机械

升降机（运送滑雪者上坡的装置除外）070023，电梯（升降机）070024，带式输送机 070037，绞盘

070072，船用自动锚 070073，起重机 070095，装卸斜面台 070096，升降机传动带 070127，搬运用气垫装置 070129，齿条齿轮千斤顶 070132，千斤顶（机器）070135，卸料斗（机械卸斗）070145，升降设备 070172，自动扶梯 070178，升降装置 070237，装卸设备 070245，悬臂起重机 070251，铁路货车用千斤顶 070271，气动传送装置 070304，天车 070313，气动管道传送器 070370，运输机（机器）070371，卷扬机 070373，起重机（提升装置）070453，自动人行道 070518，电梯操作装置 070540，升降机操作装置 070540，气动千斤顶 070554，移动式起重机 070583，谷仓升降机 070587，熔炉上料机 070605

※ 起重葫芦 C070256，起重电磁铁 C070257，输送机 C070387，提升机 C070388，带升降设备的立体车库 C070389

注：1. 齿条齿轮千斤顶，千斤顶（机器），铁路货车用千斤顶，气动千斤顶与 0808 手动千斤顶类似，与第九版及以前版本 0808 手操作千斤顶交叉检索；

2. 船用自动锚与 0617 锚类似，与第九版及以前版本 1210 船锚，小船用锚，锚链交叉检索；

3. 本类似群与第九版及以前版本 0914 升降机操作设备，升降机操作装置交叉检索；

4. 本类似群与第十版及以前版本 0749 气动传送装置，气动管道传送器交叉检索。

0735 锻压设备

整修机（机械加工装置）070159，旋转锻造机 070173，冲压机 070180，印模冲压机 070181，锤（机器部件）070247，动力锤 070248，气锤 070249，杵锤 070250，金属加工机械 070258，冲孔机用冲头 070305，冲孔机 070306，冲床（工业用机器）070316，整形机 070326，电锤 070489

※ 水压机 C070258，液压机 C070259，自动镦锻机 C070260，冷冲模 C070269

注：1. 本类似群与 0743 手动液压机类似；

2. 本类似群与第八版及以前版本 0742 穿孔机冲头，穿孔机，冲床（工业用机器），金属加工机械，机械加工装置交叉检索；

3. 本类似群与第九版及以前版本 0736 印模冲压机，冷冲模交叉检索；

4. 冷冲模与 0613 冷铸模（铸造）类似；

5. 跨类似群保护商品：整修机（机械加工装置）（0735，0742 第（一）部分），金属加工机械（0735，0736，0742 第（一）部分），整形机（0735，0742 第（一）部分）。

0736 铸造机械

铸造机械 070196，金属加工机械 070258，铸模（机器部件）070276，铸模机 070278

※ 铸管机 C070261，铸铁丸设备 C070262，冷室压铸机 C070263，热室压铸机 C070264，铸球机 C070265，铸片机 C070266，碳化钨模子 C070267，压铸模 C070268，振动翻砂机 C070270，全自动振动

应力消除装置C070390，铸件设备C070391

注：1.铸模（机器部件），压铸模与0613冷铸模（铸造）类似；
2.本类似群与第八版及以前版本0742金属加工机械交叉检索；
3.跨类似群保护商品：金属加工机械（0735，0736，0742第（一）部分）。

0737 蒸汽动力设备

引擎锅炉用部件070101，机器锅炉用水垢收集器070110，蒸汽冷凝器（机器部件）070115，蒸汽机070242，引擎锅炉管道070416，蒸汽机锅炉070429，引擎锅炉给水装置070430，锅炉管道（机器部件）070471

※ 汽轮机C070271

注：蒸汽机锅炉与1107蒸汽锅炉（非机器部件）类似。

0738 内燃动力设备

汽化器供油装置070015，内燃机点火装置070016，柴油机热线火花塞070061，汽化器070078，内燃机火花塞070394，内燃机燃料转换装置070463

※ 内燃机（非陆地车辆用）C070273，柴油机（陆地车辆用的除外）C070274，煤气机C070275，汽油机（陆地车辆用的除外）C070276，火花节能器C070278，化油器C070280，汽车发动机火花塞C070392，汽车发动机点火线圈C070393

注：1.火花节能器与第十版及以前版本1107燃料节省器，节油器交叉检索；
2.本类似群与第七版及以前版本1202汽车零部件，汽车配件，1203摩托车配件及其他现属于0738、0748的发动机零部件等商品交叉检索；
3.本类似群与0748第（二）部分类似；
4.本类似群与第七版及以前版本0750汽化器，活塞（机器或发动机部件），活塞（机器或发动机零件），活塞环，马达引擎用消声器，发动机和引擎用排气装置交叉检索。

0739 风力、水力动力设备

水轮机070215，非陆地车辆用涡轮机070375，风力涡轮机070523

※ 风力动力设备C070281，风力发电设备C070283，水力动力设备C070284，水力发电设备C070437

0740 制办公用针钉机械

※ 回形针机 C070285，制针机 C070286，图钉机 C070287，大头针制造机 C070288

0741 制纽扣拉链机械

※ 制纽扣机 C070289，制拉链机 C070290

0742 切削机床，切削工具和其他金属加工机械

（一）工业用尺寸可调切割机 070013，罩套（机器部件）070040，机械台架 070041，攻丝机 070062，外壳（机器部件）070075，防护装置（机器部件）070075，机罩（机器部件）070075，刀（机器部件）070080，铣床 070090，吊架（机器部件）070092，车床 070098，弯曲机 070104，剪削刀（机器）070122，钻头（机器部件）070125，切割机 070146，整修机（机械加工装置）070159，冲切攻丝机 070167，螺母攻丝机 070167，进料器（机器部件）070176，金属拉丝机 070183，刀片（机器部件）070189，精加工机器 070193，夹盘（机器部件）070194，填料箱（机器部件）070198，开槽机（机床）070208，磨刀机 070225，机床 070243，金属加工机械 070258，磨床 070263，刀具（机器部件）070285，机床用夹持装置 070286，抛光机器和设备（电动的）070308，刨床 070321，整形机 070326，机器台 070359，机器防护挡板（机器部件）070360，机床防护板 070360，磨利机 070387，砂轮（机器部件）070389，磨刀轮（机器部件）070389，自动操作机（机械手）070421，工业机器人 070422，钻头夹盘（机器部件）070428，刻度机 070448，钻头（机器部件）070449，链锯 070484，气动切削吹管 070486，划玻璃刀（机器部件）070494

※ 制钢丝绳机 C070296，织铜网机 C070297，金属丝织机 C070298，钻床 C070299，气门与气门座研磨机 C070300，滚齿机 C070301，开齿机 C070302，螺帽攻丝机 C070303，螺栓套丝机 C070304，镗床 C070305，制钉机 C070307，水射流切割机 C070453

※ 车刀 C070309，孔加工刀具 C070310，铣刀（机器部件）C070311，螺纹加工刀具 C070312，齿轮加工刀具 C070313，拉削刀具 C070314，带锯 C070315，圆锯片（机器零件）C070316，龙锯 C070317，截锯（机器零件）C070318，往复锯 C070319，气铣 C070394，刀座（机器部件）C070438

（二）※ 制造电线、电缆用机械 C070291，拉线机 C070292，绕线机（加工电线、电缆用机械）C070293，装铠机 C070294

注：1. 本类似群各部分之间商品不类似；
2. 链锯，带锯，圆锯片（机器零件），龙锯，截锯（机器零件），往复锯与 0703 锯条（机器部件），机锯（机器）类似，与第九版及以前版本 0703 锯条（机器零件）交叉检索；

3.砂轮（机器部件）与0801各种砂轮类似；

4.第（一）部分与第八版及以前版本0735整修机交叉检索；

5.跨类似群保护商品：整形机（0735，0742第（一）部分），整修机（机械加工装置）（0735，0742第（一）部分），金属加工机械（0735，0736，0742第（一）部分）。

0743 非手动的手持工具

电动大剪刀070105，电动剪刀070106，电动刀070131，非手动的手持工具070284，电动手操作钻孔器070300，铆接机070332，挤压胶黏剂用压缩气枪070456，电动喷胶枪070476，枪（使用弹药筒的工具）070477，电动拔钉器070558，滑雪板用电动磨边器070560，电动螺丝刀070566

※ 手电钻（不包括电煤钻）C070320，电动扳手C070322，电砂轮机C070323，液压手工具C070324，手动液压机C070325，风动手工具C070326，除锈机（电动）C070327，气动打钉枪C070328，角向磨光机C070395

注：1.手动液压机与0735类似；

2.本类似群与第八版及以前版本0701电动刀交叉检索；

3.本类似群与第七版及以前版本0742角向磨光机交叉检索；

4.本类似群与第十版及以前版本0749挤压胶粘剂用压缩气枪交叉检索。

0744 静电、电子工业用设备

半导体制造机070607，制造用半导体曝光设备070608

※ 静电工业设备C070329，电子工业设备C070330，静电消除器C070331，印刷电路板处理机C070396

0745 光学工业用设备

※ 光学冷加工设备C070332，眼镜片加工设备C070333

0746 气体分离设备

电解制气机070591

※ 气体分离设备C070334，制氧、制氮设备C070335，稀有气体提取设备C070336，气体液化设备C070337，生产二氧化碳设备C070338

0747 喷漆机具

涂漆机 070297，油漆喷枪 070298，喷颜色用喷枪 070514

※ 喷漆机 C070339，喷漆枪 C070340

0748 发电机，非陆地车辆用马达和引擎，马达和引擎零部件

（一）交流发电机 070018，发电机刷 070033，自行车用发电机 070047，炭刷（电）070093，电流发生器 070124，发电机传动带 070126，马达和引擎启动器 070150，发电机 070160，发电设备 070171，点火式磁发电机 070244，定子（机器部件）070354，紧急发电机 070492，摩托车用脚踏启动器 070516

※ 电刷（发电机部件）C070446

（二）净化冷却空气用过滤器（引擎用）070010，飞机引擎 070029，活塞环 070032，引擎喷油嘴 070077，接头（引擎部件）070118，密封接头（引擎部件）070118，引擎汽缸盖 070137，机器汽缸 070139，汽缸活塞 070197，非陆地车辆用传动马达 070241，非陆地车辆用喷气发动机 070272，马达和引擎用防污染装置 070273，引擎活塞 070274，活塞（机器或发动机部件）070302，马达和引擎用传动带 070343，气垫船用引擎 070380，马达和引擎用风扇 070381，航空引擎 070386，气动引擎 070391，马达和引擎用节油器 070400，船用引擎 070401，船用马达 070402，非陆地车辆用引擎 070433，非陆地车辆用马达 070433，马达和引擎用风扇皮带 070441，马达和引擎用汽缸 070446，马达和引擎用排气装置 070451，非陆地车辆用电动机 070452，液压引擎和马达 070461，马达和引擎冷却器 070464，引擎用排气歧管 070497，马达和引擎用消声器 070519，非陆地车辆用发动机支架 070557

※ 汽车发动机冷却用散热器 C070397，汽车发动机冷却用水箱 C070398，汽车发动机冷却用散热器水管 C070399，汽车发动机冷却用散热器盖 C070400，汽车发动机冷却用风扇 C070401，汽车发动机冷却用风扇护风罩 C070402，汽车发动机冷却用风扇离合器 C070403，汽车发动机排气净化装置（催化反应器）C070404，汽车发动机废气再循环系统 C070405，汽车发动机消声器 C070406，汽车发动机消声器进排气管 C070407，汽车发动机排气系共振器 C070408，汽车发动机活塞 C070409，发动机汽缸 C070410，机油滤清器（引擎部件）C070412，空气滤清器（引擎部件）C070413，柴油滤清器（引擎部件）C070414，燃料滤清器（引擎部件）C070447，冰箱用电动机 C070452

注：1. 本类似群各部分之间商品不类似；

2. 第（二）部分与 0738 类似；

3. 马达和引擎用节油器与第十版及以前版本 1107 燃料节省器，节油器交叉检索；

4. 第（二）部分与第七版及以前版本 1202 汽车零部件，汽车配件，1203 摩托车配件及其他现属于 0738、0748 的发动机零部件等商品交叉检索；

5. 第（二）部分与第七版及以前版本0750汽化器，活塞（机器或发动机部件），活塞（机器或发动机零件），活塞环，马达引擎用消声器，发动机和引擎用排气装置交叉检索；

6. 净化冷却空气用过滤器（引擎用），机油滤清器（引擎部件），空气滤清器（引擎部件），柴油滤清器（引擎部件），燃料滤清器（引擎部件）与0750过滤器（机器或引擎部件）类似；

7. 第（二）部分与第九版及以前版本第（一）部分冰箱电机交叉检索。

0749 泵，阀，气体压缩机，风机，液压元件，气动元件

（一）离心机070086，离心机（机器）070086，离心泵070088，泵（机器、引擎或马达部件）070179，润滑油泵070205，泵膜片070257，泵（机器）070309，气泵（车库设备）070310，供暖装置用泵070311，真空泵（机器）070312，啤酒抽吸泵070390，空气压缩泵070393，加油站发油泵070542，自动调节燃料泵070543，气动废油抽取机070574，逆流游泳用水泵070575，加油站用加氢泵070579，加油站用加油泵070601

※ 液压泵C070344，汽车油泵C070415，汽车水泵C070416，汽车发动机用机油泵C070417，汽车发动机用汽油泵C070418，自闭式加油枪C070427，抽气泵C070433，电脑计量加油机C070439

（二）阀（机器部件）070019，瓣阀（机器部件）070108，压力阀（机器部件）070318，疏水器（阻气回水阀）070320，阀门（机器、引擎或马达部件）070333，机器、马达和引擎的液压控制器070472，机器、马达和引擎的气压控制器070473，非陆地车辆用气动或液压线性执行器070594

※ 液压阀（机器部件）C070345，调压阀（机器部件）C070346，电磁阀（机器部件）C070430

（三）空气冷凝器070006，空气凝结器070011，压缩机（机器）070113，涡轮压缩机070114，冷凝装置070116，压缩、排放和输送气体用鼓风机070199，压缩、抽吸和运送谷物用风扇070203，压缩、抽吸和运送谷物用鼓风机或风扇070203，压缩、抽吸和运送谷物用鼓风机070203，工业用抽吸机械070282，风箱（机器部件）070350，锻炉鼓风机070351，增压机070358，空气压缩机070392，抽气机070398，冰箱压缩机070437，鼓风机070534

（四）※ 液压耦合器C070348，液压滤油器C070349，液压油缸（机器部件）C070448，气压缸（机器部件）C070449

注：1. 本类似群各部分之间商品不类似；

2. 第（一）部分汽车油泵，汽车水泵，汽车发动机用机油泵，汽车发动机用汽油泵与第七版及以前版本1202的汽车零部件，汽车配件及其他属于本类似群的商品交叉检索；

3. 第（一）部分与第十版及以前版本0753自闭式加油枪，第九版及以前版本0902自动调节燃料泵，加油站发油泵，加油站汽油泵，电脑计量加油机交叉检索；

4. 第（二）部分与0602金属阀门（非机器部件），金属排水阱（阀），金属水管阀类似，与第十版及以前版本0602金属阀门（非机器零件）交叉检索；

5. 第（三）部分与第八版及以前版本0726增压机，0753冷凝装置交叉检索；

6. 第（四）部分液压滤油器与0750过滤器（机器或引擎部件）类似。

0750 机器传动用联轴节，传动带及其他机器零部件

（一）联轴器（机器）070001，机器轴070020，曲轴070021，非陆地车辆用传动轴070022，润滑环（机器部件）070031，机器、马达和引擎用连杆070048，刷子（机器部件）070068，注油器（机器部件）070085，滑轮*070099，机器用凿子070107，滑轮（机器部件）070117，给水除气设备070147，去油脂装置（机器）070149，蒸汽或油分离器070152，减压器（机器部件）070154，机械绕轴装置070155，水加热器（机器部件）070165，非陆地车辆用离合器070174，筛（机器或机器部件）070187，润滑油箱（机器部件）070204，机器导轨070209，曲柄（机器部件）070230，非陆地车辆用推进装置070252，非陆地车辆用传动装置070253，调节器（机器部件）070254，机器、马达和引擎调速器070275，非陆地车辆用飞轮070279，轴颈箱（机器部件）070289，压力调节器（机器部件）070317，弹簧（机器部件）070330，机器用齿轮装置070335，机器轮070336，机器飞轮070337，滑动台架（机器部件）070365，轴颈（机器部件）070366，机器联动装置070369，软管用机械式卷盘070376，非陆地车辆用联轴节070385，缓冲活塞（机器部件）070395，减震器栓塞070395，减震器活塞（机器部件）070395，机器用耐摩擦垫070396，非运载工具用刹车垫070405，非运载工具用制动蹄070406，非运载工具用刹车扇形片070407，非陆地车辆用变速箱070409，电操作刷（机器部件）070413，过滤机滤筒070424，非陆地车辆用驱动链070425，非陆地车辆用转矩变换器070426，非陆地车辆用传动链070427，机器、引擎或马达用控制缆070434，机器、引擎或马达用机械控制装置070435，水分离器070439，非陆地车辆用齿轮传动装置070443，非陆地车辆用减速齿轮070447，热交换器（机器部件）070450，过滤器（机器或引擎部件）070457，机器、马达和引擎用曲柄轴箱070474，万向节070479，升降机铰链（机器部件）070491，膨胀水箱（机器部件）070493，工业用振荡器（机器）070509，液压开门器070515，气动开门器070520，非运载工具用刹车片070524，电动关门器070538，电动开门器070539，电动开窗器070545，电动关窗器070546，液压开窗器070547，液压关窗器070548，气动开窗器070549，气动关窗器070550，液压关门器070551，气动关门器070552，作为机器部件的操纵杆（游戏机用除外）070567，运载工具引擎用凸轮轴070568，起动器小齿轮070606

※ 减震器（机器部件）C070352，牛油杯C070353，机器拉带C070354，汽车发动机飞轮C070419，汽车发动机曲轴C070420，汽车发动机凸轮轴C070421

※ 润滑设备C070356，机用皮件（包括皮辊、皮圈、皮垫、皮碗）C070357，机械密封件C070358

（二）自动加油轴承070027，滚珠轴承070049，机器轴承托架070091，轴承（机器部件）070130，

传动轴轴承070290，滚柱轴承070338，轴承滚珠环070339，机器用耐磨轴承070396

※ 轴瓦C070431

（三）输送机传输带070036，机器传动带070074，滑轮胶带070314，橡胶履带（履带式建筑工程机械部件）070569，橡胶履带（履带式装卸机械部件）070570，橡胶履带（履带式农业机械部件）070571，橡胶履带（履带式采矿机械部件）070572，橡胶履带（履带式扫雪机部件）070573

※ 平行胶带（包括运输带，传送带，不包括陆地车辆引擎传动带）C070359，三角胶带C070360，风扇胶带（不包括陆地车辆引擎风扇传动带）C070361

注：1.本类似群各部分之间商品不类似；
2.汽车发动机飞轮，汽车发动机曲轴，汽车发动机凸轮轴与第七版及以前版本1202汽车零部件，汽车配件及其他属于本类似群的商品交叉检索；
3.过滤器（机器或引擎部件）与0748净化冷却空气用过滤器（引擎用），机油滤清器（引擎部件），空气滤清器（引擎部件），柴油滤清器（引擎部件），燃料滤清器（引擎部件），0749液压滤油器类似，与第十版及以前版本0748机油滤清器，空气滤清器，柴油滤清器交叉检索；
4.第（一）部分与第九版及以前版本0924电动关门器，电动开门器交叉检索；
5.电操作刷（机器部件）与第十版及以前版本0748电操作刷交叉检索；
6.第（一）部分与第十版及以前版本0748机器、引擎或马达用控制缆，机器、引擎或马达用机械控制装置，机器、引擎或马达用控制装置交叉检索。

0751 焊接机械

乙炔清洗装置070002，热喷枪（机器）070229，电焊机070349，气动焊接设备070503，气动焊接吹管070504，气动焊接烙铁070505，气动喷灯070522，焊接机用电极070525，电焊设备070526，电焊接设备070528，电焊烙铁070529，电弧焊接设备070530，电弧切割设备070531，喷焊灯070532

※ 热焊枪C070434，喷灯C070435

注：1.本类似群与第九版及以前版本0917交叉检索；
2.本类似群与第九版及以前版本1102喷焊灯，热焊枪，喷灯交叉检索。

0752 清洁、废物处理机械

自推进式扫路机070034，泥浆收集机070059，粉碎机070153，污物粉碎机070162，清洗设备070233，运载工具用清洗装置070235，电动清洁机械和设备070281，废物处理装置070414，垃圾处理装置070414，垃圾压实机070418，废料压实机070418，工业用切碎机（机器）070419，扫雪机070502，碾碎机070561，清理管道用清管器070564

清洗地毯用电动机器和装置070481，中心真空吸尘装置070483，蒸汽清洁器械070485，清洁用吸尘装置070487，清洁用除尘装置070488，高压洗涤机070495，拼花地板电子打蜡机070500，真空吸尘器用喷洒香水和消毒液的附件070506，真空吸尘器管070507，真空吸尘器070508，电动打蜡机器和设备070510，真空吸尘器袋070521，吸尘器用刷070559，真空吸尘器用吸嘴070563，蒸汽拖把070581，非接触固定式真空吸尘器070592

※（管道）疏通挖泥车C070362，电动下水管道疏通器C070363，废弃食物处理机C070422

注：1. 本类似群与第七版及以前版本1609真空吸尘器的替换纸袋，第六版及以前版本0924吸尘器，真空吸尘器交叉检索；

2. 本类似群与第八版及以前版本0753粉碎机，粉碎机（机器），工业用切碎机（机器）交叉检索；

3. 跨类似群保护商品：粉碎机（0702第（二）部分，0725，0733，0752），工业用切碎机（机器）（0702第（二）部分，0709，0752），碾碎机（0709，0733，0752）。

0753 单一商品

（一）压滤机070109，筛选机070133，工业用拣选机070143，过滤机070192，滤筛机070556

（二）电控拉窗帘装置070331

※ 电动卷门机C070424

（三）滚筒（机器部件）070039，贴标签机（机器）070182，电动擦鞋机070501，球拍穿线机070511，自动售货机070537，3D打印机070555，3D打印笔070576，非医用机械外骨骼070582，3D生物打印机070596，自动售票机070599，工业用流体分配机070600

※ 航空加油车接头C070423，储液器（机器部件）C070426

注：1. 本类似群各部分之间商品不类似；

2. 第（三）部分根据商品的功能、用途确定类似商品；

3. 第（二）部分与第七版及以前版本0750电动卷门机交叉检索；

4. 贴标签机（机器）与第八版及以前版本0709贴标机，0705贴标签机（机器）交叉检索；

5. 自动售货机与第九版及以前版本0902第（四）部分自动售货机交叉检索；

6. 自动售票机与第十一版及以前版本0902第（四）部分自动售票机交叉检索。

0754 电镀设备

电镀机 070535，镀锌机 070536

※ 真空喷镀机械 C070443，电镀参数测试仪 C070444

注：本类似群与第九版及以前版本 0915 电镀设备，真空喷镀机械，电镀参数测试仪等电镀类商品交叉检索。

第八类

手工具和器具（手动的）；刀、叉和匙餐具；除火器外的随身武器；剃刀。

【注释】

第八类主要包括用于钻孔、成型、切割和穿孔等工作的手动工具和器具。

本类尤其包括：

——农业、园艺和景观美化用手动工具；

——木工、艺术家和其他工匠用手动工具，例如：锤，凿子和雕刻刀；

——手动的手工具用柄，例如：刀柄和长柄大镰刀柄；

——个人仪容修饰和人体艺术用电动和非电动手工器具，例如：剃刀，卷发、文身、修指甲和修脚用器具；

——手动泵；

——餐具，例如：刀、叉和匙，包括贵金属制成的。

本类尤其不包括：

——马达带动的机床和器具（第七类）；

——外科手术刀（第十类）；

——自行车轮胎用充气泵（第十二类），运动球类充气专用气泵（第二十八类）；

——随身武器（火器）（第十三类）；

——办公用切纸刀和碎纸机（第十六类）；

——物品手柄依据物品的功能和用途归入不同类别，例如：手杖柄，伞柄（第十八类），扫帚柄（第二十一类）；

——上菜用具，例如：方糖钳，冰块夹，馅饼用铲和上菜勺，以及厨房用具，例如：搅拌匙，研钵和杵，胡桃钳和刮板（第二十一类）；

——击剑用兵器（第二十八类）。

0801 手动研磨器具

磨具（手工具）080002，磨刀石080003，磨剃刀的皮带080006，磨刀钢080037，磨刀石架080068，手动的手工具080072，磨剃刀皮带080082，磨刀器080091，磨利器具080092，磨刀器具080093，磨镰刀石080115，油石080115，砂轮（手工具）080201，磨刀轮（手工具）080201，金刚砂磨轮080226

注：1. 本类似群各种砂轮与0742砂轮（机器部件）类似；
2. 跨类似群保护商品：手动的手工具（0801，0802，0803，0804，0805，0806，0807，0808，0809，0810）。

0802 小农具（不包括农业、园艺用刀剪）

锤镐080036，鹤嘴镐080044，手动的手工具080072，耙（手工具）080109，铲（手工具）080110，锹（手工具）080111，长柄大镰刀080113，镰刀环080114，鹤嘴锄080142，镐（手工具）080171，长柄镰刀080183，除草叉（手工具）080184，锄头（手工具）080185，梳麻机（手工具）080187，钩刀080188，镰刀080189，农业器具（手动的）080200，农业用叉（手工具）080220，障碍沙坑用耙子080254

※ 犁（手工具）C080001

注：跨类似群保护商品：手动的手工具（0801，0802，0803，0804，0805，0806，0807，0808，0809，0810）。

0803 林业、园艺用手工具

手动的手工具080072，水果采摘用具（手工具）080079，泥铲（园艺用）080086，消灭植物寄生虫用手动装置080088，树木嫁接工具（手工具）080134，杀虫剂用喷雾器（手工具）080144，园艺工具（手动的）080145，杀虫剂用喷洒器080202

注：1. 杀虫剂用喷雾器（手工具），杀虫剂用喷洒器与0701喷雾机类似，与第十版及以前版本0701喷雾器（机器），喷雾机（机器）交叉检索；
2. 跨类似群保护商品：手动的手工具（0801，0802，0803，0804，0805，0806，0807，0808，0809，0810）。

0804 畜牧业用手工具

动物剥皮用器具和工具080019，牲畜打记号用工具080031，手动的手工具080072

注：跨类似群保护商品：手动的手工具（0801，0802，0803，0804，0805，0806，0807，0808，0809，0810）。

0805 渔业用手工具

手动的手工具 080072，鱼叉 * 080140，剥牡蛎器 080143

注：跨类似群保护商品：手动的手工具（0801，0802，0803，0804，0805，0806，0807，0808，0809，0810）。

0806 理发工具，修指甲刀，文身器具

剃须刀 080026，烫发钳 080058，手动的手工具 080072，去死皮钳 080101，拔毛发用镊子 080102，成套修脚器具 080106，剃刀盒 080107，烫发用铁夹 080121，卷发用手工具 080126，刮胡刀片 080148，剃须盒 080166，指甲锉 080168，电动或非电动刮胡刀 080179，电动指甲锉 080213，指甲抛光器具（电动或非电动）080214，个人用理发推子（电动和非电动）080219，指甲刀（电动或非电动）080221，修指甲成套工具 080231，穿耳孔器 080241，电动和非电动脱毛器 080242，电动修指甲成套工具 080243，卷睫毛夹 080252，文身器 080256，指甲砂锉 080267，文身针 080269，电动编发器 080281，无菌身体穿孔器械 080288，非医用激光脱毛装置 080289

注：1. 烫发钳，烫发用铁夹，卷发用手工具与 2602 电和非电的发卷（非手工具）类似，与第十一版及以前版本 2602 卷发器（非手工具），第九版及以前版本 0924 电热卷发器交叉检索；

2. 本类似群与第八版及以前版本 1001 已接受商品文身机，纹身机，纹身器材，纹眉机交叉检索；

3. 本类似群与第八版及以前版本 2110 卷睫毛工具交叉检索；

4. 跨类似群保护商品：手动的手工具（0801，0802，0803，0804，0805，0806，0807，0808，0809，0810）。

0807 非动力手工具（不包括刀、剪）

针锉 080005，锥子 080008，镗孔棒（手工具）080009，铰刀 080010，铰刀座 080011，螺丝攻曲柄的延伸管件 080012，钻头（手工具部件）080016，丁字尺（手工具）080017，环形搓丝板 080020，弓锯 080021，手动拔钉器 080023，手动的手钻 080028，凿榫凿 080029，凿孔斧 080030，凿榫斧 080030，拔钉器（手工具）080034，凿石锤 080036，铆锤（手工具）080038，石锤 080047，钢丝锯 080048，套锤（手工具）080051，手锯架 080054，锯（手工具）080055，丝锥扳手 080063，扳手（手工具）080064，板牙（手工具）080066，丝锥板牙（手工具）080066，板牙套丝器（手工具）080066，斧 080069，刨 080071，手动的手工具 080072，拔钉钳 080074，夯土锤（手工具）080083，铣刀（手工具）080085，木工用钻

子080104，凿孔用钻头（手工具部件）080108，刨用刀片080119，钻子（手工具）080124，凿（手工具）080129，槽刨080135，小斧080137，横口斧（工具）080141，夹钳（木工或制桶工业用）080147，锯条（手工具部件）080151，撬杠080153，木槌（手工具）080155，锤（手工具）080156，大锤080157，砸石锤080158，凿子080159，撞锤（手工具）080172，撞杵（手工具）080172，中心穿孔器（手工具）080175，刨刀080177，粗锉（手工具）080178，锯柄080186，利器（手工具）080192，螺丝攻（手工具）080193，钻（手工具）080194，非电动螺丝刀080195，钻头（手工具）080197，胸压式手摇钻080199，钳子080206，小钳子080207，钳080207，夹钳080207，夯锤（手工具）080211，剪票器具080212，钻柄（手工具）080218，剪切器（手动器具）080223，锉刀080227，穿孔钳（手工具）080228，打孔器（手工具）080229，切割工具（手工具）080230，切削工具（手工具）080237，台钳080244，（携带工具用）工具带080247，撬棍080250，辅锯箱（手工具）080253，金刚砂锉080257，剥线钳（手工具）080259，台虎钳（手工器具）080261，滑雪板用刮板080274，安全锤080290

※ 锵C080002，钎具C080003

注：1. 跨类似群保护商品：手动的手工具（0801，0802，0803，0804，0805，0806，0807，0808，0809，0810）；

2. 本类似群与第十版及以前版本2807滑雪板用刮板交叉检索。

0808 非动力手工器具

手动千斤顶080024，勾缝铁器080045，冲钉器080050，漂洗工具（手工具）080052，穿孔工具（手工具）080062，棘轮（手工具）080065，穿孔器080067，手动的手工具080072，截管器（手工具）080075，捣碎工具（手工具）080084，杵（手工具）080084，扩管器（手工具）080090，除蓟器（手工具）080096，穿索针080103，压花机（手工具）080105，烙铁（非电手工具）080116，烫皱褶用熨斗080117，上光铁器080118，抛光铁器（抛光工具）080118，翻砂用铁器080120，制模用铁器080120，打印用烙铁080122，切箍器（手工具）080139，金属带拉伸器（手工具）080160，打辫机080161，钱收集器080162，捣碎用研钵（手工具）080163，数字穿孔机080167，枪状手工具080174，浇包（手工具）080176，针铳080180，火炉用具080181，铆钉枪（手工具）080182，倾注液体用器具（手工具）080191，截管器具080198，挖掘器（手工具）080204，熨斗080224，手动胶黏剂挤压枪080232，挖沟器（手工具）080234，手动泵*080245，壁炉手拉风箱（手工具）080255，电线牵引器（手工具）080258，非电动压胶枪080262，金属线拉伸器（手工具）080263，手动气泵080265，滑雪板用手动磨边器080268，便携式手摇纺织机080298，非家用手动软管挤压器080299

※ 手动压机C080004，手工打包机C080005，三爪拉轴承器C080006，手动打气筒C080017

注：1. 手动打气筒与1204第（二）部分类似；

2. 手动千斤顶与0734齿条齿轮千斤顶，千斤顶（机器），铁路货车用千斤顶，气动千斤顶类似，与第十一版及以前版本0734卡车用千斤顶，货车用千斤顶交叉检索；

3. 烫皱褶用熨斗，熨斗与1106织物蒸汽挂烫机类似，与第九版及以前版本0924蒸汽挂烫机交叉检索；

4. 跨类似群保护商品：手动的手工具（0801，0802，0803，0804，0805，0806，0807，0808，0809，0810）；

5. 本类似群与第九版及以前版本0924电熨斗交叉检索。

0809 专业用手工具

调色刀080013，抹刀（手工具）080014，镘子080042，雕刻工具（手工具）080043，制图用刮刀080049，楦（鞋匠手工具）080056，手动的手工具080072，泥刀080087，划玻璃刀（手工具部件）080089，雕刻针080131，涂底漆用铁器（手工具）080196，美工刀080264，艺术家用抹刀080270，雕刻家用凿子080271，调配油漆用搅拌棒080282

※ 刻字笔C080008，钉碗钻C080009，元镜机C080010，雕刻钻C080011，制钟表工具C080012，三排冲墩C080013，开表器C080014，修理天平专用工具C080015，加工猪鬃用工具C080016

注：1. 本类似群与第十版及以前版本0810调色刀交叉检索；

2. 跨类似群保护商品：手动的手工具（0801，0802，0803，0804，0805，0806，0807，0808，0809，0810）。

0810 刀剪（不包括机械刀片，文具刀）

牲畜修剪刀080033，削蹄刀080039，剪刀*080040，折叠刀080046，猎刀080053，大剪刀080060，大剪刀刀片080061，手动的手工具080072，手动蔬菜切片器080073，手动蔬菜切丝器080073，切刀*080076，切肉刀080077，刮鳞刀080095，修枝剪080097，长柄修枝剪080098，接芽刀080099，树枝修剪刀080100，切边大剪刀080112，刈草坪刀（手工器具）080127，蹄铁匠用刀080132，削皮刀080133，剁菜刀080136，斩骨刀080138，修枝刀080146，刀片（手工具）080149，大砍刀080154，灯芯剪（剪刀）080164，非电动开罐器080169，刀*080205，动物剪毛器（手工具）080222，刮削刀（手工具）080235，剔肉刀080236，切碎刀080236，剁肉刀080236，奶酪切片器（非电动）080248，切比萨饼用刀（非电动）080249，鸡蛋切片器（非电动）080251，陶瓷刀080266，手动螺旋切菜器080278，手动蔬菜削皮器080279，开箱刀080280，葡萄酒瓶用手动切箔器080283，水果分割器080284，水果去芯器080285，厨房用多功能擦菜器080286，分肉爪080287，切菜刀080291，多功能刀080294，手动玉米脱粒器080295，手动水果切片器080296，手动食品处理器080297

注：1. 非电动开罐器与2101开塞钻（电动或非电动），开瓶器（电动或非电动）类似，与第十版及以前版本2101开瓶刀，开塞钻交叉检索；
2. 跨类似群保护商品：手动的手工具（0801，0802，0803，0804，0805，0806，0807，0808，0809，0810）。

0811 除火器外的随身武器

指节铜套080015，除火器外的随身武器080022，（枪上的）刺刀080025，剑鞘080125，警棍080130，大头短棒080130，剑（武器）080150，剑080208，佩刀080209，匕首080246

注：本类似群与第十版及以前版本0808指节铜套，大头短棒，第九版及以前版本0808铜指节套，拳击环（指节铜套）交叉检索。

0812 餐具刀、叉、匙

餐具（刀、叉和匙）080059，餐叉080070，刀叉餐具*080078，匙*080080，长柄勺（手工具）080081，碎冰锥080128，银餐具（刀、叉、匙）080203，塑料制餐刀、餐叉和匙080272，婴儿用餐刀、餐叉和匙080273，切肉餐叉080292，切肉餐刀080293

注：本类似群与第八版及以前版本2101勺子（餐具），非贵重金属餐具交叉检索。

0813 手工具柄

手工操作手工具用工具柄080275，刀柄080276，镰刀柄080277

注：本类似群与第十版及以前版本0609金属工具柄，金属刀柄，金属镰刀柄，2003非金属刀柄，非金属镰刀柄，非金属工具柄交叉检索。

第九类

科学、研究、导航、测量、摄影、电影、视听、光学、衡具、量具、信号、侦测、测试、检验、救生和教学用装置及仪器；处理、开关、转换、积累、调节或控制电的配送或使用的装置和仪器；录制、传送、重放或处理声音、影像或数据的装置和仪器；已录制和可下载的媒体，计算机软件，录制和存储用空白的数字或模拟介质；投币启动设备用机械装置；收银机，计算设备；计算机和计算机外围设备；潜水服，潜水面罩，潜水用耳塞，潜水和游泳用鼻夹，潜水员手套，潜水呼吸器；灭火设备。

【注释】

第九类主要包括科学或研究用装置和仪器，视听和信息技术设备，以及安全和救生设备。

本类尤其包括：

——实验室科研用装置和仪器；

——训练器械和模拟器，例如：急救训练用人体模型，运载工具驾驶和控制模拟器；

——控制和监控航空器、船只和无人驾驶运载工具用装置和仪器，例如：导航仪器，发射器，测量用圆规，全球定位系统（GPS）设备，运载工具用自动转向装置；

——安全和安保器械和仪器，例如：安全网，信号灯，交通信号灯，消防车，声音警报器，安全令牌（加密装置）；

——防严重伤害或防致命伤害用服装，例如：防事故、防辐射、防火用服装，防弹衣，安全头盔，体育用护头，体育用护齿，飞行员防护服，工人用护膝垫；

——光学器械和仪器，例如：眼镜，隐形眼镜，放大镜，检验用镜，门窥视孔；

——磁铁；

——作为数据处理设备的智能手表，穿戴式行动追踪器；

——与计算机连用的操纵杆（视频游戏用除外），头戴式虚拟现实装置，智能眼镜；

——眼镜套，智能手机用壳，特制摄影设备和器具箱；

——自动取款机，开发票机，材料检验仪器和机器；

——电子烟用电池和充电器；

——乐器用电动和电子效果器；

——实验室机器人，教学机器人，安全监控机器人，用于科学研究的具有人工智能的人形机器人。

本类尤其不包括：

——作为机器部件的操纵杆（游戏机用除外）（第七类），运载工具用操纵杆（第十二类），视频游戏操纵杆，玩具和游戏机控制器（第二十八类）；

——按功能或用途分类的投币启动设备，例如：投币启动的洗衣机（第七类），投币启动式台球桌（第二十八类）；

——工业机器人（第七类），外科手术机器人（第十类），玩具机器人（第二十八类）；

——脉搏计，心率监测设备，人体成分监测仪（第十类）；

——实验室灯，实验室燃烧器（第十一类）；

——潜水灯（第十一类）；

——爆炸性烟雾信号，信号火箭（第十三类）；

——教学用组织剖面图，显微镜用生物样本（教学材料）（第十六类）；

——进行某项运动所穿戴的服装和装备，例如：保护垫（运动服部件），击剑用面罩，拳击手套（第二十八类）。

0901 电子计算机及其外部设备

加法器090019，计算圆尺090101，计算尺090102，计算机器090103，数据处理设备090306，计算机存储装置090342，计算机090372，已录制的计算机程序090373，磁性身份识别卡090529，磁盘090533，软盘090534，计算机键盘090537，条形码读出器090581，CD盘（只读存储器）090588，已录制的计算机操作程序090589，计算机外围设备090590，计算机软件（已录制）090591，连接器（数据处理设备）090594，电子笔（视觉演示装置）090598，已编码磁卡090599，计算机用接口090603，磁性数据介质090607，磁性编码器090608，计算机用磁带装置090609，微处理机090610，监视器（计算机硬件）090612，监视程序（计算机程序）090613，鼠标（计算机外围设备）090614，光学字符识别器090615，光学数据介质090616，光盘090617，与计算机连用的打印机*090618，中央处理器（CPU）090619，读出器（数据处理设备）090620，扫描仪（数据处理设备）090622，计算机用磁盘驱动器090634，电子字典090636，商品电子标签090637，集成电路卡090640，智能卡（集成电路卡）090640，笔记本电脑090642，计算器090644，视频游戏卡090651，电子出版物（可下载）090657，可下载的计算机程序090658，鼠标垫090662，与计算机配套使用的腕垫090664，已录制的计算机游戏软件090670，磁性编码身份鉴别手环090692，可下载的手机铃音090694，可下载的音乐文件090695，可下载的影像文件090696，USB闪存盘090700，便携式计算机090707，便携式计算机专用包090709，便携式计算机用套090710，可下载的计算机应用软件090717，打印机和复印机用未填充的鼓粉盒090720，平板电脑090724，已编码钥匙卡090725，视频游戏机用内存卡090727，计算机硬件090732，与计算机连用的操纵杆（视频游戏用除外）090747，计算机屏幕专用保护膜090751，安全令牌（加密装置）090755，掌上电脑用套090757，平板电脑用套090762，黑匣子（数据记录仪）090763，交互式触屏终端090766，电子交互式白板090777，可下载的电子乐谱090782，个人数字助理（PDA）090790，已录制的或可下载的计算机软件平台090791，精简型客户端计算机090795，掌上型电子字典090797，已录制的或可下载的计算机屏保软件090802，移动电话用可下载图像090804，穿戴式计算机090806，打印机和复印机用未填充的墨盒090810，投影键盘090814，数据手套090819，轨迹球（计算机外围设备）090820，手机用可下载的表情符号090821，远程临场机器人090822，可下载的计算机游戏软件090829，笔记本电脑专用支架090831，票据打印机090837，可下载的电子钱包090842，生物特征识别卡090845，已录制的或可下载的数据集090847，3D扫描仪090856，非医用触觉反馈服090860，量子计算机090877，头戴式显示器090883，与便携式计算机和移动设备连用的便携式无线打印机090884，非医用感知神经元头盔090888，便携式计算机用散热垫090891，计算机内置冷却风扇090892，作为医疗设备的可下载软件（SaMD）090894，便携式文档扫描仪090912，用户可编程的未配置的类人机器人090917

※ 计算器袋（套）C090001，鼠标器套C090002，键盘罩C090003，软盘盒C090004，电话铃音（可下载）C090127，计算机用光盘驱动器C090136，智能眼镜（数据处理）C090139，智能手表（数据处理）C090140，智能戒指（数据处理）C090141，可下载的手机应用软件C090142

注：1. 光盘，CD盘（只读存储器），光学数据介质与0908CD盘（音像），光盘（音像）类似，与第九版及以前版本0908密纹盘（音像），密纹声像盘交叉检索；

2. 电子出版物（可下载），可下载的手机铃音，可下载的音乐文件，可下载的影像文件，移动电话用可下载图像与0908唱片，录音带，录像带，CD盘（音像），盒式录像带，光盘（音像）类似；

3. 本类似群与第八版及以前版本0911光学字符读出器，光学字符阅读机，光学数据介质，光学数据媒介交叉检索；

4. 本类似群与第九版及以前版本0908电视游戏卡交叉检索；

5. 本类似群与第十版及以前版本0902第（一）部分计算尺交叉检索；

6. 跨类似群保护商品：打印机和复印机用未填充的鼓粉盒（0901，0903），打印机和复印机用未填充的墨盒（0901，0903）；

7. 本类似群与第十版及以前版本0902第（五）部分商品电子标签交叉检索；

8. 计算机屏幕专用保护膜与第十版及以前版本1703已接受商品计算机屏幕保护膜交叉检索；

9. 智能手表（数据处理）与1404类似。

0902 记录、记数检测器

（一）计步器090137，计数器090138，数量显示器090301，停车计时器090383，时间记录装置090478，计时器（时间记录装置）090586，算盘090627，电子记事器090628，煮蛋计时器（沙漏）090683，沙漏090683

※ 电子计分器C090009

（二）邮戳检查装置090149，邮戳检验器090149

（三）钱点数和分拣机090053，验钞机090173，开发票机090252，收银机090525，自助取款机（ATM）090686，信用卡终端机090843，自助结账终端090911

※ 支票记录机C090006，支票证明机C090007

（四）投币启动设备用机械装置090063，投币计数启动设备用机械装置090064

（五）口述听写机090188，全息图090291，衣裙下摆贴边标示器090313，投票机090499

※ 摇奖机C090005

（六）※ 验手纹机C090010，人脸识别设备C090145

（七）电子出票机090086

注：1. 本类似群各部分之间商品不类似；
2. 第（五）部分的商品互相之间不判为类似商品；
3. 第（一）部分与第七版及以前版本2106计时沙漏交叉检索；
4. 全息图与第十版及以前版本0909全息图交叉检索；
5. 第（六）部分与第十版及以前版本第（三）部分验手纹机交叉检索。

0903 其他办公用机械（不包括打字机、誊写机、油印机）

办公室用打卡机090097，晒蓝图设备090106，复印机（照相、静电、热）090154，电传真设备090394，电传打字机090464，绘图机090596，传真机090600，考勤钟（时间记录装置）090649，打印机和复印机用未填充的鼓粉盒090720，打印机和复印机用未填充的墨盒090810

※ 考勤机C090011

注：1. 电传真设备，传真机与0907电话机类似；
2. 本类似群与第十版及以前版本0902第（一）部分考勤钟（时间记录装置）交叉检索；
3. 跨类似群保护商品：打印机和复印机用未填充的鼓粉盒（0901，0903），打印机和复印机用未填充的墨盒（0901，0903）。

0904 衡器

秤090074，衡器090080，地秤090081，信件磅秤090325，衡量器具090388，砝码090403，天平（杆秤）090433，杆秤090433，精密天平090489，婴儿秤090758，带身体质量分析仪的秤090761，体重秤090772

※ 自动计量器C090013

0905 量具

校准口径圈 090040，测量用链 090056，卡钳 090066，游标卡尺 090104，规尺（量具）090105，裁缝用尺 090169，皮革厚度量具 090171，测量用圆规 090200，量具 090201，尺（量器）090284，木工尺 090343，刻度尺 090349，测微规 090379，千分尺 090379，测量皮厚度的仪器 090386，螺丝攻规 090466，划线规（木工）090490，游标 090494，测量用丁字尺 090783，测量用直角板 090784，测量用直角尺 090785，戒指圈码尺 090793，戒指指围尺 090794

※ 量规 C090014，螺旋测微器 C090016，千分表 C090017，齿轮测量工具 C090019，刀具测量工具 C090020，分样筛 C090021，标准筛 C090022

注：规尺（量具），测量用圆规，量具，尺（量器），刻度尺，测量用丁字尺，测量用直角板，测量用直角尺与1616类似。

0906 信号器具

防交通事故用穿戴式反射用品 090003，闪光信号灯 090126，信号铃 090127，机械式标志 090234，信号灯 090322，发光标志 090329，霓虹灯广告牌 090330，航行用信号装置 090357，发光或机械信号板 090380，夜明或机械信号标志 090434，信号哨子 090445，车辆故障警告三角牌 090446，发光信号灯塔 090513，发光或机械路牌 090516，信号浮标 090518，非爆炸性烟雾信号 090524，标记用浮标 090583，电子公告牌 090643，发光式电子指示器 090679，交通信号灯（信号装置）090687，锥形交通路标 090715，数字标牌 090736，救援激光信号灯 090809，非爆炸性、非烟火式救援信号弹 090830，发光警示牌 090864，发光安全标志 090865

※ 霓虹灯 C090024，灯箱 C090025

0907 通信导航设备

通话筒 090017，天线 090045，防无线电干扰设备（电子）090048，分线盒（电）090094，交换机 090146，声呐装置 090179，电话听筒 090207，电子信号发射器 090227，发射机（电信）090228，无线电设备 090270，内部通信装置 090308，导航仪器 090358，成套无线电话机 090407，成套无线电报机 090408，雷达设备 090416，运载工具用无线电设备 090417，电话机 090423，遥控信号用电动装置 090447，声波定位仪器 090455，电报机（装置）090467，无线电天线杆 090471，电话话筒 090473，电传中断器 090474，发射器（电信）090488，调制解调器 090611，电话答录机 090629，可视电话 090653，运载工具用导航仪器（随载计算机）090659，无绳电话 090661，无线电寻呼机 090673，卫星导航仪器 090674，步话机 090677，电话用成套免提工具 090688，信号转发器 090693，全球定位系统（GPS）

设备090701，手机带090703，智能手机090719，移动电话090734，手机090734，穿戴式行动追踪器090737，智能手机用套090740，智能手机用壳090741，智能手机屏幕专用保护膜090775，卫星寻星仪090792，首饰形式的通信设备090805，家居智能型集线器090846，智能家居集线器090846，可折叠智能手机090854，手机屏幕保护贴090863，手机指环扣090866，手机指环支架090867，移动电话和智能手机专用支架090881，车载手机支架090882，移动电话和智能手机专用仪表板防滑垫090896，计算机网络路由器090906，频率拓展器090907，导弹预警系统090909，船舶自主导航系统090910，带键盘的智能手机壳090913，手机挂绳090920，智能手机用稳定器090922

※ 载波设备C090026，驱动斩波器C090027，光通信设备C090028，寻呼机套C090029，电话机套C090030，程控电话交换设备C090031，半导体捕鱼器C090032，网络通信设备C090125，手机屏幕专用保护膜C090138，手机用自拍杆C090146

注：1. 电话机与0903电传真设备，传真机类似；

2. 本类似群与第九版及以前版本2601手机带交叉检索；

3. 智能手机屏幕专用保护膜，手机屏幕保护贴，手机屏幕专用保护膜与第十版及以前版本1703已接受商品手机屏幕保护膜交叉检索；

4. 手机用自拍杆与0909自拍杆（手持单脚架）类似。

0908 音像设备

声导管090015，唱片090016，投币式自动点唱机090062，磁带消磁装置090076，录音机090077，磁带090078，扬声器音箱090087，唱机的拾音器支臂090095，录音载体090111，非医用监控装置090151，振动膜（音响）090182，扬声器090190，电唱机090192，唱片清洁装置090230，录音带090231，音频视频接收器090289，电视机用投币启动机械装置090340，扩音器090341，麦克风090351，声音传送装置090450，录音装置090451，声音复制装置090452，唱机针090462，唱机用唱针090462，电视机090468，讲词提示器090472，电唱机速度调节器090486，录像带090495，电唱机磁针更换器090503，磁头清洗带090535，录像机090536，扬声器喇叭090575，CD盘（音像）090587，声耦合器090593，计算机用自动电唱机090604，摄像机090630，盒式磁带播放机090631，CD播放机090632，盒式录像带090650，便携式收录机090663，头戴式耳机090671，DVD播放机090685，便携式媒体播放器090702，数码相框090711，电子图书阅读器090718，婴儿监控器090721，可视婴儿监控器090722，乐器用电动和电子效果器090768，音频接口090769，均衡器（音频装置）090770，低音喇叭090771，头戴式虚拟现实装置090776，混音器090779，安全监控机器人090789，运载工具用后视摄像头090796，穿戴式视频显示器090807，哇音踏板090811，耳机用耳垫090818，远距离交流用耳机090835，运载工具用平视显示装置090848，智能音箱090849，穿戴式扬声器090852，薄膜式扬声器090857，带扬声器的无线麦克风090858，头戴式耳麦090868，视频游戏用头戴式耳麦090869，作为音频接口的乐器数字接口控制器 090878，便携式音箱 090889，吉他效果器踏板 090893，辅助人类和供人娱乐用具有交流和学习功能的类人机器人 090908，视频混合器 090915

※ 电视摄像机 C090033，自动广告机 C090034，延时混响器 C090035，耳机 C090037，拾音器 C090038，光盘（音像）C090039，半导体收音机 C090124，学习机 C090128，电子教学学习机 C090129，带有图书的电子发声装置 C090130，行车记录仪 C090143，机顶盒 C090144

注：1. CD 盘（音像），光盘（音像）与 0901 光盘，CD 盘（只读存储器），光学数据介质类似，与第九版及以前版本 0901 密纹光盘（可读存储器），光学数据媒介交叉检索；

2. 唱片，录音带，录像带，CD 盘（音像），盒式录像带，光盘（音像）与 0901 电子出版物（可下载），可下载的手机铃音，可下载的音乐文件，可下载的影像文件，移动电话用可下载图像类似；

3. 学习机，电子教学学习机，带有图书的电子发声装置与 1606 带有电子发声装置的儿童图书类似。

0909 摄影、电影用具及仪器

放大设备（摄影）090021，近摄镜 090088，幻灯片框 090099，电影摄影机 090107，暗室（摄影）090117，干燥架（摄影）090122，电影胶片剪辑设备 090124，照相机快门线（摄影）090174，快门（照相）090181，幻灯片用定中心设备 090183，照相机（摄影）090184，幻灯放映机 090186，幻灯片放映设备 090186，闪光灯泡（摄影）090206，投影银幕 090209，摄影用屏 090211，摄影用滤干器 090212，摄影用沥水架 090212，胶卷卷轴（照相）090233，实物幻灯机 090235，特制摄影设备和器具箱 090246，曝光表（照度计）090251，胶片切割装置 090262，摄影用滤光镜 090264，照片晒印用干燥装置 090282，照片晒印用上光装置 090283，照相制版用屏 090286，照相制版装置 090290，暗板托架（摄影）090309，暗室灯（摄影）090318，幻灯 090321，测速仪（照相）090345，冲洗盘（摄影）090390，照相器材架 090391，照相取景器 090392，放映设备 090411，光圈（摄影）090562，摄影用紫外线滤光镜 090574，照相机用三脚架 090577，安装聚光灯用电轨 090635，闪光灯（摄影）090639，镜头遮光罩 090723，自拍杆（手持单脚架）090742，热成像相机 090760，自拍镜头 090803，视频投影机 090840，智能手机用闪光灯 090855，智能手机用环形自拍补光灯 090861，数码照相机用稳定器 090921

※ 套片机 C090040，教学投影灯 C090041，摄影器具包 C090042

注：自拍杆（手持单脚架）与 0907 手机用自拍杆类似。

0910 测量仪器仪表，实验室用器具，电测量仪器，科学仪器

测绘仪器 090055，计量仪表 090138，探测器 090180，测量装置 090202，计量仪器 090242，测量器

械和仪器090280，精密测量仪器090346，测量仪器090347

（一）空气分析仪器090025，高度计090033，风速计090039，气象气球090075，气压表090079，酒精水平仪090096，航海罗盘090133，测距设备090187，距离记录仪090194，测距仪090195，水位仪090204，铅锤090257，铅垂线090258，气量计（计量仪器）090279，水准标尺（测量仪器）090281，测杆（勘测仪器）090281，湿度表090292，测角器090299，坡度指示器090299，倾角计090299，斜度指示器090299，测程仪（测量仪器）090326，测深绳090327，测量水平仪090333，水银水平仪090344，气象仪器090348，航海器械和仪器090356，水平仪（测水平线仪器）090362，水准仪090363，观测仪器090366，八分仪090367，波长计090369，平板仪（测量仪器）090399，测面仪090400，偏振计090404，六分仪090444，测深度装置和机器090453，测深锤090454，经纬仪090479，方位仪090512，定向罗盘090523，海水深度探测器090668，风向袋（用于标明风向）090678，罗盘仪针090754，红外探测器090756，数字天气预报仪090764，高度测量仪090812，便携式超细粉尘检测仪090853，校准用臭氧发生器090919

※ 激光导向仪C090043，地震仪C090044，地质勘察分析仪器C090045，土壤取样仪C090046

（二）运载工具轮胎低压自动指示器090069，运载工具用测速仪090152，运载工具用里程表090232，出租车计价器090300，运载工具用自动转向装置090396，运载工具用恒温器090481，运载工具用电压调节器090498

※ 内燃机仪表C090047

（三）电池用测酸计090010，比重计090011，日光辐射计090018，气体比重计090020，酒精比重计090027，照准仪090028，食物分析仪器090029，比较仪090067，水源探测棒090072，阀门压力指示栓090090，锅炉控制仪器090120，节拍器090139，密度计090175，平衡仪器090237，测力计090239，材料检验仪器和机器090240，油量表090243，汽油压力计090243，非医用测试仪090249，气体检测仪090278，真空计090302，速度指示器090303，乳汁浓度计090316，乳汁比重计090317，压力计090336，酸性液体比重计090387，盐液比重计090389，测压仪器090409，压力指示器090410，高温计090415，分度仪（测量仪器）090419，非医用温度计090429，糖量计090435，亚硫酸盐测计090463，转速计090465，温度指示计090477，转数表090485，尿比重计090492，粘度计090496，光密度计090532，剂量计090565，减压室090595，非医用诊断设备090633，计量勺090641，频闪观测器090714，非医用示温标签090716，加速计090729，联机手环（测量仪器）090739，热量计090743，流量计090744，温差比重计090773，纳米粒度分析仪090817，测定用气体发生设备090872，非医用、非兽医用母乳检测装置090873，呼气式酒精检测仪090890，非医用定量分配器（测量装置）090902，四轮定位仪090914

※ 风压表C090048，水表C090049，油表C090050，煤气表C090051

（四）视听教学仪器090061，实验室用毛细管090109，织物密度分析镜090136，曲颈瓶090157，曲颈瓶座090158，坩埚（实验室用）090170，烤钵（实验室用）090170，实验室料盘090177，试管090236，实验室用发酵装置090253，分度玻璃器皿090285，计量用玻璃器皿090285，实验室用特制家具090315，数学仪器090339，显微镜用薄片切片机090352，物理学设备和仪器090395，实验室用吸量管090398，教学仪器090440，球径计090458，实验室用蒸馏器090504，化学仪器和器具090549，细菌培养器090556，科学用蒸馏装置090564，实验室用炉090568，实验室用烘箱090568，实验室用层析设备090585，急救训练用人体模型（教学器具）090680，基因芯片（DNA芯片）090684，实验室用离心机090698，培养皿090712，皮托管090713，生物芯片090774，实验室机器人090787，教学机器人090788，复苏训练模拟器090798，美发培训用头模（教学仪器）090813，非医用、非家用测量滴管090827，实验室用电解装置090871，实验室用生物反应器090879，科学研究用细胞培养生物反应器090880

※ 理化试验和成分分析用仪器和量器C090054，滴定管C090055，酒精灯C090056

（五）安培计090036，电流计090092，功率计090203，电损耗指示器090213，电测量仪器090214，高频仪器090267，频率计090268，感应器（电）090304，欧姆计090368，示波器090374，伏特计090500

※ 电度表C090057，试电笔C090058，成套电气校验装置C090059，电气测量用稳压器C090060

（六）粒子加速器090002，电子回旋加速器090085，宇宙学仪器090161，回旋加速器090172，工业或军用金属探测器090178，非医用激光器090323，科学用探测器090436，科学卫星090437，科学装置用隔膜090439，运载工具驾驶和控制模拟器090448，撞击试验用假人090697，非医用磁共振成像（MRI）装置090808，科学研究用具有人工智能的人形机器人090778，汽车诊断用扫描设备090859

※ 核原子发电站控制系统C090061，原子射线仪器C090062，核子仪器C090063，导弹控制盒C090064

注：1. 本类似群第一自然段商品与各部分商品均类似；

2. 本类似群各部分之间商品不类似；

3. 第（六）部分的商品互相之间将根据商品的功能、用途确定类似商品；

4. 第（一）部分与第十版及以前版本0905角度测量工具，吊线坠交叉检索；

5. 第（一）部分与第十一版及以前版本第（三）部分风速表交叉检索；

6. 科学研究用具有人工智能的人形机器人与第十一版及以前版本0901具有人工智能的人形机器人交叉检索；

7. 实验室用电解装置与第十一版及以前版本0915电解装置、电解槽交叉检索；

8. 校准用臭氧发生器与第十一版及以前版本第（三）部分臭氧发生器交叉检索。

0911 光学仪器

数值孔径计090050，天体照相机镜头090059，显微镜载玻片盒090128，目镜090134，物镜（光学）090160，衍射设备（显微镜）090189，显微镜090193，折射计090250，检验用镜090307，光学灯

090319，光学镜头 090324，放大镜（光学）090328，潜望镜 090337，光学仪器用螺旋千分尺 090350，镜（光学）090354，三棱镜（光学）090365，光学器械和仪器 090370，光学玻璃 090371，天文学仪器及装置 090384，光度计 090393，折射望远镜 090424，分光镜 090426，摄谱仪 090457，立体视镜 090460，立体视器械 090461，双筒望远镜 090475，望远镜 090476，火器用瞄准望远镜 090509，聚光器 090592，武器用瞄准望远镜 090735

注：武器用瞄准望远镜，火器用瞄准望远镜与1301除瞄准望远镜外的火器用瞄准器，除瞄准望远镜外的武器用瞄准器，枪和步枪用瞄准镜，步枪瞄准镜，枪瞄准镜类似。

0912 光电传输材料

电缆包皮层 090098，电缆 090215，电线 090255，磁线 090256，电线识别线 090293，电线识别包层 090294，电报线 090469，电源材料（电线、电缆）090553，绝缘铜线 090558，电话线 090572，电缆连接套筒 090626，马达启动缆 090647，同轴电缆 090665，纤维光缆 090666，汽车电线束 090799

注：1. 纤维光缆与0913第（七）部分类似；
2. 本类似群与第十一版及以前版本1202已接受商品汽车电线束，第十版及以前版本1203已接受商品摩托车电线束交叉检索；
3. 本类似群与第九版及以前版本0907纤维光缆，0913第（四）部分电缆接头套交叉检索。

0913 电器用晶体及碳素材料，电子、电气通用元件

（一）方铅晶体（检波器）090271，半导体 090539，集成电路用晶片 090584
※ 单晶硅 C090065，硅外延片 C090066，石英晶体 C090067，多晶硅 C090068，硒堆和硒片 C090069，电阻材料 C090070，碳素材料 C090071，碳电极 C090072，石墨电极 C090073，炭精块 C090074，石墨炭精块 C090075，炭精片 C090076，炭精粒 C090077，炭精棒 C090078，炭精粉 C090079，碳管 C090080，无源极板 C090083，水银整流器阴极 C090084，电子管阳极 C090085，阳极糊 C090086

（二）印刷电路 090125，集成电路 090538，芯片（集成电路）090540，印刷电路板 090699
※ 电子芯片 C090131

（三）电线圈 090001，磁铁*090023，电磁线圈 090024，放大器 090037，放大管 090038，热离子管 090060，电容器 090140，电导体 090141，限幅器（电）090165，熔丝 090269，电阻器 090427，变阻器 090432，扼流线圈（阻抗）090441，真空电子管（无线电）090491，可变电感器 090493，保险丝 090505，电感线圈支架 090514，非照明用放电管 090559，晶体管（电子）090624，发光二极管（LED）

090704，三极管 090705，有机发光二极管（OLED）090825，量子点发光二极管（QLED）090826

※ 发射管 C090087，超高频管 C090088，电子束管 C090089，电位器 C090090，示波管 C090091，电子管 C090092，半导体器件 C090093，磁性材料和器件 C090094，陶滤波器 C090095，雾化片 C090132

（四）变压器（电）090049，配电箱（电）090054，接线柱（电）090089，集电器 090129，闸盒（电）090131，电流换向器 090132，电导线管 090142，闭路器 090143，电连接器 090144，接线盒（电）090145，电触点 090148，电动调节装置 090150，变流器 090153，电开关 090164，电插头 090166，整流器 090167，电池开关（电）090168，减压器（电）090168，断路器 090191，配电盘（电）090197，配电控制台（电）090198，导管（电）090216，控制板（电）090217，电线连接物 090219，电器接插件 090220，电耦合器 090220，继电器（电）090222，恒温器 090238，电枢（电）090305，逆变器（电）090310，自动定时开关 090353，电线接线器（电）090442，调光器（电）090606，灯光调节器（电）090606，电源插座罩 090667，照明设备用镇流器 090672，螺线管阀（电磁开关）090675，电涌保护器 090676，舞台灯光调节器 090682，升压变压器 090706，电源适配器 090730，数字温控器 090823，压电传感器 090824，电源插座 090828，车辆用泊车传感器 090836，伺服电机用放大器 090875，伺服电机用电子控制器 090876，伺服电机用控制器 090897，电动执行器 090899，电动线性执行器 090900

※ 互感器 C090096，传感器 C090097，消磁器 C090098，调压器 C090099，稳压电源 C090100，启辉器 C090102，低压电源 C090103，高低压开关板 C090104，起动器 C090105，熔断器 C090106，母线槽 C090107，电热保护套 C090126，电源插头转换器 C090148

（五）荧光屏 090208，视频显示屏 090652，显示数字用电子显示屏 090786

（六）遥控装置*090470，电子钥匙（遥控装置）090781

※ 家用遥控器 C090101

（七）光学纤维（光导纤维）090571

注：1. 本类似群第（二）、（三）部分互为类似商品，第（三）、（四）部分互为类似商品，其他各部分之间商品不类似；

2. 第（七）部分与0912纤维光缆类似，与第九版及以前版本0907纤维光缆交叉检索；

3. 第（三）、（四）部分与第十一版及以前版本0910恒温器，第七版及以前版本1101舞台灯光调节器交叉检索；

4. 第（一）部分与第八版及以前版本0908半导体交叉检索。

0914 电器成套设备及控制装置

（一）遥控铁路道岔用电动装置 090022，远距离点火用电子点火装置 090030，热调节装置 090116，工业遥控操作用电气设备 090130，整流用电力装置 090163

※ 高压防爆配电装置 C090108，电站自动化装置 C090109

（二）避雷针 090381，避雷器 090381

注：本类似群各部分之间商品不类似。

0915 非空气、非水处理用电离设备

非空气、非水处理用电离设备 090311

0916 灭火器具

灭火器 090041，火灾扑打器 090082，消防水龙带喷嘴 090296，消防车 090297，消防泵 090298，消防船 090601，灭火用自动洒水装置 090646，消防水龙带 090708，灭火设备 090750，灭火球 090851

注：1. 消防水龙带与 1704 帆布水龙带类似；
2. 本类似群与第九版及以前版本 1704 消防水龙带交叉检索。

#0917 电弧切割、焊接设备及器具

注：本类似群第十版时移入 0751 类似群。

0918 工业用 X 光机械设备

工业用放射设备 090418，非医用 X 光产生装置和设备 090420，非医用 X 光管 090421，非医用 X 光装置 090425，工业用放射屏幕 090526

0919 安全救护器具

个人用防事故装置 090004，防事故、防辐射、防火用服装 090005，防事故用石棉手套 090034，防火石棉衣 090035，防眩光眼镜 090046，头盔用面罩 090047，飞行员防护服 090070，救生筏 090073，安全头盔 090112，非医用呼吸面罩 090113，焊接用头盔 090114，潜水服 090162，太平梯 090205，工人用防护面罩 090210，火星防护罩 090245，铁路交通用安全设备 090254，防事故用网 090259，救生网 090260，安全网 090260，救护用防水油布 090261，非医用呼吸面罩用过滤器 090263，防事故用手套

090274，潜水员手套 090275，工业用防 X 光手套 090276，防火服装 090288，救生器械和设备 090295，非医用防护面罩 090338，潜水呼吸器 090355，氧气转储装置 090377，潜水用耳塞 090401，牙齿保护器 * 090414，非医用 X 光防护装置 090422，非医用过滤空气用呼吸器 090430，非医用呼吸装置 090431，救生圈 090517，救生衣 090546，救生带 090547，防弹背心 090582，潜水面罩 090597，工人用护膝垫 090605，非运载工具座椅用、非体育设备用安全带 090621，消防毯 090638，防事故、防辐射、防火用鞋 090645，体育用护目镜 090654，潜水和游泳用鼻夹 090655，体育用保护头盔 090656，消防人员用石棉挡板 090689，骑马用头盔 090690，实验室用特制服装 090691，防弹衣 090728，自然灾害用救生舱 090731，反光安全背心 090745，体育用护齿 090752，体育用护头 090753，潜水用水下通气管 090800，救生毯 090815，救生艇 090816，作为安全头盔的头戴物 090832，潜水配重带 090834，搬重物时支撑身体用背带 090838，坠落防护用安全气囊 090887，逃生椅 090895，具有空气净化功能的防尘口罩 090898，防事故用绝缘手套 090901，干式潜水衣 090903，潜水水母衣 090904，湿式潜水衣 090905

※ 耐酸手套 C090113，耐酸衣、裙 C090114，护目镜 C090115，防水衣 C090116，耐酸胶鞋 C090117，防火靴（鞋）C090118

注：1. 防水衣与 2504 防水服类似；
   2. 潜水用耳塞与 1004 游泳用耳塞类似，与第七版及以前版本 1004 耳塞交叉检索；
   3. 体育用护目镜，护目镜，防眩光眼镜与 0921 类似；
   4. 本类似群与第八版及以前版本 1705 消防队员用石棉掩护物，消防人员用石棉挡板交叉检索；
   5. 救生圈，救生衣与 2809 翼型浮袋，游泳圈，游泳浮力背心类似，与第十版及以前版本 2809 洗澡或游泳用浮囊交叉检索；
   6. 本类似群与第十一版及以前版本 1703 绝缘手套，第九版及以前版本 0916 太平梯交叉检索；
   7. 干式潜水衣，潜水水母衣，湿式潜水衣与第十一版及以前版本 2503 滑水防潮服交叉检索。

0920 警报装置，电铃

汽笛报警器 090013，声音警报器 090014，报警器 * 090026，电警铃 090071，铃（报警装置）090402，警笛 090449，电子防盗装置 090497，防盗报警器 090511

电锁 090443，联锁门用电子门禁装置 090759，电子挂锁 090833，生物识别锁 090850

※ 生物指纹门锁 C090147

火警报警器 090068，电铃按钮 090093，门窗视孔（广扩镜）090312，蜂鸣器 090522，电门铃 090566，烟雾探测器 090623

注：1. 第一自然段与 1202 车辆倒退警报器，车辆防盗设备，1211 运载工具防盗报警器，运载工具防盗设备类似，与第九版及以前版本 1202 车辆防盗警铃交叉检索；

2. 第二、三自然段与0610除金属钥匙以外的其他商品，2014运载工具用非金属锁，非金属锁（非电），非金属挂锁（非电子）类似。

0921 眼镜及附件

眼镜链090115，眼镜挂绳090156，矫正透镜（光学）090159，眼镜090331，眼镜片090334，眼镜框090359，眼镜架090359，夹鼻眼镜090397，隐形眼镜090554，隐形眼镜盒090555，眼镜盒090567，眼镜套090567，太阳镜090648，3D眼镜090726，色盲矫正眼镜090885，具有超声波清洗功能的隐形眼镜盒090886

※ 擦眼镜布 C090135

注：本类似群与0919体育用护目镜，护目镜，防眩光眼镜类似，与第九版及以前版本0919体育用风镜交叉检索。

0922 电池，充电器

运载工具用蓄电池090007，运载工具用电池090007，蓄电瓶090008，电瓶090008，蓄电池箱090009，电池箱090009，电池极板090012，点火用电池090031，阳极090043，阳极电池090044，高压电池090044，蓄电池充电器090083，原电池090218，电池充电器090266，原电池组090272，电池铅板090287，电池090360，蓄电池090361，阴极反腐蚀装置090412，对阴极090507，光伏电池090531，阴极090543，太阳能电池090557，发电用太阳能电池板090733，电子烟用充电器090738，电动运载工具用充电站090765，电子烟用电池090780，手机充电器090862，便携式充电器090874

※ 移动电源（可充电电池）C090137

注：太阳能电池，发电用太阳能电池板与第十一版及以前版本0603光伏电池组成的金属屋顶板，1909光伏电池组成的非金属屋顶板，太阳能电池组成的非金属屋顶板，第十版及以前版本0603太阳能电池组成的金属屋顶板交叉检索。

0923 电影片，已曝光材料

动画片090176，幻灯片（照相）090185，透明软片（照相）090185，曝光胶卷090515，已曝光的电影胶片090550，已曝光的X光胶片090573，非医用X光照片090625

注：本类似群与0107未曝光的感光胶片，未曝光的X光感光胶片，未曝光的感光电影胶片类似，与第九版及以前版本0107感光但未曝光的X光胶片，未曝光感光胶卷交叉检索。

0924 单一商品

（一）照蛋器 090241

叫狗哨子 090508，训练动物用电子项圈 090746，训练家畜用信号摇铃 090839，宠物用太阳镜 090923

装饰磁铁 090660

带电围栏 090669

运动哨 090801

准备饮料用具有人工智能的类人机器人 090916

※ 便携式遥控阻车器 C090133

注：1. 本部分为单一商品，各自然段间互不类似；

2. 运动哨与第十一版及以前版本 2807 口哨交叉检索；

3. 准备饮料用具有人工智能的类人机器人与第十一版及以前版本 0901 具有人工智能的人形机器人交叉检索；

4. 宠物用太阳镜与第十一版及以前版本 0921 已接受商品宠物用太阳镜交叉检索。

#（二）注：原第（二）部分电热袜，电暖衣服，电马甲，电手套，电靴第十一版时删除。

注：本类似群原各部分之间商品不类似。

第十类

外科、医疗、牙科和兽医用仪器及器械；假肢，假眼和假牙；矫形用物品；缝合材料；残疾人专用治疗装置；按摩器械；婴儿护理用器械、器具及用品；性生活用器械、器具及用品。

【注释】

第十类主要包括主要用于诊断、治疗及改善人和动物的功能或健康状态的外科、内科、牙科及兽医用仪器、器械及用品。

本类尤其包括：

——支撑绷带，矫形用绷带；

——医疗用特种服装，例如：压力衣，静脉曲张用长袜，拘束衣，矫形鞋；

——月经、避孕及分娩用仪器、器械及用品，例如：月经杯，子宫帽，避孕套，分娩褥垫，产钳；

——由人造或合成材料制成的植入用假体及治疗用具，例如：由人造材料组成的外科移植物，人造乳房，脑起搏器，可生物降解的骨固定植入物；

——医用特制家具，例如：医用或牙科用扶手椅，医用气褥垫，手术台。

本类尤其不包括：

——医用辅料和吸收性卫生用品，例如：橡皮膏，包扎用绷带和纱布，防溢乳垫，婴儿尿布和失禁用尿布，卫生棉条（第五类）；

——由活组织组成的外科移植物（第五类）；

——医用无烟草香烟（第五类）和电子烟（第三十四类）；

——轮椅和电动代步车（第十二类）；

——按摩用床（第二十类）。

1001 外科、医疗和兽医用仪器、器械、设备，不包括电子、核子、电疗、医疗用 X 光设备、器械及仪器

外科用剪 100007，医用针 100008，缝合针 100009，子宫托 100010，热气医疗装置 100011，医用热气颤振器 100012，医用导管 100015，牲畜助产器 100027，外科手术刀 100029，外科用小手术刀 100030，外科手术探针 100033，医用插管 100042，冲洗体腔装置 100044，阉割钳 100049，外科仪器和器械 100054，医生用器械箱 100055，麻醉仪器 100057，外科手术剪 100058，压迫机（外科用）100060，医用滴管 100061，割鸡眼刀 100062，健美按摩设备 100063，外科用刀 100065，医用恒温箱 100067，刮

舌器100070，柳叶刀（外科用）100077，注射针管100080，医用引流管100081，医用探针100085，医用泵100086，验血仪器100087，医用滴瓶100089，医用钳100090，胃镜100093，血球计100095，皮下注射器100097，吸入器100099，医用注射针筒100100，泌尿科器械及器具100102，吹入器100103，医用灌肠器100104，医用灯100108，医用蒸发器100109，麻醉面罩100112，按摩器械100113，医疗器械和仪器100114，敷药用器具100115，医疗器械箱100116，外科医生用镜100118，助产器械100120，角膜曲率计100122，检眼计100122，检眼镜100123，兽医用喂丸器100127，血压计100129，医用石英灯100130，复苏器100135，人工呼吸器100138，人工呼吸设备100139，外科手术用锯100140，子宫注射器100142，阴道冲洗器100143，听诊器100144，耳聋治疗设备100147，手术台100150，医用穿刺套管针100151，尿道探针100153，尿道注射器100154，火罐100155，兽医用器械和工具100156，振动按摩器100158，医用注射器100164，医用体育活动器械100176，早产婴儿保育箱100177，刷体腔用毛刷100178，医疗分析仪器100180，医用测试仪100180，医用熏蒸设备100182，肺活量计（医疗器械）100197，医用体温计100198，针灸针100199，医用诊断设备100201，心脏起搏器100203，医用电击去心脏纤颤器100211，透析器100212，医用导丝100213，医用牵引仪器100215，下体冲洗袋100218，医用或治疗用微晶磨皮仪100220，医用身体康复仪100221，脉搏计100222，医用支架100223，医用示温标签100225，治疗痤疮用装置100228，医用内窥镜摄像头100231，脑起搏器100235，植入型皮下给药装置100236，可生物降解的骨固定植入物100237，医用压舌板100238，吸鼻器100239，人工呼吸用呼吸面罩100242，医用细菌鉴定分析仪100244，医用DNA及RNA测试设备100245，医用干细胞再生设备100246，体脂监测仪100247，人体成分监测仪100248，外科手术机器人100253，氢吸入器100257，胆固醇检测仪100267，治疗用面罩100270，血糖仪100273，吸入器用分隔器100276，医用检查台100277，医用纳米机器人100278，治疗中暑用医用冷却装置100280，治疗失温症用医用冷却装置100281，医用制氧气机100285，糖尿病监测仪100292，听力计100293，医用触觉反馈服100294，医用母乳检测装置100295，医用毛细管100296，治疗血栓用药物涂层支架100298，治疗血栓用药物洗脱支架100298，电动按摩枪100300，医用感知神经元头盔100301，医用剂量分配器100306，医用雾化器100307，医用呼吸面罩用过滤器100308，医用过滤空气用呼吸器100309，医用呼吸面罩100310，医用呼吸装置100311，治疗用磁铁100312，内置按摩装置的按摩椅100314

※ 止血缝合器械C100001，耳鼻喉科器械C100002，眼科器械C100003，已杀菌消毒的医疗器械C100004，输精器C100005，输血器C100006

注：1. 医疗器械和仪器与1002，1003类似；

2. 医用熏蒸设备与1109非医用熏蒸设备，蒸脸器具（蒸汽浴）类似；

3. 医生用器械箱，医疗器械箱与0501轻便药箱（已装药的），急救箱（备好药的）类似；

4. 兽医用器械和工具与第十版及以前版本0810兽医用刀交叉检索；

5. 医用诊断设备与1003类似。

1002 牙科设备及器具

牙科医生用扶手椅100048，假牙100052，牙钻100072，牙科设备和仪器100073，假牙种植钉100074，全口假牙100076，牙科用镜100078，医用或牙科用扶手椅100088，电动牙科设备100179，畸齿矫正仪器100214，牙科用牙齿保护器100240

注：本类似群与1001医疗器械和仪器类似。

1003 医疗用电子、核子、电疗和X光设备

医用镭管100017，医用电刺激带100023，医用X光装置100024，医用电热垫100050，电热敷布（外科）100059，医用放射屏幕100083，心电图描记器100084，电疗器械100091，医用紫外线灯100105，医用激光器100106，医用X光产生装置和设备100131，医用X光照片100132，医用放射设备100133，放射医疗设备100134，医用X光管100136，医用X光防护装置100137，医用电极100174，医用带（电）100175，医用紫外线过滤器100181，医用电热毯100191，理疗设备100196，电子针灸仪100202，医用断层扫描仪100227，心率监测设备100232，医用磁共振成像（MRI）装置100258，医用固化灯100274，LED光疗面罩100284，治疗脱发用激光治疗头盔100287，超声波面部美容治疗仪100304，LED面部美容治疗仪100315

※ 医疗用超声器械C100007，诊断和治疗期同位素设备和器械C100008，医用紫外线杀菌灯C100011

注：1. 医用电热垫，医用电热毯与1111非医用电加热垫，非医用电热毯类似，与第九版及以前版本1111非医用电毯，非医用电加热垫（衬垫），电热毯交叉检索；
2. 医用紫外线灯，医用紫外线杀菌灯与1101第（三）部分类似；
3. 本类似群与1001医疗器械和仪器，医用诊断设备类似。

1004 医疗用辅助器具、设备和用品

分娩褥垫100004，助听器100005，喇叭状助听器100006，病床用吸水床单100013，失禁用垫单100014，卧床病人用便盆100025，医用盆100026，医用靴100031，医用痰盂100034，带轮担架100036，救护车用担架100037，疝气带100039，医用手套100043，医用带100045，外科用海绵100053，医用垫100064，吃药用勺100069，挖耳勺100071，医用指套100079，医用护指100079，医用水袋100082，按摩用手套100092，医用冰袋100094，医用水床100096，腹部护垫100098，失眠用催眠枕头100101，卧床病人用尿壶100110，医用特制家具100119，脐疝带100121，听力保护器100124，床

用摆动器100157，医用充气枕100161，医用充气软垫100162，医用充气床垫100163，无菌罩布（外科用）100172，医用床100173，病人身上伤痛处防压垫100195，手术衣100200，病人移位机100204，医务人员用面罩100205，手术用消毒盖布100207，急救用热敷袋100209，大便座椅100210，医疗垃圾专用容器100216，耳塞（听力保护装置）100224，除虱梳100229，月经杯100241，抗风湿手环100250，抗风湿指环100251，医用手镯100252，防吐腕带100255，医用充气床100259，医用冷敷贴100260，急救用冷敷垫100261，便携式手持小便器100262，指压带100265，病人检查袍100268，生物磁疗环100269，药丸压碎器100272，药片切割器100282，医用防护面罩100283，治疗用一次性热敷蒸汽面罩100288，治疗用一次性热敷蒸汽贴100289，带有内窥镜的便携式挖耳勺100299，卫生口罩100302，可重复使用的纱布制卫生口罩100303，震颤患者用勺100305，医院用病床100313，游泳用耳塞100316

※ 氧气袋C100009，口罩C100010

注：1. 卧床病人用便盆，卧床病人用尿壶与2106便壶，痰盂类似；
2. 医用痰盂与2106痰盂类似；
3. 医用床，医用充气床，医院用病床与2001按摩用床类似；
4. 无菌罩布（外科用）与第九版及以前版本0506外科手术用布（织物）交叉检索；
5. 耳塞（听力保护装置）与第九版及以前版本0919耳塞交叉检索；
6. 本类似群与第十版及以前版本0506防风湿手环，防风湿指环，医用手镯，第九版及以前版本0506防风湿手镯，抗风湿病圈环交叉检索；
7. 本类似群与第十一版及以前版本1003急救用热敷布（袋）交叉检索；
8. 生物磁疗环与第十一版及以前版本1403磁疗首饰交叉检索；
9. 本类似群与第十一版及以前版本2001医院用病床，第九版及以前版本2001医院用床交叉检索；
10. 游泳用耳塞与第0919潜水用耳塞类似，与第九版及以前版本0919耳塞交叉检索。

1005 奶嘴，奶瓶

出牙咬环100018，奶瓶100028，吸奶器100107，婴儿用安抚奶嘴100145，奶瓶阀100169，奶瓶用奶嘴100170，婴儿用奶嘴式喂辅食器100254，婴儿安抚奶嘴用带链夹100266，婴儿牙龈按摩器100271

1006 性用品

避孕套100128，非化学避孕用具100184，性爱娃娃100219，性玩具100234，植入式避孕器100290，宫内节育器100291

※ 子宫帽C100012

注：本类似群与第九版及以前版本2006充气娃娃（非医用性助器）交叉检索。

1007 假肢，假发和假器官

人造颚100111，假肢100117，外科用人造皮肤100125，人造乳房100141，人造眼睛100159，植发用毛发100192，外科移植用假眼球100194，由人造材料组成的外科移植物100208，医用机械外骨骼100264，由人造材料组成的骨间空隙填充物100275

1008 矫形矫正及助行用品

腹带100001，下腹托带100002，紧身腹围100003，关节用矫形绷带100020，石膏夹板（外科）100021，弹性绷带100022，矫形用物品100038，鞋用弓形支垫100040，拘束衣100041，孕妇托腹带100046，矫形带100047，矫形鞋100051，拐杖头100126，平足支撑物100146，悬吊式绷带100148，外科用弹力袜100165，静脉曲张用长袜100166，拐杖100168，矫形鞋底100171，医用紧身胸衣100183，矫形用膝绷带100193，矫形用石膏绷带100206，吊带（支撑绷带）100217，残障者用助行架100226，医用四脚拐杖100230，压力衣100233，正畸用橡皮筋100243，矫形用分趾器100249，带轮助行器100256，医用拐杖100263，肌内效贴布100279，支撑绷带100286

注：1. 关节用矫形绷带，弹性绷带，悬吊式绷带，矫形用膝绷带，矫形用石膏绷带，吊带（支撑绷带），支撑绷带与0506包扎绷带，外科用肩绷带类似，与第十版及以前版本0506卫生绷带，第八版及以前版本0506绷带交叉检索；
2. 本类似群与第十版及以前版本1004孕妇托腹带交叉检索。

1009 缝合用材料

羊肠线100035，线（外科用）100056，缝合材料100149

第十一类

照明、加热、冷却、蒸汽发生、烹饪、干燥、通风、供水及卫生用装置和设备。

【注释】

第十一类主要包括环境控制装置和设备,特别是照明、烹饪、冷却和消毒用装置和设备。

本类尤其包括:

——空气调节装置和设备;

——非实验室用烘箱,例如:牙科用烘箱,微波炉,面包炉;

——炉子(取暖器具);

——太阳能集热器;

——烟囱用烟道,烟囱用风箱,壁炉炉床,家用壁炉;

——消毒器,焚化炉;

——照明设备和装置,例如:照明用发光管,探照灯,发光门牌,运载工具用光反射镜,运载工具用灯;

——灯,例如:电灯,煤气灯,实验室灯,油灯,路灯,安全灯;

——日光浴床;

——浴室装置,沐浴用设备,浴室用管子装置;

——抽水马桶,小便池;

——喷水器,巧克力喷泉机;

——非医用电热垫和电热毯;

——热水袋;

——电热服装;

——电热制酸奶器,制面包机,煮咖啡机,制冰淇淋机;

——制冰机和设备。

本类尤其不包括:

——制造蒸汽的装置(机器部件)(第七类);

——空气凝结器(第七类);

——电流发生器,发电机组(第七类);

——喷焊灯(第七类),光学灯(第九类),暗室灯(第九类),医用灯(第十类);

——实验室用烘箱(第九类);

——光伏电池（第九类）；

——信号灯（第九类）；

——医用电热垫和电热毯（第十类）；

——便携式婴儿浴盆（第二十一类）；

——非电便携式冷藏箱（第二十一类）；

——无加热源的烹饪用具，例如：非电动烤盘和烤架，烘蛋奶饼的非电铁模，非电加压炊具（第二十一类）；

——非电暖脚套（第二十五类）。

1101 照明用设备、器具（不包括汽灯、油灯）

（一）灯泡110021，电灯泡110022，弧光灯110023，电灯110024，灯110040，照明用提灯110041，白炽灯110043，手电筒110051，弧光灯碳棒110072，玻璃灯罩110091，照明用放电管110111，灯光漫射器110118，电灯灯头110122，照明设备和装置110130，枝形吊灯110133，顶灯110136，电灯丝110145，球形灯罩110169，实验室灯110176，安全灯110182，灯光反射镜110183，灯笼110185，照明用发光管110189，照明用镁丝110190，矿灯110192，圣诞树用电灯110195，发光门牌110196，探照灯110202，灯罩110237，灯罩座110238，路灯110263，水族池照明灯110309，潜水灯110322，发光二极管（LED）照明器具110333，节日装饰用彩色小灯110344，节日装饰用串灯110344，头戴式手电筒110346，便携式头灯110346，装蜡烛的提灯110355，落地灯110367，投影灯110369，使用电池的荧光棒110384，照明用荧光棒110399，智能灯泡110402

※ 舞台灯具C110001，照相用回光灯C110002，日光灯管C110003

（二）空中运载工具用照明设备110007，运载工具用灯110027，汽车前灯110031，自行车车灯110045，运载工具转向信号装置用灯泡110071，摩托车车灯110110，运载工具前灯110200，运载工具用光反射镜110212，运载工具用照明装置110229，运载工具用防眩光装置（灯配件）110249，汽车灯110256，自行车转向灯110358，运载工具用示宽灯110394

（三）空气净化用杀菌灯110166，非医用紫外线灯110180

（四）烫发用灯110158，美甲烤灯110347，非医用固化灯110360

注：1. 本类似群各部分之间商品不类似；

2. 第（一）部分灯，照明设备和装置与第（二）部分商品以及1103类似；

3. 第（二）部分与第（一）部分灯，照明设备和装置，1211运载工具防眩光装置，运载工具遮光装置类似，与第十一版及以前版本第（一）部分照明器械及装置，1211运载工具转向信号装置，第九版及以前版本1202车辆转向信号灯，车辆转向信号装置，车辆防眩光装置，车辆遮光装置交叉检索；

4. 第（三）部分与1003医用紫外线灯，医用紫外线杀菌灯类似；

5. 第（一）部分与第十一版及以前版本1103照明用提灯，第九版及以前版本1103提灯交叉检索；

6. 第（三）部分非医用紫外线灯与第（四）部分非医用固化灯类似。

#1102 喷焊灯

注：本类似群第十版时喷焊灯，热焊枪，喷灯移入0751类似群，乙炔发生器移入1107类似群。

1103 汽灯，油灯

乙炔灯110005，煤气灯罩110042，油灯灯头110044，煤油灯罩110092，火炬110148，煤气灯110163，油灯110179

注：本类似群与1101第（一）部分灯，照明设备和装置类似，与第十一版及以前版本1101第（一）部分照明器械及装置交叉检索。

1104 烹调及民用电气加热设备（不包括厨房用手工用具，食品加工机器）

（一）炉用结构框架110025，面包炉110053，烤肉铁叉转动器110056，烤肉铁叉110057，咖啡豆烘烤机110066，暖碟器110089，电炊具110107，烹饪用炉110108，加热烹调器110108，烹调用装置和设备110109，水果烘烤器110159，燃气炉110161，台式烹饪炉110170，烤面包片机110171，烤盘（烹饪设备）110172，烤架（烹饪设备）110172，烘烤器具110172，麦芽烘焙器110191，厨房炉灶（烘箱）110204，灶环110210，翻转烤肉器110220，烤炉110230，酒精炉110247，燃气炉托架110251，烹饪用电高压锅110254，电加压炊具110254，奶瓶用电加热器110257，烘蛋奶饼的电铁模110258，电咖啡渗滤壶110261，电力煮咖啡机110262，便携式烤肉架110265，电油炸锅110266，电热水壶110303，电热制酸奶器110312，微波炉（厨房用具）110317，烤面包机110329，制面包机110332，加热展示柜110335，多功能电锅110336，电蒸锅110337，制墨西哥薄饼用电饼铛110338，电巧克力喷泉机110341，电动真空低温烹调设备110348，冷热饮料机（加热或制冷）110350，家用电米糕机110352，油炉专用炉芯110353，电炉灶110354，空气炸锅110356，电热水瓶110362，电热食品脱水机110363，USB供电的加热杯垫110365，蒸古斯古斯饭用电炊具110366，电塔吉锅110368，电豆浆机110373，电咖啡机用空咖啡胶囊110374，电饮料鼎110375，装有净水器的咖啡机110383，电烹饪锅110387，电热杯110393，家用电动啤酒酿造设备110396

※ 烤饼炉 C110006，沼气灶 C110007，煤油炉 C110008，电铁锅 C110011，太阳灶 C110054，电开水器 C110056

（二）烧烤炉用火山岩石 110326

注：1. 本类似群各部分之间商品不类似；

2. 太阳灶与 1109 太阳能集热器，太阳能收集器类似；

3. 电热水壶，电热水瓶，电开水器与 1110 饮水机类似；

4. 电热水瓶与 2111 暖水瓶类似；

5. 电热制酸奶器与第九版及以前版本 0709 酸奶机交叉检索；

6. 制面包机与第九版及以前版本 0709 面包机交叉检索；

7. 跨类似群保护商品：冷热饮料机（加热或制冷）(1104 第（一）部分，1105)；

8. 第（一）部分与第十一版及以前版本 0723 家用豆浆机交叉检索。

1105 制冷、冷藏设备（不包括冷藏车）

冷藏柜 110026，冰柜 110106，饮料冷却装置 110119，水冷却装置 110125，冷冻设备和机器 110155，冷藏室 110156，步入式冷藏室 110156，冷藏集装箱 110157，制冰机和设备 110167，电冷藏箱 110168，奶冷却装置 110177，液体冷却装置 110188，冷却装置和机器 110209，冷冻设备和装置 110213，冷却设备和装置 110214，烟草冷却装置 110227，冰箱 110274，冷藏展示柜 110330，电酒窖 110343，冷热饮料机（加热或制冷）110350，制冰淇淋机 110357，医学储存用冰箱、冷却装置和冰柜 110359，电动制冰块和冰淇淋机 110386，造雪机 110395，雪炮 110395

※ 冰箱自动化霜器 C110013，冰箱除味器 C110014，制冰棒机 C110015，冰镇球 C110016，玻璃钢冷却塔 C110046

注：跨类似群保护商品：冷热饮料机（加热或制冷）(1104 第（一）部分，1105)。

1106 干燥、通风、空调设备（包括冷暖房设备），气体净化设备

（一）通风罩 110006，空气除臭装置 110009，空气冷却装置 110010，空调用过滤器 110011，空气再热器 110012，空气干燥器 110013，空气调节设备 110014，空气过滤设备 110015，风扇（空气调节）110065，运载工具用空调器 110079，运载工具用供暖装置 110081，烟囱用烟道 110093，烟囱用风箱 110094，干燥器 110097，空气调节装置 110099，运载工具用除霜器 110112，干燥设备 110117，气体净化装置 110138，饲料和草料干燥设备 110141，草料干燥装置 110141，涤气器（气体装置部件）110160，空气或水处理用电离设备 110174，空气净化装置和机器 110207，干燥装置和设备 110222，风扇（空调

部件）110225，烤烟机 110228，通风设备和装置（空气调节）110233，运载工具用通风装置（空气调节）110234，实验室用通风罩 110244，空气消毒器 110245，运载工具窗户除霜加热器 110250，气体冷凝器（非机器部件）110294，厨房用抽油烟机 110314，个人用电风扇 110315，电干衣机 110316，食余残渣脱水装置 110321，织物蒸汽挂烫机 110331，加湿器 110372，除湿器 110376，气体发生用吸附装置 110388，气体发生用膜装置 110389，文丘里洗涤器 110400

※ 排气风扇 C110017，玻璃钢轴流风机 C110018，润湿空气装置 C110019，煤气净化器 C110047，汽车发动机预热器 C110048

（二）头发用吹风机 110095

注：1. 本类似群各部分之间商品不类似；

　　2. 电干衣机与0724类似；

　　3. 织物蒸汽挂烫机与0808烫皱褶用熨斗，熨斗类似，与第九版及以前版本0924电熨斗交叉检索；

　　4. 第（一）部分与第十版及以前版本1107涤气器（气体装置部件），第九版及以前版本0924蒸汽挂烫机交叉检索；

　　5. 跨类似群保护商品：空气或水处理用电离设备（1106第（一）部分，1110第（一）部分）。

1107 加温、蒸汽设备（包括工业用炉、锅炉，不包括机车锅炉、锅驼机锅炉、蒸汽机锅炉）

（一）蓄热器 110002，乙炔燃烧器 110003，乙炔发生器 110004，热风烘箱 110008，热气装置 110016，熔炉冷却装置 110032，熔炉冷却槽 110032，锅炉（非机器部件）110047，窑 110048，散热器盖 110050，水加热器 110052，实验室燃烧器 110058，石油工业用火炬塔 110059，燃烧器 110060，杀菌燃烧器 110061，洗衣房用煮衣锅 110063，洗衣用铜锅 110063，加热装置 110067，回热器 110069，耐火陶土制炉灶配件 110070，加热用锅炉 110077，供暖装置用锅炉管道（管）110078，固体、液体、气体燃料加热器 110080，电加热装置 110082，加热元件 110085，熨斗加热器 110086，浸入式加热器 110090，胶加热器 110100，蒸馏塔 110101，蒸馏装置*110120，热交换器（非机器部件）110129，蒸发器 110142，轻便锻炉 110149，非实验室用炉 110150，非实验室用烘箱 110150，炉用成型配件 110151，熔炉炉栅 110152，壁炉炉床 110153，炉灰箱 110154，燃气锅炉 110162，蒸汽锅炉（非机器部件）110165，焚化炉 110173，水箱液面控制阀 110194，氢氧燃烧器 110197，油炉 110199，加热板 110201，蒸汽供暖装置用气阀 110205，精炼蒸馏塔 110208，热气流调节器 110215，自来水或煤气设备和管道的调节附件 110216，自来水或煤气设备和管道的保险附件 110217，旋管（蒸馏、加热或冷却装置的部件）110224，炉膛灰渣自动输送装置 110231，蒸汽发生设备 110232，煤气管道的调节和安全附件 110240，蒸汽储存器 110242，蒸馏器*110246，供水设备 110252，煤气设备的调节和安全附件 110259，加热锅炉用管道 110264，壁炉（家用）110267，热泵 110268，太阳炉 110270，暖气锅炉给水设备 110273，窑具（支架）110279，工业用层析设备 110292，加热用电热丝 110293，水族池加热器 110308，牙科用烘箱 110311，恒温阀（供暖装置部件）110319，工业用微波炉110328，热风枪110340，工业用发酵装置110391，供热装置用聚丙烯耐热管110398

※锅炉报警器C110021，石墨坩埚C110022，回转窑C110058，焙烧炉C110059

（二）烟雾机110370

※舞台烟雾机C110049，演出用肥皂泡和泡沫发生器C110050

注：1.本类似群各部分之间商品不类似；
2.蒸汽锅炉（非机器部件）与0737蒸汽机锅炉类似；
3.自来水或煤气设备和管道的调节附件，自来水或煤气设备和管道的保险附件与1108自来水设备的调节和安全附件类似；
4.窑具（支架）与第八版及以前版本1907陶瓷窑具交叉检索；
5.第（二）部分与第七版及以前版本0718舞台烟雾机交叉检索；
6.第（一）部分与第九版及以前版本1102乙炔发生器交叉检索；
7.太阳炉与1109太阳能集热器，太阳能收集器类似；
8.跨类似群保护商品：水箱液面控制阀（1107第（一）部分，1109）；
9.第（一）部分与第十版及以前版本0731回转窑，焙烧炉交叉检索。

1108 供暖装置及水暖管件

（一）消防栓110049，龙头防溅喷嘴110055，龙头（管和管道用）110068，旋塞（管和管道用）110068，供暖装置110073，水供暖装置110076，中央供暖装置用散热器110083，中央供暖散热器用增湿器110084，水分配设备110096，管道（卫生设备部件）110103，卫生设备用水管110103，引水管道设备110104，喷水器110126，压力水箱110127，散热器（供暖）110198，龙头*110218，自来水龙头垫圈110219，水管用混水龙头110239，自来水设备的调节和安全附件110241，进水装置110276，中央供暖装置用膨胀水箱110313，地暖装置和设备110371

※水塔C110023，暖气片C110024，地漏C110025，水暖装置用管子气门C110038，水暖装置用管子水门C110039，水暖装置用管子水嘴C110040，水暖装置用管子三通C110041，水暖装置用管子四通C110042，水暖装置用管子接头C110043，水暖装置用管子箍C110044，水暖装置用管子补芯C110045

（二）自动浇水装置110001，装饰喷泉110175，滴灌喷射器（灌溉设备配件）110323，农业用排灌机110327，水培种植系统110361，灌溉施肥设备110392

注：1.本类似群各部分之间商品不类似；
2.第（一）部分与0602类似，与第八版及以前版本1107水暖装置交叉检索；
3.自来水设备的调节和安全附件与1107自来水或煤气设备和管道的调节附件，自来水或煤气设备和管道的保险附件类似，与第十版及以前版本1107供水或供煤气的设备和管道的调节附件，供水或供煤气的设备和管道的保险附件交叉检索；

4.管道（卫生设备部件），卫生设备用水管，引水管道设备与1109浴室用管子装置类似；

5.农业用排灌机与0701排水机类似；

6.第（二）部分与第七版及以前版本0701农业用排灌机交叉检索。

1109 卫生设备（不包括盥洗室用具）

蒸汽浴装置110017，澡盆110033，坐浴浴盆110035，便携式蒸汽浴室110036，沐浴用设备110037，淋浴热水器110038，浴室装置110039，浴室用管子装置110039，（洗下身用的）坐浴盆110046，可移动盥洗室110064，冲水槽110075，抽水马桶110105，淋浴器110121，盥洗池（卫生设备部件）110186，盥洗盆（卫生设备部件）110186，水箱液面控制阀110194，卫生器械和设备110221，卫生间用干手器110223，坐便器110235，马桶座圈110236，太阳能集热器110269，日光浴床110271，冲水装置110272，水冲洗设备110272，非医用熏蒸设备110278，矿泉浴盆（容器）110291，桑拿浴设备110297，淋浴隔间110298，洗涤槽110299，蒸脸器具（蒸汽浴）110300，小便池（卫生设施）110301，喷射旋涡设备110320，清洁室（卫生装置）110325，水按摩洗浴设备110334，洗浴用微气泡发生器110349，装有集成台面的厨房水槽110382，全身烘干机110403

※太阳能热水器C110027，冷热湿巾机C110036，冷热柔巾机C110037，太阳能收集器C110051，浴霸C110053，洗涤用热水器（煤气或电加热）C110057

注：1.非医用熏蒸设备，蒸脸器具（蒸汽浴）与1001医用熏蒸设备类似；

2.太阳能集热器，太阳能收集器与1104太阳灶以及1107太阳炉类似；

3.蒸汽浴装置，沐浴用设备，淋浴热水器，淋浴器，桑拿浴设备，蒸脸器具（蒸汽浴），太阳能热水器，洗涤用热水器（煤气或电加热）与第十版及以前版本1104煤气热水器，电热水器，第九版及以前版本1104热水器交叉检索；

4.浴室用管子装置与1108管道（卫生设备部件），卫生设备用水管，引水管道设备类似，与第九版及以前版本1108排水管道设备交叉检索；

5.跨类似群保护商品：水箱液面控制阀（1107第（一）部分，1109）。

1110 消毒和净化设备

（一）消毒设备110115，海水淡化装置110116，水净化装置110123，水过滤器110124，水消毒器110128，污水净化设备110135，饮用水过滤器110147，空气或水处理用电离设备110174，巴氏灭菌器110178，水净化设备和机器110206，消毒器110226，水软化设备和装置110243，非个人用除臭装置

110275，油净化器 110277，水族池过滤设备 110307，游泳池用氯化装置 110318，书籍消毒装置 110339，医用消毒设备 110342，将溶液分配到卫生设施水管的消毒装置 110377，反渗透装置用膜 110378，水处理设备用膜过滤装置 110379，水过滤装置用过滤器 110380，水处理用反渗透膜过滤器 110381，反渗透装置 110385，处理废水用生物反应器 110390，处理废物用生物反应器 110397，水过滤设备用膜 110401，消毒用臭氧发生器 110404，医疗器械用消毒器 110405

※ 矿泉壶 C110028，磁水器 C110029，污水处理设备 C110030，消毒碗柜 C110031，饮水机 C110032

注：1.饮水机与1104电热水壶，电热水瓶，电开水器类似，与第十版及以前版本1104电热壶交叉检索；
2.跨类似群保护商品：空气或水处理用电离设备（1106第（一）部分，1110第（一）部分）；
3.消毒用臭氧发生器与第十一版及以前版本0910第（三）部分臭氧发生器交叉检索。

#（二）注：原第（二）部分便携式一次性消毒小袋第十一版时删除。

注：本类似群原各部分之间商品不类似。

1111 小型取暖器

暖足器（电或非电的）110087，电暖脚套 110088，电暖器 110137，炉子（取暖器具）110143，便携式取暖器 110280，非医用电加热垫 110296，热水袋 110302，暖床器 110304，非医用电热毯 110305，长柄暖床炉 110306，电热地毯 110310，电热袜 110345，电热服装 110351，USB供电的暖手器 110364

※ 怀炉 C110033，电热窗帘 C110034，电热马甲 C110061，电热手套 C110062，电热靴 C110063

注：1.非医用电加热垫，非医用电热毯与1003医用电热垫，医用电热毯类似，与第十版及以前版本1003医用电毯交叉检索；
2.本类似群与第九版及以前版本1104炉子（取暖器具）交叉检索；
3.本类似群与第十版及以前版本0924原第（二）部分电热袜，电暖衣服，电马甲，电手套，电靴交叉检索。

1112 不属别类的打火器具

点煤气用摩擦点火器 110018，气体引燃器 110019

1113 核能反应设备

核燃料和核减速剂处理装置 110193，聚合反应设备 110203，核反应堆 110253

第十二类

运载工具；陆、空、海用运载装置。

【注释】

第十二类主要包括运载工具，陆、空、海用客运或货运装置。

本类尤其包括：

——陆地车辆用马达和引擎；

——陆地车辆用联结器和传动机件；

——气垫船；

——遥控运载工具（非玩具）；

——运载工具部件，例如：保险杠，挡风玻璃，方向盘；

——运载工具用履带，以及运载工具用各种轮胎。

本类尤其不包括：

——铁路用金属材料（第六类）；

——非陆地车辆用马达、引擎、联结器和传动机件（第七类）；

——各类马达和引擎的部件，例如：马达和引擎用启动器、消音器和汽缸（第七类）；

——橡胶履带（履带式建筑工程机械、采矿机械、农业机械和其他重型机械的部件）（第七类）；

——幼儿用三轮脚踏车和滑板车（玩具）（第二十八类）；

——某些特殊的非运输用运载工具或带轮装置，例如：自推进式道路清扫机械（第七类），消防车（第九类），有小脚轮的茶具台（第二十类）；

——某些运载工具部件，例如：运载工具用电池、里程记录仪和收音机（第九类），汽车及自行车用灯（第十一类），汽车用脚垫（第二十七类）。

1201 火车及其零部件

火车车厢连接器 120002，铁路车辆轮缘 120033，铁路车辆转向架 120047，缆索铁道车辆 120071，铁路车辆 120072，铁路车辆缓冲器 120078，人力轨道车 120106，电动运载工具 120110，铁路冷藏货车 120129，卧铺车厢 120136，机车 120138，铁路车厢 120140，铁路餐车 120172，陆、空、水或铁路用机动运载工具 120193，倾卸装置（铁路货车的部件）120201，火车头烟囱 120229，遥控运载工具（非玩具）120257

※ 火车车轮 C120009，火车车轮毂 C120010，厢式餐车 C120022，餐饮车（厢式）C120023

注：1. 跨类似群保护商品：厢式餐车（1201，1202），餐饮车（厢式）（1201，1202），卧铺车厢（1201，1202），电动运载工具（1201，1202，1204第（一）部分，1205，1210），陆、空、水或铁路用机动运载工具（1201，1202，1204第（一）部分，1209，1210），遥控运载工具（非玩具）（1201，1202，1205，1209，1210）；

2. 本类似群与1211类似。

1202 汽车、电车、摩托车及其零部件（不包括轮胎）

叉车120001，洒水车120016，公共汽车120018，大客车120019，卡车120022，弹药车（车辆）120052，拖挂式房车120056，拖车（车辆）120057，消防水管车120066，高尔夫球车（车辆）120068，拖拉机120075，矿车120076，电动运载工具120110，厢式汽车120125，冷藏车120128，运输用军车120144，摩托车120147，跑车120178，翻斗车120183，有轨电车120187，陆、空、水或铁路用机动运载工具120193，小汽车120199，汽车120199，混凝土搅拌车120213，救护车120233，野营车120249，房车120249，雪地机动车120256，遥控运载工具（非玩具）120257，装甲车120271，无人驾驶汽车120279，自动驾驶汽车120279，踏板摩托车120280，赛车运动用汽车120299，机器自动驾驶汽车120300，救援用拖车120307，清障拖车120307，垃圾车120308，运输自行车用拖车120309，装有起重机的卡车120312，两栖车120326，全地形车120327，氢燃料汽车120328，自动驾驶送货机器人120335，跨运车120337，沼泽用运载工具120338，自动驾驶的陆地车辆120342

※ 油槽车C120001，蓄电池搬运车C120002，厢式餐车C120022，餐饮车（厢式）C120023

陆地车辆连接器120003，防滑链120014，车辆用拖车连接装置120017，汽车底盘120025，车辆倒退警报器120026，货车翻斗120042，车辆引擎盖120054，车辆发动机盖120054，折叠式车顶120055，陆地车辆曲柄轴箱（非引擎用）120058，摩托车撑脚架120097，陆地车辆传动齿轮120103，陆地车辆用电动机120109，陆地车辆用离合器120111，车轴120119，车轴颈120120，毂罩120124，轮毂箍120127，陆地车辆引擎120130，陆地车辆马达120130，卧铺车厢120136，陆地车辆传动马达120139，汽车两侧脚踏板120141，陆地车辆用传动装置120142，陆地车辆推进装置120143，陆地车辆用喷气发动机120145，陆地车辆用飞轮120148，汽车上的滑雪板架120161，车轮辐条紧杆120169，后视镜120173，摩托车车座120175，摩托车挎斗120176，陆地车辆涡轮机120192，汽车车身120207，汽车保险杠120209，汽车减震器120210，陆地车辆变速箱120217，车身120222，陆地车辆用驱动链120225，陆地车辆用传动链120226，陆地车辆用扭矩变换器120227，汽车转向指示臂120228，陆地车辆减速齿轮120235，陆地车辆用连杆（非马达和引擎部件）120242，可升降尾板（陆地车辆部件）120243，可升降后挡板（陆地车辆部件）120243，电动后挡板（陆地车辆部件）120243，车用遮阳挡120245，陆地车辆传动轴120246，气囊（汽车安全装置）120247，汽车刹车片120263，备胎罩120264，汽车用点烟器120266，陆地车辆用发动机支架120272，汽车用烟灰缸120282，摩托车链条120283，摩托车车架 120284，摩托车车把 120285，摩托车引擎 120286，摩托车用驮篮 120287，铰接式公共汽车用铰接箱 120296，摩托车座套 120298，汽车用轮毂螺母 120304，汽车车身零部件固定用卡子 120305，车辆引擎盖锁销 120320，安装在车辆上的专用监控塔 120330，陆地车辆用气动或液压线性执行器 120336，轴承（车辆部件）120340

※ 汽车车轮 C120011，汽车车轮毂 C120012，高压阻尼线（车辆专用）C120013，摩托车车轮 C120014，摩托车车轮毂 C120015，车辆防盗设备 C120020

注：1. 本类似群与 1211 类似；
2. 摩托车，踏板摩托车与 1204 机动自行车，电动自行车，机动三轮车，电动三轮车，助力车，滑板车（车辆），电动代步车（行动迟缓者使用）类似，与第十版及以前版本 1204 踏板车（机动车辆）交叉检索；
3. 车辆倒退警报器，车辆防盗设备与 0920 第一自然段类似；
4. 本类似群与第九版及以前版本 1203 交叉检索；
5. 跨类似群保护商品：厢式餐车（1201，1202），餐饮车（厢式）（1201，1202），卧铺车厢（1201，1202），电动运载工具（1201，1202，1204 第（一）部分，1205，1210），陆、空、水或铁路用机动运载工具（1201，1202，1204 第（一）部分，1209，1210），遥控运载工具（非玩具）（1201，1202，1205，1209，1210）；
6. 本类似群与第十一版及以前版本 0750 车辆轴承，第九版及以前版本 0924 汽车用雪茄烟点火器交叉检索；
7. 摩托车车座与第十版及以前版本 1204 自行车、脚踏车或摩托车车座交叉检索；
8. 摩托车座套与第十版及以前版本 1204 自行车或摩托车座套交叉检索。

#1203 摩托车及其零部件（不包括轮胎）

注：本类似群第十版时移入 1202 类似群。

1204 自行车、三轮车及其零部件（不包括轮胎）

（一）自行车 120044，自行车撑脚架 120046，挡泥板 120049，自行车链条 120061，自行车车把 120080，自行车传动齿轮 120085，自行车车闸 120086，自行车挡泥板 120087，自行车轮圈 120088，自行车曲柄 120089，自行车马达 120090，自行车车毂 120091，自行车踏板 120092，自行车辐条 120094，自行车车轮 120095，自行车车座 120096，电动运载工具 120110，自行车用护衣装置 120122，送货用三轮脚踏车 120162，三轮脚踏车 120191，陆、空、水或铁路用机动运载工具 120193，机动自行车 120196，自行车车架 120221，自行车座套 120232，自行车车筐 120248，自行车用驮篮 120254，滑板车（车辆）120258，自行车专用马鞍包120268，自行车车铃120269，电动代步车（行动迟缓者使用）120281，电动自行车120297，自行车用拖车120310，自平衡车120317，自平衡滑板120318，自平衡电动独轮车120319，电动滑板120339

※ 机动三轮车C120017，电动三轮车C120018，助力车C120019

（二）自行车打气筒120093，自行车轮胎用充气泵120093

注：1. 本类似群各部分之间商品不类似；
2. 第（一）部分与1211类似；
3. 第（二）部分与0808手动打气筒类似；
4. 机动自行车，电动自行车，机动三轮车，电动三轮车，助力车，滑板车（车辆），电动代步车（行动迟缓者使用）与1202摩托车，踏板摩托车类似，与第九版及以前版本1203摩托车交叉检索；
5. 自行车马达与第八版及以前版本0748自行车电机交叉检索；
6. 跨类似群保护商品：电动运载工具（1201，1202，1204第（一）部分，1205，1210），陆、空、水或铁路用机动运载工具（1201，1202，1204第（一）部分，1209，1210）。

1205 缆车，架空运输设备

架空运输设备120004，缆绳运输车辆120051，浇铸用车120067，铁水包用车120067，电动运载工具120110，运送滑雪者上山的滑雪缆车120170，吊椅缆车120180，绳缆运输装置和设备120188，轨道缆车120189，缆车120190，高架缆车120190，遥控运载工具（非玩具）120257

注：1. 本类似群与1211类似；
2. 跨类似群保护商品：电动运载工具（1201，1202，1204第（一）部分，1205，1210），遥控运载工具（非玩具）（1201，1202，1205，1209，1210）。

1206 轮椅，手推车，儿童推车

采矿用手推车车轮120043，运行李推车120050，窄底手推车120050，两轮手推车120050，轮椅120062，搬运手推车120065，婴儿车120163，婴儿车车罩120164，婴儿车车篷120165，独轮手推小车120218，推车*120219，推车（运载工具）用小脚轮120250，清洁用手推车120251，购物用手推车120255，倾卸式斗车120265，婴儿车专用蚊帐120277，平卧式婴儿车120289，平卧式婴儿车专用脚套120290，婴儿车专用脚套120291，婴儿车专用包120293，钓鱼用手推车120302，手推笼车120303，宠物推车120311，手推车*120324

※ 折叠行李车 C120004

注：1. 手推车与2001手推车（家具）类似，与第九版及以前版本2001送茶手推车交叉检索；
　　2. 婴儿车，平卧式婴儿车与2001婴儿学步车类似；
　　3. 本类似群与1211类似。

1207 畜力车辆，雪橇

雪橇（运载工具）120186，反冲式雪橇120253，救援用雪橇120306，马车120325，运输用船型雪橇120331，雪地运载工具120333

注：本类似群与1211类似。

1208 轮胎及轮胎修理工具

（一）充气轮胎的内胎120007，运载工具用轮胎120031，自行车车胎120084，充气轮胎的外胎120114，轮胎防滑钉120155，翻新轮胎用胎面120156，充气轮胎120157，补内胎用粘胶补片120194，汽车轮胎120206，自行车内胎120214，自行车用无内胎轮胎120234，运载工具用实心轮胎120288，轮胎内摩丝状填充物120292，扫雪机轮胎120321

※ 飞机轮胎 C120005

（二）补内胎用全套工具120008

注：本类似群各部分之间商品不类似。

1209 空用运载工具（不包括飞机轮胎）

空中运载工具120005，热气球120006，水陆两用飞机120012，飞机120027，飞艇120030，降落伞120113，空间运载工具120117，水上飞机120134，水上滑行艇120135，航空器120184，陆、空、水或铁路用机动运载工具120193，航空装置、机器和设备120203，飞机的弹射座椅120223，遥控运载工具（非玩具）120257，军用无人机120273，民用无人机120275，摄影无人机120301，送货无人机120313，小型遥控摄影无人机120314，旋翼机120315，直升机120316

※ 登机用引桥 C120006

注：1. 降落伞与2807滑翔伞类似；
　　2. 跨类似群保护商品：陆、空、水或铁路用机动运载工具（1201，1202，1204第（一）部分，

1209，1210），遥控运载工具（非玩具）（1201，1202，1205，1209，1210）；

3.本类似群与1211类似。

1210 水用运载工具

船120021，渡船120028，船体120035，船壳120035，船钩头篙120036，船舶转向装置120037，船只分离装置120038，船舶下水台120039，船用螺旋桨120040，桨120041，船只吊杆120048，驳船120063，汽艇120064，舵120070，船舶烟囱120073，船的木龙骨120082，挖泥船120105，电动运载工具120110，船桅120118，双桨艇用桨120131，船尾橹120131，舷窗120133，水上运载工具120149，轮船120150，轮船用螺旋桨（推进器）120151，独木舟桨120153，趸船120159，螺旋桨120166，系索耳（船用）120179，桨架120182，陆、空、水或铁路用机动运载工具120193，游艇120202，气垫船120237，船舶护舷垫120252，遥控运载工具（非玩具）120257，船用桅杆120259，独木舟120274，水下探测用远程控制运载工具120294，海底探测用自动潜航器120295，潜水钟120322，水上摩托艇（个人用船只）120329，救生船120332，战列舰120343，航空母舰120344

※ 浮桥（橡胶制）C120008

注：1.跨类似群保护商品：电动运载工具（1201，1202，1204第（一）部分，1205，1210），陆、空、水或铁路用机动运载工具（1201，1202，1204第（一）部分，1209，1210），遥控运载工具（非玩具）（1201，1202，1205，1209，1210）；

2.本类似群与1211类似。

1211 运载工具零部件

气泵（运载工具附件）120009，运载工具用悬置减震器120010，运载工具用减震弹簧120011，运载工具轮胎用防滑装置120013，运载工具座椅头靠120015，运载工具用行李架120029，运载工具轮胎气门嘴120032，运载工具用扭力杆120034，运载工具用轮子120053，运载工具座椅用安全带120059，运载工具用轮毂120060，运载工具底盘120069，运载工具用履带（滚动带）120074，运载工具用履带（拖拉机型）120074，运载工具缓冲器120077，运载工具用液压回路120079，运载工具用卧铺120081，儿童安全座（运载工具用）120112，运载工具轮平衡器120116，风挡刮水器120121，挡风玻璃刮水器120121，运载工具用行李网120123，运载工具用刹车120126，运载工具座椅套120132，挡风玻璃120154，风挡120154，运载工具用门120160，运载工具用轮辐120168，运载工具用悬挂弹簧120171，运载工具用轮圈120174，运载工具用座椅120177，运载工具底架120185，运载工具内装饰品120195，运载工具用窗户120198，运载工具防盗设备120200，运载工具防眩光装置*120204，运载工具遮光装置*120204，运载工具防盗报警器120211，运载工具用喇叭120212，运载工具用刹车垫120215，运载工具用制动蹄120216，运载工具用盖罩（成形）120224，运载工具用方向盘120230，运载工具用刹车扇形片120236，运载工具用油箱盖120241，运载工具座椅用安全束带120244，运载工具方向盘罩120260，运载工具用扰流板120261，前灯刮水器120262，运载工具用刹车盘120267，运载工具用侧后视镜120276，运载工具用操纵杆120278，运载工具用杯架120323，运载工具仪表台专用垫120334，运载工具用燃料箱120341

注：1.本类似群与1201，1202，1203，1204第（一）部分，1205，1206，1207，1209，1210类似；
2.运载工具防盗设备，运载工具防盗报警器与0920第一自然段类似；
3.运载工具防眩光装置，运载工具遮光装置与1101第（二）部分类似。

第十三类

火器；军火及弹药；炸药；焰火。

【注释】

第十三类主要包括火器和烟火产品。

本类尤其包括：

——爆炸性或烟火式救援信号弹；

——信号枪；

——个人防护用喷雾；

——爆炸性烟雾信号，信号火箭；

——气枪（武器）；

——武器肩带；

——体育用火器，猎枪。

本类尤其不包括：

——武器用润滑油（第四类）；

——剑（武器）（第八类）；

——除火器外的随身武器（第八类）；

——非爆炸性烟雾信号，救援激光信号灯（第九类）；

——火器用瞄准望远镜（第九类）；

——火炬（第十一类）；

——圣诞拉炮（聚会助兴道具）（第二十八类）；

——火帽（玩具）（第二十八类）；

——玩具气枪（第二十八类）；

——火柴（第三十四类）。

1301 火器，军火及子弹

炮架130002，机动武器130007，催泪武器130008，火器130009，火器清洁刷130010，大炮130014，弹道导弹130015，弹道武器130015，装子弹带装置130016，弹壳130019，加农炮130020，枪管130021，步枪枪管130021，卡宾枪130022，步枪130022，子弹130023，装弹装置130024，子

袋130025，猎枪130026，体育用火器130026，弹药130027，枪撞针130028，步枪撞针130028，角状火药容器130029，火器后膛130031，枪盒130033，步枪盒130033，信号火箭130035，枪（武器）130036，枪托130037，枪瞄准镜130038，枪和步枪用瞄准镜130038，步枪瞄准镜130038，步枪扳机保险130040，枪和步枪用扳机保险130040，打猎铅弹130041，火器弹药130042，火箭发射装置130043，机枪130046，迫击炮（火器）130047，炮弹130048，手枪（武器）130049，导弹（武器）130052，左轮手枪130055，重武器炮耳130056，发射平台130057，除瞄准望远镜外的火器用瞄准器130058，气枪（武器）130059，武器肩带130063，除瞄准望远镜外的武器用瞄准器130065，火箭（自动推进武器）130068，捕鲸炮130069，枪支用消声器130070，坦克车（武器）130071，弹药带130074，自动武器用弹药带130075，鱼雷130076，随身武器（火器）130077，手榴弹130078，信号枪130079，爆炸性或烟火式救援信号弹130080，发令枪130081，捕鲸炮用鱼叉130082

※ 炮衣C130001，防暴捕网器C130007，捕捉网发射器C130008

注：1. 除瞄准望远镜外的火器用瞄准器，除瞄准望远镜外的武器用瞄准器，枪和步枪用瞄准镜，步枪瞄准镜，枪瞄准镜与0911武器用瞄准望远镜，火器用瞄准望远镜类似；
2. 本类似群与第十一版及以前版本2807发令枪交叉检索。

1302 爆炸物

乙炔硝化棉130001，爆炸弹药筒130003，硝酸铵炸药130005，雷管130006，起爆栓130018，火药棉130030，甘油炸药130032，炸药130034，地雷用炸药导火线130044，地雷（爆炸物）130045，火药130050，爆炸火药130051，自燃性引火物130053，炸药导火线130060，起爆药（导火线）130061，炸药用引爆信管130062，炸药点火拉绳130062，非玩具用火帽130066

※ 做炸药用木粉C130002，射钉弹C130003，发令纸C130004

1303 烟火，爆竹

焰火130013，信号烟火130017，烟火产品130054，爆炸性烟雾信号130064，鞭炮130072
※ 爆竹C130005，烟花C130006

1304 个人防护用喷雾

个人防护用喷雾130073

第十四类

贵金属及其合金；首饰，宝石和半宝石；钟表和计时仪器。

【注释】

第十四类主要包括贵金属，某些贵金属制品或镀贵金属制品，首饰和钟表及其零部件。

本类尤其包括：

——首饰，包括仿真首饰，例如：人造宝石首饰；

——衬衫袖扣，领带饰针，领带夹；

——钥匙圈和钥匙链以及上面挂的小饰物；

——首饰用小饰物；

——首饰盒；

——首饰和钟表的零部件，例如：首饰用扣环和珠子，钟表机芯，钟针，表发条，表蒙。

本类尤其不包括：

——作为数据处理设备的智能手表（第九类）；

——非首饰用、非钥匙链用、非钥匙圈用小饰物（第二十六类）；

——按照材质分类的非贵金属制或非镀有贵金属的艺术品，例如：普通金属制（第六类），石、混凝土或大理石制（第十九类），木、蜡、石膏或塑料制（第二十类），瓷、陶瓷、陶土、赤陶或玻璃制（第二十一类）；

——某些按其功能或用途分类的贵金属制品或镀贵金属制品，例如：绘画、装饰、印刷和艺术用金属箔及金属粉（第二类），牙科用金汞合金（第五类），刀叉餐具（第八类），电触点（第九类），金笔尖（第十六类），茶壶（第二十一类），金银线制绣品（第二十六类），雪茄烟盒（第三十四类）。

1401 贵金属及其合金

贵金属锭140003，铱140045，未加工或半加工贵金属140055，未加工的金或金箔140063，锇140066，钯140067，铂（金属）140075，铑140083，钌140085，贵金属合金140104，未加工、未打造的银140163

※ 海绵钯 C140014

注：本类似群与第十一版及以前版本0101第（二）部分海绵钯交叉检索。

1402 贵金属盒和首饰盒

贵金属制盒 140113，首饰盒 140166，首饰包 140170，首饰用礼品盒 140173

注：本类似群与第八版及以前版本 2006 非贵重金属首饰盒交叉检索。

1403 珠宝，首饰，宝石及贵金属制纪念品

玛瑙 140001，黄琥珀首饰 140004，人造琥珀制珍珠（压制的琥珀）140005，护身符（首饰）140006，细银丝（银线）140008，银线（首饰）140009，手镯（首饰）140015，首饰用小饰物 140018，胸针（首饰）140019，链（首饰）140024，项链（首饰）140031，领带夹 140033，金刚石 140035，贵金属制丝线（首饰）140040，墨玉饰品 140047，未加工或半加工墨玉 140048，铜制代币 140049，珠宝首饰 140050，盒式项链坠 140051，奖章 140052，橄榄石（宝石）140062，贵橄榄石 140062，金线（首饰）140064，饰针（首饰）140069，珍珠（珠宝）140070，半宝石 140073，宝石 140074，尖晶石（宝石）140095，贵金属制塑像 140096，人造珠宝 140097，戒指（首饰）140107，贵金属制艺术品 140109，帽子用首饰 140117，耳环 140118，鞋用首饰 140119，衬衫袖扣 140122，贵金属制半身像 140123，贵金属制小雕像 140146，贵金属制小塑像 140146，别针（首饰）140150，领带饰针 140151，贵金属制徽章 140152，钥匙圈（带小饰物或短链饰物的扣环）140162，钥匙链（带小饰物或短链饰物的扣环）140162，景泰蓝首饰 140165，制首饰用珠子 140167，首饰用扣钩 140168，首饰配件 140169，弧面宝石 140171，贵金属制钥匙圈 140172，赞珠 140175，绣花纺织品制手镯（首饰）140176，钥匙圈用小饰物 140177，钥匙链用小饰物 140177，念珠 140178，贵金属制耶稣受难雕像（非首饰）140179，耶稣受难雕像（首饰）140180，伸缩式钥匙圈 140181，伸缩式钥匙链 140181，帽子用装饰针 140182，贵金属制雕像纪念杯 140183，贵金属制奖杯 140184，服装用贵金属制缝制标签 140185，钥匙用挂绳 140186

※ 金红石（宝石）C140001，人造金刚石 C140002，翡翠 C140003，激光宝石 C140005

※ 玉雕艺术品 C140004，银制工艺品 C140006，玉雕首饰 C140007，角、骨、牙、介首饰及艺术品 C140008，景泰蓝工艺品 C140010

注：1. 本类似群与第八版及以前版本 1402 仿金制品，镀金物品交叉检索；

2. 本类似群与第十版及以前版本 1621 念珠交叉检索。

1404 钟，表，计时器及其零部件

钟针 140002，钟 140011，摆（钟表制造）140013，发条匣（钟表制造）140014，手表 140016，手表带 140017，表带 140017，钟表盘（钟表制造）140021，日晷 140022，钟表发条装置 140023，表链

140025，计时器（手表）140027，精密计时器 140028，瞬时计 140029，计时仪器 140030，电子钟表 140032，原子钟 140042，主时钟 140043，钟外壳 140044，表 140057，表发条 140058，表蒙 140059，表玻璃 140059，钟表机芯 140060，闹钟 140082，簧片（钟表制造）140106，表壳 140144，表用礼品盒 140145，秒表 140164，表针 140174

※ 语言报时钟 C140011，电子万年台历 C140012，表袋（套）C140013

注：本类似群与 0901 智能手表（数据处理）类似。

第十五类

乐器；乐谱架和乐器架；指挥棒。

■【注释】■

第十五类主要包括乐器及其部件和附件。

本类尤其包括：

——机械乐器及其附件，例如：手摇风琴，机械钢琴，机械钢琴用音量调节器，机器人鼓；

——八音盒；

——电动和电子乐器；

——乐器用弦、簧片、弦轴和踏板；

——音叉，校音扳头；

——弦乐器用松香。

本类尤其不包括：

——录制、传送、放大和重放声音的装置，例如：乐器用电动和电子效果器，哇音踏板，音频接口，混音器，均衡器（音频装置），低音喇叭（第九类）；

——可下载的音乐文件（第九类）；

——可下载的电子乐谱（第九类），印刷好的乐谱（第十六类）；

——投币式自动点唱机（第九类）；

——节拍器（第九类）；

——音乐贺卡（第十六类）。

1501 乐器

手风琴150001，钢琴150008，小六角手风琴150011，手摇风琴150012，低音提琴（乐器）150013，口琴150014，大号（号）150016，钟琴（乐器）150017，响板150018，小铃帽（乐器）150019，齐特拉琴150022，单簧管150023，乐器150025，六角手风琴150026，低音提琴150027，弦乐器150029，号（乐器）150030，短号（乐器）150031，铙钹150032，笛150036，锣150037，单簧口琴（乐器）150038，吉他150039，簧风琴150040，竖琴150041，双簧管150043，电子乐器150044，七弦琴150046，曼陀林150049，风笛150051，三角铁（乐器）150055，奥卡利那笛150056，风琴150057，管风琴150058，鼓（乐器）150066，铃鼓150067，印度手鼓150068，定音鼓150069，长号150070，号角150071，喇叭

150072，中提琴150074，小提琴150075，木琴150076，胡琴150081，竹笛150082，琵琶150083，笙150084，唢呐150085，手摇铃（乐器）150086，音乐合成器150087，萨克斯管150089，巴拉莱卡琴（弦乐器）150090，班卓琴150091，口风琴150092，机器人鼓150094，颂钵150097，鼓机150098，儿童用乐器150099

※ 电子琴C150001，弹拨乐器C150002，打击乐器C150003，筝C150005，箫C150009，木鱼C150011

1502 乐器辅助用品及配件

校音扳头150002，乐器用簧片150003，乐器琴弓150004，乐器琴弓螺帽150005，弦乐器用弓柄150006，弓用马毛（乐器用）150007，指挥棒150009，鼓槌150010，乐器用肠线150015，定音鼓架150020，乐器弦轴150021，乐器键盘150024，乐器弦150028，音叉150033，吹奏乐器的管口150034，乐器盒150035，竖琴弦150042，机械钢琴用音量调节器150045，拨弦片150048，小提琴腮托150050，音乐盒150052，活页乐谱翻页器150053，琴码150054，鼓面150059，鼓皮150059，乐器用踏板150060，钢琴键盘150061，钢琴弦150062，钢琴键150063，乐器风管150064，乐器用弱音器150065，乐器栓塞150073，乐器音键150077，乐谱纸卷（钢琴）150078，穿孔乐谱纸卷150079，乐谱架150080，乐器架150088，弦乐器用松香150093，乐器用木槌150095，乐器背带150096

※ 校音器（定音器）C150012，笛膜C150013

第十六类

纸和纸板；印刷品；书籍装订材料；照片；文具和办公用品（家具除外）；文具用或家庭用黏合剂；绘画材料和艺术家用材料；画笔；教育或教学用品；包装和打包用塑料纸、塑料膜和塑料袋；印刷铅字，印版。

【注释】

第十六类主要包括纸，纸板及某些纸和纸板制品，办公用品。

本类尤其包括：

——切纸刀和切纸机；

——夹持或保护纸的套、封皮或装置，例如：文件夹，夹钱用夹子，支票簿夹，夹纸曲别针，护照套，剪贴集；

——某些办公用机器，例如：打字机，速印机，办公用邮资盖印机，削铅笔器；

——艺术家和室内外油漆匠用绘画涂漆用具，例如：艺术家用水彩颜料碟，画家用画架和调色盘，房屋油漆用辊子，颜料盘；

——某些一次性纸制品，例如：纸围涎，纸手帕和纸桌布；

——某些不按照功能和用途分类的纸制品和纸板制品，例如：包装用纸制袋子、封套和容器，纸制或纸板制雕像、塑像和艺术品，诸如纸制小雕像、镶框或未镶框的平版印刷品、油画和水彩画。

本类尤其不包括：

——颜料（第二类）；

——艺术家用手工具，例如：抹刀，雕塑凿刀（第八类）；

——教学仪器，例如：视听教学仪器、急救训练用人体模型（第九类），玩具模型（第二十八类）；

——某些按其功能和用途分类的纸制品和纸板制品，例如：相纸（第一类），研磨纸（第三类），纸制百叶帘（第二十类），桌用纸制杯盘（第二十一类），纸制床单和枕套（第二十四类），纸衣服（第二十五类），卷烟纸（第三十四类）。

1601 工业用纸

纸*160006，混凝纸160191，羊皮纸160210，纸带（非缝纫用品、非发饰）160244，木浆纸160279，和纸160372

※ 砂管纸C160001，塑料贴面底层纸C160002，纸粕辊纸（包括羊毛纸、石棉纸、棉料纸）

C160003，印刷纸（包括胶版纸、新闻纸、书刊用纸、证券纸、凹版纸、凸版纸）C160004，精布轮纸 C160005，膏药纸 C160006，制版纸 C160007，铜版纸 C160008，钢纸原纸 C160009，油毡原纸 C160010，植绒纸 C160011

注：纸与 1602，1603，1604，1605，1609 第一、二自然段类似。

1602 技术用纸（不包括绝缘纸）

描图纸 160062，描图布 160063，复写纸 160066，记录机用纸 160067，心电图纸 160140，滤纸 160156，纸制过滤材料 160157，发光纸 160190，速印机用墨纸 160199，录制计算机程序用纸带和卡片 160231，无线电报纸 160233，文件复印机用墨纸 160241，复印纸（文具）160332，蜡纸 160339，绘画和书法用纸 160347

※ 唱片芯纸 C160012，扬声器纸 C160013，石蜡纸 C160014，黑照相卡纸 C160015，蜡光纸 C160016，胶卷感光防护纸 C160017，不透光纸 C160018，电传用纸 C160019，红外线光谱分析纸 C160020，地图纸 C160021，海图纸 C160022，镜头纸 C160023，防腐纸 C160024，制图纸 C160025，裱纸 C160026，有光纸 C160027，绘画用纸 C160028，打字蜡纸 C160030，防锈纸 C160031，传真纸 C160114，热敏纸 C160116

注：1. 本类似群与 1601 纸类似；
2. 本类似群与第十版及以前版本 0107 传真纸，热敏纸交叉检索；
3. 复印纸（文具），复写纸与 1605 纸张（文具），写字纸类似。

1603 生活用纸

纸制啤酒杯垫 160037，卫生纸 160094，纸制餐桌用布 160186，纸手帕 160198，纸桌布 160200，纸制花盆套 160229，纸制杯盘垫 160254，纸围涎 160276，纸制杯垫 160283，卸妆用薄纸 160294，纸餐巾 160295，纸制餐具垫 160296，纸巾 160306，纸制洗脸巾 160307，抽屉用衬纸（有或没有香味）160344，纸蝴蝶结（非缝纫用品、非发饰）160351，纸制桌旗 160373，医用检查台用垫纸 160382，牙科托盘用纸制罩 160383，纸制带袖围涎 160384，清洁用纸抹布 160391

※ 彩色皱纹纸 C160032，木纹纸 C160033，纸制抹布 C160034

注：1. 本类似群与 1601 纸类似；
2. 卫生纸，纸手帕，卸妆用薄纸，纸餐巾，纸巾，纸制洗脸巾，清洁用纸抹布，纸制抹布与 0506 卫生棉条，卫生巾，卫生护垫，浸药液的薄纸，浸卫生消毒剂的湿巾，消毒纸巾类似，与第十版及以前版本 0506 卫生垫，第九版及以前版本 0506 月经垫，浸药液的卫生纸交叉检索；

3.卫生纸，纸手帕，卸妆用薄纸，纸餐巾，纸巾，纸制洗脸巾与0306浸化妆水的薄纸，浸卸妆液的薄纸，浸卸妆液的卸妆棉类似，与第九版及以前版本0306浸化妆品的卫生纸，浸化妆品的薄纸交叉检索；

4.纸制啤酒杯垫，纸制杯盘垫，纸制杯垫与2101纸盘，家用纸托盘类似。

1604 纸板

纸或纸板制广告牌160008，卡纸板*160075，缝纫用型板160212，纸或纸板制告示牌160305，纸或纸板制标志牌160327

※ 白纸板C160035，箱纸板C160036，牛皮纸板C160037，提花纸板C160038，过滤纸板C160039，滤芯纸板C160040，防水纸板C160041，雷达纸板C160042，瓦楞原纸（纸板）C160043，盲人书籍纸C160044

注：本类似群与1601纸类似。

1605 办公、日用纸制品

（一）影集160013，剪贴集160013，雪茄用环状标签160016，票160038，绘画便笺簿160041，便笺本160042，小册子160046，绣花图样（纸样）160047，书写本160058，描图图样160061，笔记本160068，卡片*160070，图表160070，索引卡片（文具）160072，纸张（文具）160074，提花机穿孔卡160077，目录册160080，索引卡标签条160081，图形印刷品160121，图表160126，信封（文具）160127，纹章牌（纸封签）160137，分类账本160153，索引卡片160154，表格（印刷好的）160158，复制图160167，明信片160174，印刷品160175，手册160180，写字纸160182，小册子（手册）160189，复写本（文具）160192，封条160206，蓝图160223，平面图160223，书签160249，贺卡160250，日历160270，通知卡片（文具）160284，纸制旗160286，临摹用字帖160303，纸制或卡纸板制标签160308，贴纸（文具）160328，音乐贺卡160336，非游戏用集换式卡片160354，传单160360，优惠券（印刷品）160369，印刷好的乐谱160374，纸制横幅160375，纸制旗帜160376，纸质行李领取标签160390，填色图160394，折纸用纸160395，白板用挂纸160401，可种植的种子纸（文具）160403，地板贴花纸160404

※ 稿纸C160045，口取纸C160046，名片C160048，请帖C160049，证书C160050，练习本C160051，不干胶纸C160097，记事贴C160117

（二）硬纸管160078，混凝纸制小雕像160155，混凝纸制小塑像160155

※ 纸制声管C160047

注：1.本类似群各部分之间商品不类似；

2. 本类似群与1601纸类似；

3. 第（一）部分与1611文具，学校用品（文具），1614书写材料类似，与第十一版及以前版本1611家具除外的办公必需品交叉检索；

4. 日历与1606第（一）部分印刷出版物类似；

5. 纸张（文具），写字纸与1602复印纸（文具），复写纸类似；

6. 印刷品与1606，1607第一、二自然段类似；

7. 第（一）部分与第十版及以前版本1615不干胶纸交叉检索；

8. 雪茄用环状标签与第十一版及以前版本第（二）部分雪茄烟用套环交叉检索。

1606 印刷出版物

（一）海报160007，地图册160034，歌曲集160082，书籍160095，印制的地图160164，印刷时刻表160172，印刷出版物160179，说明书160232，年鉴160269，漫画书160331，填色书160393

※ 带有电子发声装置的儿童图书 C160113

（二）报纸160032，期刊160033，杂志（期刊）160243，新闻刊物160337

注：1. 本类似群第（二）部分商品与第（一）部分印刷出版物类似，与其他商品不类似；

2. 本类似群与1605第（一）部分印刷品类似；

3. 印刷出版物与1605第（一）部分日历，1607第一、二自然段类似，与第十一版及以前版本1605第（一）部分日历（年历），第九版及以前版本1605第（一）部分撕页日历交叉检索；

4. 带有电子发声装置的儿童图书与0908学习机，电子教学学习机，带有图书的电子发声装置类似。

1607 照片，图片，图画

图画160014，水彩画160020，雕版版画160028，平版印刷工艺品160029，镶框或未镶框的绘画160030，彩色石印画片160090，转印用图画160119，蚀刻版画160129，书画刻印作品160168，石版画160187，石印油画160204，肖像160228

※ 年画 C160053，宣传画 C160054，油画 C160055，剪纸 C160056

邮票 160260

照片（印制的）160147，镶嵌照片用装置160219，照相架160220，照相板160221

※ 照相角 C160057

注：本类似群第一、二自然段与1605第（一）部分印刷品，1606第（一）部分印刷出版物类似。

#1608 纸牌，扑克牌

> 注：本类似群第八版时移入2803类似群。

1609 纸及不属别类的塑料包装物品

锡纸160025，纸板制帽盒160076，锥形纸袋160102，纸制盛奶油容器160115，包装纸160130，模绘板盒160214，包装用纸袋或塑料袋（信封、小袋）160246，纸制或纸板制盒160280，纸制或纸板制瓶封套160282，包装用再生纤维素纸160288，纸制或塑料制垃圾袋160292，瓶用纸制或纸板制包装物160304，包装用粘胶纤维纸160310，咖啡过滤纸160324，淀粉制包装材料160338，纸制或塑料制食品包装用吸收纸160355，纸制或塑料制食品包装用湿度调节纸160356，纸或纸板制（减震或填充用）包装材料160365，纸或纸板制填充材料160366，纸或纸板制衬垫材料160366，宠物垃圾处理用塑料袋160371，医疗器械用灭菌纸袋160378，食品和饮料用镂花模板160386，纸制或塑料制手提袋160396，纸制或塑料制购物袋160396，烘焙纸160399

※ 仿羊皮纸（防油纸）C160059，糖果包装纸C160060，牛皮纸C160061，水泥袋C160062，纸箱C160063

包装用塑料膜160218，包装用塑料气泡膜160285，垫货盘用可伸展塑料膜160325，海藻制包装膜160405

※ 保鲜膜C160064

> 注：本类似群第一、二自然段与1601纸类似。

1610 办公装订、切削用具

订书钉160010，手压订书机（办公用品）160012，削铅笔机（电或非电）160017，办公室用封口机160056，办公室用打孔器160093，打孔器（办公用品）160141，办公室用信封封口机160146，书籍装订用织物160150，装订带（装订书用）160205，书籍装订材料160236，书籍装订用布160238，书籍装订细绳160239，装订线160239，办公用碎纸机160287，拆信刀160291，削铅笔器（电或非电）160293，书籍装订装置和机器（办公设备）160330，办公用文件层压机160346，切纸机（办公用品）160385

※ 订书机C160065，订书针C160066，卷笔刀C160067，铅笔刀C160068，办公用打孔、切纸两用机C160070，开信封机C160071，起钉器（办公用品）C160111

> 注：本类似群与1611文具，学校用品（文具）类似，与第十一版及以前版本1611家具除外的办公必需品交叉检索。

1611 办公文具（不包括笔，墨，印，胶水）

办公用夹 160010，书挡 160018，文件夹（文具）160022，书写用石板 160023，活页夹 160035，固定书写工具用腕带 160045，图钉 160048，润湿器（办公用品）160049，封蜡 160055，分钱、数钱用托盘 160059，办公用指套 160064，文件夹 160085，公文套 160085，文件夹（办公用品）160092，函件格 160101，涂改液（办公用品）160103，修改墨（日光胶版术）160104，封面（文具）160108，文件套（文具）160108，笔筒 160113，纸夹子 160116，笔袋 160133，笔盒 160133，擦涂用品 160135，擦涂挡板 160138，橡皮擦 160139，钢笔擦净器 160148，办公室用刮子（擦除器）160169，胶面增湿器（办公用品）160173，压纸器 160183，曲别针 160202，文具 160209，纸张压摺器（办公用品）160224，学校用品（文具）160248，办公桌用书写垫 160255，透明软片（文具）160262，办公用橡皮筋 160275，木浆板（文具）160278，笔架 160281，桌面文具收纳柜（办公用品）160289，文具盒（文具）160300，文具盒（全套）160302，支票簿夹 160333，护照夹 160340，书写板用涂擦器 160348，带夹纸装置的书写板 160349，非电的地图指示器 160350，夹钱用夹子 160353，修正带（办公用品）160357，文件托架（文具）160361，书夹 160362，印记清除器 160364，动画用赛璐珞片 160377，胸卡套（办公用品）160379，姓名卡套用伸缩扣夹（办公用品）160380，别姓名卡套用夹子（办公用品）160381，姓名牌（办公用品）160387，文具用闪粉 160389，书籍保护套 160392

※ 转盘笔挂 C160072，大头针（文具）C160073，回形针 C160074，学生读书矫正仪 C160076，护视力阅览架 C160077，木制参观卡片 C160078

注：1. 文具，学校用品（文具）与 1605 第（一）部分，1610，1612，1613，1614，1615，1616 商品类似；

2. 文件夹（文具），文件夹，文件夹（办公用品）与第八版及以前版本 1802 文件夹（皮革制）交叉检索；

3. 支票簿夹，护照夹与 1802 支票夹（皮夹），护照夹（皮夹）类似，与第十版及以前版本 1802 支票夹（皮革制），护照夹（皮革制）交叉检索；

4. 夹钱用夹子与第八版及以前版本 0611 普通金属制钱夹交叉检索；

5. 本类似群与第九版及以前版本 1614 笔盒交叉检索；

6. 封面（文具）与第十版及以前版本 1609 书籍封皮交叉检索；

7. 本类似群与第十一版及以前版本 1605 第（一）部分函件格交叉检索。

1612 墨，砚

吸墨用具 160051，墨汁 160089，墨水*160142，墨水池 160144，墨水台 160301，墨锭 160334，砚台 160335

注：1. 本类似群与 1614 书写材料类似；

2. 本类似群与 1611 文具，学校用品（文具）类似，与第十一版及以前版本 1611 家具除外的办公必需品交叉检索。

1613 印章，印油

地址印章 160004，印章（印）160052，封口印章 160053，印台（油墨印台）160054，封印（印章）160149，手印器具 160176，编号机 160203，印台 160247，图章（印）托架 160258，图章（印）盒 160259，印章架 160261

※ 印油（打印油）C160081，朱印油 C160082，印台水 C160083，印泥 C160084，号码机 C160085

注：本类似群与 1611 文具，学校用品（文具）类似，与第十一版及以前版本 1611 家具除外的办公必需品交叉检索。

1614 笔

钢笔 160002，笔夹 160011，铅笔 160031，画家用刷（画笔）160050，铅笔芯 160105，自动铅笔 160114，笔尖 160131，金制笔尖 160134，书写材料 160136，炭笔 160160，绘画笔 160185，自来水笔 160225，笔（办公用品）160242，圆珠笔滚珠 160253，画笔 160273，笔杆 160299，毛笔 160342，书写工具 160343，记号笔（文具）160359

※ 活动铅笔 C160086，蜡笔 C160087，蘸水钢笔 C160088，圆珠笔油墨 C160089，排笔（文具）C160090，曲线笔 C160091，笔套 C160092，油画棒 C160094，素描木炭条 C160095，白板笔 C160096

注：1. 本类似群与 1611 文具，学校用品（文具）类似，与第十一版及以前版本 1611 家具除外的办公必需品交叉检索；

2. 书写材料与 1605 第（一）部分，1612 类似；

3. 排笔（文具）与 2107 排笔刷类似。

1615 办公或家庭用胶带或黏合剂

胶带分配器（办公用品）160003，文具用胶带 160036，文具用密封化合物 160057，文具或家用谷朊胶 160264，文具或家用黏合剂（胶水）160265，文具或家用胶带 160266，办公或家用淀粉浆糊（黏合剂）160271，文具或家用自粘胶带 160274，文具或家用胶 160290，文具或家用浆糊 160290，文具用或家用树胶（黏合剂）160311，文具胶布 160312，文具用或家用鱼胶黏合剂 160313

注：本类似群与1611文具，学校用品（文具）类似，与第十一版及以前版本1611家具除外的办公必需品，第十版及以前版本1611粘贴物（文具）交叉检索。

1616 办公室用绘图仪器，绘画仪器

绘图用直角尺160069，绘图用圆规160096，曲线板160107，绘画仪器160125，画图用描图针160184，比例绘图仪（绘图器械）160208，制图尺160234，绘图用直角板160297，绘图用丁字尺160298

※ 比例尺C160098

注：1. 本类似群与1611文具，学校用品（文具）类似，与第十一版及以前版本1611家具除外的办公必需品交叉检索；
2. 本类似群与0905规尺（量具），测量用圆规，量具，尺（量器），刻度尺，测量用丁字尺，测量用直角板，测量用直角尺类似，与第十版及以前版本0905圆规（测量仪器）交叉检索。

1617 绘画用具（不包括绘图仪器，笔）

画家用靠手架160019，画家用画架160087，绘木纹用梳具160122，绘画板160123，绘画材料160124，绘画支架160151，艺术家用水彩颜料碟160166，画家用调色板160207，房屋油漆用辊子160215，油画布160216，颜料盒（学校用品）160217，画蔓叶花饰器具160263，蚀刻针160309，颜料盘160358

※ 画箱C160099，绘画膜C160100

1618 打字机、誊写机、油印机及其附件（包括印刷铅字、印版）

姓名地址印写机160005，办公用邮资盖印机160009，办公用邮资计费器160009，速印机160128，电动或非电动打字机160132，色带160143，便携式印刷成套工具（办公用品）160178，油印器械及机器160230，打字机键160257，非电的信用卡盖印机160345，条形码碳带160388

钢字160001，印模（雕版）160015，凸印版160040，色带卷轴160043，印刷铅字160065，排字架（印刷）160084，数字（打字用铅字）160088，铅字（打字）160097，铅字（数字和字母）160097，排字盘160098，平版印刷用白垩160110，打字机辊160118，模板（文具）160161，活字盘架（印刷用）160162，电铸版160163，雕刻版160170，胶版160171，非纺织品制印刷机垫160177，石印石160188，镂花模板160226，蜡纸模板160227，铅字排版嵌条160235，打字机带160245，姓名地址印写机用印版160268

※ 胶滚卡盘 C160101，家用油墨辊 C160112

注：1. 本类似群与第十一版及以前版本 1611 家具除外的办公必需品交叉检索；
2. 凸印版，胶版，电铸版与 0705 印刷版，印刷胶版，胶印锌版，外文模板（印刷用）类似；
3. 办公用邮资盖印机，办公用邮资计费器与第九版及以前版本 0902 邮件打戳器交叉检索。

1619 教学用具（不包括教学实验用仪器）

（一）石笔 160024，算术表 160027，计算表 160027，显微镜用生物样本（教学材料）160039，教学材料（仪器除外）160071，教学用组织剖面图 160106，粉笔 160109，粉笔盒 160112，地球仪 160165，做标记用粉笔 160193，黑板 160201，彩色粉笔（蜡笔）160211，喷雾粉笔 160368，磁性留言板（办公用品）160400

※ 黑板擦 C160104，教学用模型标本 C160105，数学教具 C160106，磁性写字板 C160107，教学挂图 C160108，电动吸尘擦 C160109，教学教鞭 C160110

（二）裁缝用粉块 160111，裁缝画线用滑石块 160251

注：本类似群各部分之间商品不类似，但第（二）部分商品与第（一）部分粉笔，做标记用粉笔，彩色粉笔（蜡笔）类似，与第八版及以前版本第（一）部分印记用粉笔交叉检索。

1620 室内模型物（不包括教学用模型标本）

建筑模型 160021，模型用黏土 160026，非牙科用模型蜡 160091，制模型用塑料 160195，模型材料 160196，模型用湿黏土 160197，雕塑黏土用模具（艺术家用原材料）160352，模型用聚合物制黏土 160363

注：模型用聚合物制黏土与 2802 橡皮泥（玩具），面泥（玩具）类似，与第十版及以前版本 2802 橡皮泥交叉检索。

1621 单一商品

门柱圣卷 160397，门柱圣卷盒 160398

第十七类

未加工和半加工的橡胶、古塔胶、树胶、石棉、云母及这些材料的代用品;生产用成型塑料和树脂制品;包装、填充和绝缘用材料;非金属软管和非金属柔性管。

【注释】

第十七类主要包括电绝缘、隔热或隔音材料,以及生产用塑料片、板或杆,和由橡胶、古塔胶、树胶、石棉、云母及这些材料的替代品制成的某些制品。

本类尤其包括:

——修复轮胎用橡胶材料;

——抗污染的浮动屏障;

——非文具、非医用、非家用胶带;

——非包装用塑料膜,例如:窗户用防强光薄膜;

——非纺织用弹性线、橡胶线和塑料线;

——某些由本类的材料制成的不按照功能和用途分类的制品,例如:插花用泡沫支撑物,塑料或橡胶制衬垫填充材料,橡皮塞子,橡胶制减震缓冲器,橡胶制包装袋。

本类尤其不包括:

——消防水龙带(第九类);

——作为卫生设备部件的管道(第十一类),金属硬管(第六类)及非金属硬管(第十九类);

——建筑用隔热玻璃(第十九类);

——某些按其功能或用途分类的本类原材料制品,例如:树胶脂(第二类),牙科用橡胶(第五类),消防人员用石棉挡板(第九类),补内胎用粘胶补片(第十二类),橡皮擦(第十六类)。

1701 不属别类的橡胶,古塔胶,树胶

巴拉塔树胶 170010,生橡胶或半成品橡胶 170017,合成橡胶 170020,古塔胶 170050,乳胶(天然胶)170064,液态橡胶 170113,橡胶水 170114,未加工或半加工树胶 170117

※ 再生橡胶 C170001,固体古马隆 C170002

注:1. 液态橡胶,橡胶水与 0115 类似;

2. 跨类似群保护商品:生橡胶或半成品橡胶(1701,1703 第(一)部分)。

1702 非金属密封减震制品

橡皮圈170004，密封环170009，防水圈170009，瓶用橡胶密封物170012，挡风条170013，挡风雨条170013，挡风雨条材料170015，橡皮塞子170018，橡胶制瓣阀170019，橡胶制减震缓冲器170021，管道垫圈170030，管道接头垫圈170030，离合器垫170039，填缝材料170040，密封裂缝用化学合成物170042，密封垫片170043，填充垫圈170043，部分加工的刹车衬垫材料170048，封泥170066，非金属制管套筒170067，非金属制管套170067，保护机器部件用橡胶套170068，接头用密封物170069，橡胶或硫化纤维垫圈170076，橡胶或硫化纤维制阀170082，非文具用、非医用、非家用胶带170085，压缩空气管道用非金属附件170086，管道用非金属加固材料170089，非文具、非医用、非家用自粘胶带170092，橡皮挡块170093，密封管道用胶带170118，橡胶制门挡170119，橡胶制窗挡170120，码头防撞用橡胶垫170123，油封170130，O形密封圈170131，橡胶制防滑垫170132

※ 高压锅圈C170004，胶衬C170005，胶套C170006，胶壳C170007，石棉油盘根C170008，聚氨酯泡沫填缝剂C170027

注：1. 密封裂缝用化学合成物，聚氨酯泡沫填缝剂与0115类似；
2. 本类似群与第十一版及以前版本0104已接受商品聚氨酯泡沫填缝剂，1703橡胶或硫化纤维制阀交叉检索。

1703 橡胶，树脂，纤维制品

（一）半加工醋酸纤维素170001，半加工丙烯酸树脂170002，生橡胶或半成品橡胶170017，橡胶绳170031，硬橡胶170036，非纺织用弹性线170038，非纺织用弹性纱170038，硫化纤维170046，塑料焊丝170047，焊接用塑料线170047，非包装用再生纤维素箔170053，非包装用再生纤维素片170053，半加工合成树脂170075，半加工人造树脂170075，非包装用粘胶纤维纸170083，非纺织用橡胶线170095，非纺织用碳纤维170096，半加工塑料物质170097，硬橡胶铸模170100，非纺织用塑料纤维170102，非纺织用塑料线170105，半加工泡沫塑料制过滤材料170106，翻新轮胎用橡胶材料170109，插花用泡沫支撑物（半成品）170112，半加工塑料膜制过滤材料170124，3D打印用塑料丝170125，半加工丙烯酸玻璃170127，半加工有机玻璃170128

※ 半成品海绵C170014，塑料板C170024，塑料杆C170025，塑料条C170026

（二）汽缸接头170033，管道用非金属接头170073，软管用非金属附件170121，硬管用非金属附件170122

（三）非包装用塑料膜170072，农业用塑料膜170111，窗户用防强光薄膜（染色膜）170115
※ 农用地膜C170013，电控透光塑料薄膜C170016

（四）服装用橡胶制缝制标签 170129

※ 橡胶榔头 C170010，储气囊 C170011，渔业用浮球 C170012

注：1. 本类似群各部分之间商品不类似，第（四）部分各商品之间互不类似；
2. 跨类似群保护商品：生橡胶或半成品橡胶（1701，1703 第（一）部分）；
3. 管道用非金属接头，软管用非金属附件，硬管用非金属附件与 1704 浇水软管，非金属软管，纺织材料制软管，运载工具散热器用连接软管，1909 第（一）部分第一、二自然段类似，与第九版及以前版本 1704 车辆取暖器软管，车辆水箱用连接软管交叉检索；
4. 塑料板，塑料杆，塑料条与 1909 建筑用塑料管，建筑用塑料板，建筑用塑料杆，建筑用塑料条类似；
5. 第（一）部分与第十一版及以前版本第（二）部分塑料板，塑料杆，塑料条交叉检索；
6. 服装用橡胶制缝制标签与第十一版及以前版本 2007 服装用塑料或橡胶制缝制标签，第十版及以前版本 1605 非纺织品标签交叉检索。

1704 软管

浇水软管 170006，非金属软管 170022，纺织材料制软管 170025，帆布水龙带 170065，运载工具散热器用连接软管 170074

注：1. 浇水软管，非金属软管，纺织材料制软管，运载工具散热器用连接软管与 1703 管道用非金属接头，软管用非金属附件，硬管用非金属附件，1909 第（一）部分第一、二自然段类似，与第十一版及以前版本 1703 软管用非金属接头，第十版及以前版本 1703 塑料管交叉检索；
2. 帆布水龙带与 0916 消防水龙带类似。

1705 保温、隔热、隔音材料

（一）石棉防火幕 170003，石棉石板 170005，保温用非导热材料 170016，绝缘、隔热、隔音用材料 170023，防热辐射合成物 170024，锅炉隔热材料 170026，石棉板 170035，石棉毡 170044，绝缘、隔热、隔音用毡 170045，绝缘、隔热、隔音用织物 170056，建筑防潮材料 170058，绝缘、隔热、隔音用金属箔 170059，绝缘、隔热、隔音用矿渣棉 170061，绝缘、隔热、隔音用矿棉 170062，绝缘、隔热、隔音用玻璃棉 170063，石棉纸 170071，石棉遮盖物 170078，石棉织物 170079，石棉布 170080，石棉包装材料 170081，石棉厚纸板 170087，石棉纤维 170088，石棉 170091，绝缘、隔热、隔音用物体 170099，绝缘、隔热、隔音用玻璃纤维 170103，绝缘、隔热、隔音用玻璃纤维织物 170104，绝缘、隔热、隔音用石膏 170110，隔热耐火材料 170116

隔音材料 170008，隔音用树皮板 170037

※ 石棉绳 C170017，石棉粉 C170018，玻璃纤维保温板和管 C170019，防水隔热粉 C170020，石棉线 C170028，石棉带 C170029

（二）防污染的浮动障碍物 170108

注：1. 本类似群各部分之间商品不类似；
2. 防水隔热粉与 0205 防水粉（涂料）类似；
3. 第（一）部分与第八版及以前版本 1707 石棉包装材料交叉检索；
4. 跨类似群保护商品：绝缘、隔热、隔音用材料（1705 第（一）部分，1706），绝缘、隔热、隔音用毡（1705 第（一）部分，1706），绝缘、隔热、隔音用织物（1705 第（一）部分，1706），绝缘、隔热、隔音用金属箔（1705 第（一）部分，1706），绝缘、隔热、隔音用矿渣棉（1705 第（一）部分，1706），绝缘、隔热、隔音用矿棉（1705 第（一）部分，1706），绝缘、隔热、隔音用玻璃棉（1705 第（一）部分，1706），绝缘、隔热、隔音用物体（1705 第（一）部分，1706），绝缘、隔热、隔音用玻璃纤维（1705 第（一）部分，1706），绝缘、隔热、隔音用玻璃纤维织物（1705 第（一）部分，1706），绝缘、隔热、隔音用石膏（1705 第（一）部分，1706）；
5. 隔热耐火材料与 1907 类似。

1706 绝缘用材料及其制品

绝缘、隔热、隔音用材料 170023，电容器纸 170029，电介质（绝缘体）170034，绝缘、隔热、隔音用毡 170045，变压器用绝缘油 170051，绝缘油 170052，绝缘纸 170055，绝缘、隔热、隔音用织物 170056，绝缘清漆 170057，绝缘、隔热、隔音用金属箔 170059，绝缘漆 170060，绝缘、隔热、隔音用矿渣棉 170061，绝缘、隔热、隔音用矿棉 170062，绝缘、隔热、隔音用玻璃棉 170063，未加工或部分加工云母 170070，铁路轨道用绝缘体 170084，电缆绝缘体 170094，电网用绝缘体 170098，绝缘、隔热、隔音用物体 170099，绝缘、隔热、隔音用玻璃纤维 170103，绝缘、隔热、隔音用玻璃纤维织物 170104，绝缘胶带 170107，绝缘、隔热、隔音用石膏 170110，绝缘油墨 170126，绝缘膜 170133

※ 绝缘电瓷 C170021，绝缘涂料 C170022

注：跨类似群保护商品：绝缘、隔热、隔音用材料（1705 第（一）部分，1706），绝缘、隔热、隔音用毡（1705 第（一）部分，1706），绝缘、隔热、隔音用织物（1705 第（一）部分，1706），绝缘、隔热、隔音用金属箔（1705 第（一）部分，1706），绝缘、隔热、隔音用矿渣棉（1705 第（一）部分，1706），绝缘、隔热、隔音用矿棉（1705 第（一）部分，1706），绝缘、隔热、隔音用玻璃棉（1705 第（一）部分，1706），绝缘、隔热、隔音用物体（1705 第（一）部

分，1706），绝缘、隔热、隔音用玻璃纤维（1705第（一）部分，1706），绝缘、隔热、隔音用玻璃纤维织物（1705第（一）部分，1706），绝缘、隔热、隔音用石膏（1705第（一）部分，1706）。

1707 包装、填充用材料（包括橡胶、塑料制品）

防水包装物170011，橡胶或塑料制衬垫材料170014，橡胶或塑料制填充材料170014，包装用棉绒（堵缝）170032，膨胀接合填料170041，包装用橡胶袋（信封、小袋）170077，橡胶或塑料制（减震或填充用）包装材料170101

1708 单一商品

※ 封拉线（卷烟）C170023

第十八类

皮革和人造皮革；动物皮；行李箱和背包；雨伞和阳伞；手杖；鞭，马具和鞍具；动物用项圈、皮带和衣服。

【注释】

第十八类主要包括皮革、人造皮革及由其制成的某些制品。

本类尤其包括：

——行李箱和背包，例如：手提箱，旅行箱，旅行包，抱婴儿用吊袋，书包；

——行李牌；

——名片夹和钱包；

——皮革或皮革板制箱和盒。

本类尤其不包括：

——医用拐杖（第十类）；

——人用的皮制的服装、鞋、帽（第二十五类）；

——为所装产品定制的包或箱，例如：笔记本电脑专用包（第九类），照相机或摄影设备专用包或箱（第九类），乐器盒（第十五类），带轮或不带轮的高尔夫球袋（第二十八类），滑雪板和冲浪板专用袋（第二十八类）；

——某些按其功能或用途分类的皮革、人造皮革、毛皮制品，例如：磨剃刀的皮带（第八类），抛光用皮革（第二十一类），清洁用麂皮（第二十一类），服饰用皮带（第二十五类）。

1801 皮革和人造皮革，裘皮

动物皮180002，金箔加工用肠膜180008，皮板180022，鞣制过的皮180032，背皮（兽皮的一部分）180038，半加工或未加工皮革180039，仿皮革180042，家畜皮180088，非清洁用麂皮180094，人造革180141，纯素皮革180145，菌丝体制仿皮革180149

生毛皮180002，小山羊皮180027，软毛皮（仿皮制品）180063，裘皮180067，毛皮180067

注：本类似群与第九版及以前版本1803交叉检索。

1802 不属别类的皮革、人造皮革制品，箱子及旅行袋，日用革制品

（一）（女式）钱包180010，乐谱盒180013，猎物袋（打猎用具）180019，书包180020，卡片盒（皮夹子）180021，皮制帽盒180023，旅行箱180029，抱婴儿用吊袋180044，工具袋（空的）180047，弹簧用皮套180052，背包180058，包骨架（包的结构件）180065，钱包（钱夹）180069，带轮购物袋180070，可重复使用的购物袋180071，公文箱180073，爬山用手提袋180074，野营手提袋180075，海滨浴场用手提袋180076，手提包180077，旅行包180078，包装用皮袋（信封、小袋）180079，公文包180083，旅行用具（皮件）180084，手提箱180085，手提箱提手180086，皮革或皮革板制盒180089，链式网眼钱包180090，皮革或皮革板制箱180091，行李箱180092，非专用化妆包180093，硫化纤维盒180098，帆布背包180100，旅行用衣袋180111，钥匙包180113，购物网袋180114，手提旅行箱180115，运动包*180118，抱婴儿用吊带180122，婴儿背袋180123，包*180124，信用卡包180125，名片夹180126，护脊书包180127，行李牌180128，皮制标签180130，购物袋用拎袋器180131，犹太教经文护符匣180132，带轮手提箱180133，可骑行的电动行李箱180137，行李箱专用压缩收纳包180138，会议用文件包180139，携带婴儿用背包180142，非专用洗漱包180143，手提箱用分装收纳袋180144，行李箱用收纳袋180144，服装用皮革制缝制标签180146，包用皮革制黏性标签180147，零钱包的骨架（零钱包的结构件）180150

※ 人造革箱C180001，帆布箱C180002，支票夹（皮夹）C180008，护照夹（皮夹）C180009

（二）家具用皮装饰180041，家具用皮缘饰180041，皮制家具罩180116

（三）士兵装备用皮带180012，皮绳180031，冰鞋系带180035，捆扎用皮带180036，皮制带子180036，皮制下颏带180062，皮活门180087，皮肩带180096，儿童牵引带180136

注：1. 本类似群各部分之间商品不类似；
2. 第（一）部分与第八版及以前版本1402贵重金属钱包，贵重金属链式网眼钱包交叉检索；
3. 支票夹（皮夹），护照夹（皮夹）与1611支票簿夹，护照夹类似，与第十版及以前版本1611支票夹，第九版及以前版本1611支票本（支票簿）夹交叉检索；
4. 皮制家具罩与2407家具罩（宽大的），家具遮盖物，塑料家具罩，纺织品制家具罩类似；
5. 第（一）部分与第十版及以前版本1611已接受商品名片夹交叉检索；
6. 第（一）部分与第十版及以前版本1605皮制行李标签交叉检索；
7. 皮制标签，服装用皮革制缝制标签，包用皮革制黏性标签与第十版及以前版本1605非纺织品标签交叉检索；
8. 第（三）部分与第十版及以前版本2601儿童牵引带交叉检索。

#1803 裘皮

> 注：本类似群第十版时移入1801类似群。

1804 雨伞及其部件

伞环180003，雨伞或阳伞的伞骨180007，伞杆180014，雨伞或阳伞骨架180018，伞180043，伞套180051，女用阳伞180066，伞柄180068

1805 手杖

铁头登山杖180001，登山杖180001，手杖*180015，带凳手杖180016，手杖柄180060，徒步杖180140

1806 动物用具

鞍架180004，牵引动物用皮索180005，系狗皮带180005，马鞍扣栓180006，小勒缰180011，动物嚼子（马具）180017，马轭180025，马毯180026，动物用口套180028，动物项圈*180030，马具用带180033，马缰绳180033，皮带（鞍具）180034，马镫橡皮件180045，马镫皮带180046，鞭子180049，秣囊（草料袋）180050，马用护膝180053，动物外套180054，动物用挽具180055，眼罩（马具）180056，挽绳（马具）180057，笼头180059，马笼头180059，九尾鞭180061，缰绳180072，皮肚带180080，马鞍180081，鞍具180082，马鞍套180097，辔头（马具）180112，马鞍用垫180117，马镫180119，马具配件180120，马掌180121，鞍褥180129，马鞍包*180134，宠物服装180135，与牵狗带配套使用的狗便袋分配器180148

> 注：本类似群与第八版及以前版本0615狗用项圈，金属马镫，金属马掌，1402贵重金属马具配件，1708非金属马掌交叉检索。

#1807 肠衣

> 注：本类似群第十一版时移入2914类似群。

第十九类

非金属的建筑材料；建筑用非金属硬管；柏油，沥青；可移动非金属建筑物；非金属纪念碑。

【注释】

第十九类主要包括非金属建筑材料。

本类尤其包括：

——建筑用半成品木材，例如：横梁、板、护板；

——木制饰面薄板；

——建筑用玻璃，例如：玻璃砖瓦，建筑用隔热玻璃，安全玻璃；

——路标用玻璃颗粒；

——花岗石，大理石，沙砾；

——赤土（建筑材料）；

——装有光伏电池的非金属屋顶板；

——非金属墓碑和非金属墓；

——石、混凝土或大理石制塑像、半身像和艺术品；

——混凝土制信箱；

——土工布；

——涂层（建筑材料）；

——非金属脚手架；

——非金属制可移动的建筑物或建筑结构，例如：水族池，鸟舍，旗杆，门廊，游泳池。

本类尤其不包括：

——水泥保护剂，水泥防水用制剂（第一类）；

——防火制剂（第一类）；

——木材防腐剂（第二类）；

——建筑用脱模油（第四类）；

——金属信箱（第六类），非金属、非砖石制信箱（第二十类）；

——像、半身像和艺术品：普通金属制（第六类），贵金属制（第十四类），木、蜡、石膏或塑料制（第二十类），瓷、陶瓷、陶土、赤陶或玻璃制（第二十一类）；

——某些非建筑用的非金属管，例如：管道（卫生设备部件）（第十一类），非金属软管和非金属柔性管（第十七类）；

——建筑防潮材料（第十七类）；

——运载工具用窗玻璃（半成品）（第十一类）；

——鸟笼（第十一类）；

——地席，亚麻油地毡及其他铺在已建成地板上的材料（第二十七类）；

——未切锯或未加工的木材（第三十一类）。

1901 木材

木衬条190015，半成品木材190026，木材190027，建筑用木材190027，胶合板190028，成品木材190029，制家用器具用木材190030，已切锯木材190031，铺地木材190032，贴面板190033，木制饰面薄板190033，胶合木板190034，木板条190035，拼花地板条190106，建筑用压缩软木190111，狭木板190125，制桶用木板190125，可塑木料190127，建筑用厚木板190149，小块木料（木工用）190185，木屑板190186，建筑用木浆板190201，木地板条190248

※ 纤维板C190001，树脂复合板C190002，镁铝曲板C190003，木地板C190035

注：拼花地板条，木地板条，木地板与1909拼花地板，非金属地板类似。

1902 土，沙，石，石料，灰泥，炉渣等建筑用料

板岩粉190008，细沙190010，制陶器用黏土190011，混凝土190023，制砖用土190039，石灰石190043，筑路或铺路材料190051，石灰190052，建筑灰浆190053，砂浆190053，建筑用灰泥*190054，片岩190059，未加工的白垩190072，石英190073，石料190094，黏土*190096，沙砾190099，建筑用砂石190100，炉渣（建筑材料）190104，铺路用道渣190105，碎石190116，建筑用橄榄石190132，建筑石料190141，矿渣石190143，石灰华190145，石砌体190146，砂（铸造砂除外）190166，硅石（石英）190168，赤土（建筑材料）190172，非金属铺路块料190200，含钙泥灰土190211，水族池砾石190233，水族池用沙190234，块石190237，斑岩（石头）190244，水晶石190253，玩耍用沙190269

石板190006，屋顶石板片190007，花岗石190098，大理石190120，人造石190142

※ 膨胀珍珠岩C190004，建筑用石粉C190005

注：石板，屋顶石板片，花岗石，大理石，人造石与1906类似。

1903 石膏

雪花石膏190003，石膏（建筑材料）190102

※ 石膏板 C190006

1904 水泥

石棉水泥 190004，水泥*190036，熔炉用水泥 190092，高炉用水泥 190093，镁氧水泥 190118

1905 水泥预制构件

混凝土建筑构件 190024，水泥板 190057，水泥柱 190058，混凝土用非金属模板 190198
※ 水泥管 C190007，水泥电杆 C190008，水泥架 C190009，石棉水泥板 C190010

注：水泥电杆与 1909 电线用非金属杆，非金属电线杆类似，与第十版及以前版本 1909 电力输送线路用非金属杆，电源线路用非金属杆交叉检索。

1906 建筑砖瓦

屋面瓦 190021，砖 190038，建筑用马赛克 190126，非金属屋瓦 190151，建筑用非金属砖瓦 190213，非金属地板砖 190214，非金属砖地板 190249，非金属波形瓦 190250，非金属墙砖 190251
※ 石棉水泥瓦 C190011，水磨石 C190013，瓷砖 C190014

注：本类似群与 1902 石板，屋顶石板片，花岗石，大理石，人造石类似。

1907 非金属耐火材料及制品

石棉灰泥 190005，耐火黏土 190048，熟耐火黏土 190048，防火水泥涂层 190056，非金属耐火建筑材料 190242，耐火砖 190012
※ 耐火砂 C190015，耐火纤维 C190016，硅酸铝耐火纤维 C190017，耐火瓦 C190018，陶瓷纤维棉、毡 C190019，矽砂 C190020，矽砂火泥 C190021，镁泥 C190023，炉用耐火材料（电炉瓷盘）C190024

注：本类似群与 1705 隔热耐火材料类似，与第十版及以前版本 1706 绝缘耐火材料交叉检索。

1908 柏油，沥青及制品

柏油 190013，铺路沥青 190014，沥青 190017，建筑用焦油条 190018，建筑用沥青制成物 190025，沥青（人造沥青）190037，建筑用沥青纸190046，屋顶用沥青涂层190082，建筑用毡190090，煤焦油沥青190097，路面敷料190161，沥青（焦油沥青）190171

※ 油膏C190026，防水卷材C190027

1909 非金属建筑材料及构件（不包括水泥预制构件）

（一）非金属雨水管190075，非金属水管190076，非金属分岔管190080，建筑用非金属硬管190178，非金属排水管190220，非金属压力水管190232，通风和空调设备用非金属管190235

※ 建筑用塑料管C190033，铝塑复合管C190042

屋脊190009，非金属栏杆190016，非金属折门190022，非金属檐槽190044，建筑用卡纸板190045，建筑用纸板190045，非金属制壁炉罩190049，建筑用非金属框架190050，非金属烟囱190055，非金属隔板190060，建筑用纸190062，非金属檐口190064，非金属檐板嵌条190065，非金属制屋顶防雨板190066，非金属角铁190067，非金属窗190068，非金属门*190069，非金属检修孔盖190070，非金属制屋顶覆盖物190071，非金属楼梯踏板190074，非金属、非塑料制水管阀190077，非金属脚手架190078，电线用非金属杆190079，非金属梁190083，非金属支架190086，建筑用玻璃板（窗）190095，砂石管道190101，非金属固定百叶窗190103，非金属、非纺织品制室外遮帘190107，非金属板条190109，拼花地板190112，非金属楼梯基（楼梯部件）190113，非金属楣190114，门廊（非金属结构）190123，建筑用非金属嵌条190128，建筑用非金属制墙包层190130，建筑用非金属盖板190131，非金属百叶窗190133，非金属围栏190134，非金属栅栏190135，非金属桩190136，非金属板柱190136，建筑用非金属制墙衬料190138，（鸟的）栖木190140，非金属地板190147，非金属天花板190148，建筑用非金属衬板190150，非金属大门190153，非金属门板190154，非金属电线杆190155，非金属搁栅190157，预制非金属台190158，非金属槛190162，建筑用芦苇190163，非金属屋顶190173，非金属格架190177，非金属制楣窗190179，彩绘玻璃窗190182，非金属护壁板190189，建筑用非金属加固材料190191，非金属建筑材料190197，非金属柱190206，非金属窗框190208，非金属门框190209，非金属门框架190209，非金属制温室骨架190210，非金属烟囱罩190212，非金属烟囱管帽190216，非金属烟囱接长部件190217，非金属烟囱柱190218，非金属铺地平板190219，非金属或非塑料排水阱（阀）190221，非金属楼梯190222，建筑用非金属嵌板190223，凝结的甘蔗渣（建筑材料）190231，土工布190236，乙烯基壁板190238，非金属防昆虫纱窗190239，装有光伏电池的非金属屋顶板190240，非金属垫路板190241，非金属制街道排水沟190245，非金属旋转栅门190246，非金属平板190252，非金属装甲门190254，建筑用非金属柱190256，建筑用非金属托架190257，非金属包层190258，塑料制景观围边190259，建筑物地震隔离用橡胶底座190260，非金属装甲板190261，非金属双开弹簧门190263，非金属折扇门190264，非金属制吸音板190266，非金属制园艺罩骨架190267，非金属制浮动地板190268，非金属竖铰链窗190270，具有隔音效果的非金属建筑材料190271

※ 岩棉制品（建筑用）C190028，玻璃钢制门、窗C190030，玻璃钢制天花板C190031，玻璃钢建

筑构件 C190032，塑钢门窗 C190038，建筑用塑料板 C190039，建筑用塑料杆 C190040，建筑用塑料条 C190041，塑料地板 C190043，橡胶地板 C190044，非金属制帐篷桩 C190045

（二）非金属铸模 190091，发光铺路块料 190115

（三）铁路用非金属轨枕 190176

※ 铁路用木制轨枕 C190047，铁路用水泥轨枕 C190048

注：1. 本类似群各部分之间商品不类似；

2. 建筑用塑料管，建筑用塑料板，建筑用塑料杆，建筑用塑料条与1703塑料板，塑料杆，塑料条类似，与第十版及以前版本1703塑料管交叉检索；

3. 拼花地板，非金属地板与1901拼花地板条，木地板条，木地板类似，与第十版及以前版本1901地板条交叉检索；

4. 非金属地板，塑料地板，橡胶地板与第九版及以前版本2703塑料或橡胶地板块，塑料或橡胶地板革，塑料或橡胶地板砖交叉检索；

5. 电线用非金属杆，非金属电线杆与1905水泥电杆类似；

6. 铝塑复合管与第八版及以前版本0603铝塑复合管（以铝为主）交叉检索；

7. 塑钢门窗与0603金属门，金属固定百叶窗，金属制室外遮帘，金属百叶窗，金属大门，金属制楣窗，金属窗，金属竖铰链窗等金属制门窗类似，与第十一版及以前版本0603金属制室外百叶帘，第十版及以前版本0603室外金属百叶窗交叉检索；

8. 第（一）部分第一、二自然段与1703管道用非金属接头，软管用非金属附件，硬管用非金属附件，1704浇水软管，非金属软管，纺织材料制软管，运载工具散热器用连接软管类似，与第十一版及以前版本1703软管用非金属接头，第十版及以前版本1703塑料管，第九版及以前版本1704车辆取暖器软管，车辆水箱用连接软管交叉检索；

9. 非金属垫路板与第八版及以前版本2003非金属狭道板交叉检索；

10. 非金属旋转栅门与第九版及以前版本0914自动旋转栅门交叉检索；

11. 第（一）部分与第十一版及以前版本2003非金属帐篷桩，第八版及以前版本1703铝塑复合管交叉检索；

12. 第（三）部分与第十一版及以前版本1901铁路用非金属枕木交叉检索。

1910 非金属建筑物

非金属广告栏 190001，棚屋 190019，集市棚屋 190020，非金属电话间 190041，非金属电话亭 190041，水下建筑工程用沉箱 190042，非金属建筑物 190061，非金属猪圈 190084，非金属牲畜棚 190085，非金属火箭发射台 190108，可移动的非金属建筑物 190119，合成材料制成的路标板和路标条

190122，非金属桅杆190124，不发光、非机械的非金属信号板190137，溜冰场（非金属结构）190139，非金属跳水板190152，非金属鸡房190156，（储液或储气用）砖石容器190160，不发光、非机械的非金属路牌190164，不发光、非机械的非金属标志190165，可移动的非金属温室190167，非金属筒仓190169，凉亭（非金属结构）190175，鸟舍（非金属结构）190184，非金属下锚柱190187，船只停泊用非金属浮动船坞190188，水族池（建筑物）190190，鸟戏水台（非金属结构）190194，不发光非金属信号台190195，游泳池（非金属结构）190196，非金属制自行车停放架190199，非金属简易小浴室190203，喷漆用非金属间190205，公路防撞用非金属护栏190227，砖石信箱190228，非金属预制房（组装件）190243，非金属旗杆（建筑物）190262，非金属制移动式隔音亭190265

※非金属跳水台C190046

注：非金属旗杆（建筑物）与第十版及以前版本2003旗杆交叉检索。

1911 建筑用玻璃及玻璃材料

建筑用磨砂玻璃190002，建筑用玻璃190063，路标用玻璃颗粒190121，建筑用隔热玻璃190180，窗玻璃（运载工具窗玻璃除外）190181，建筑用窗玻璃190183，安全玻璃190192，建筑用彩饰玻璃190255，建筑用智能玻璃190274

※镀膜玻璃C190034

1912 建筑用涂层

涂层（建筑材料）190129

注：本类似群与0205类似。

1913 建筑用黏合料

制煤砖用黏合料190040，制砖用黏合料190040，修路用黏合材料190110

1914 石、混凝土、大理石雕塑品

石、混凝土或大理石制塑像190170，石、混凝土或大理石制艺术品190193，石、混凝土或大理石制半身像190202，石、混凝土或大理石制小塑像190224，石、混凝土或大理石制小雕像190224，石、混凝土或大理石制雕像纪念杯190272，石、混凝土或大理石制奖杯190273

1915 棺椁墓碑

墓穴用非金属围栏190081，非金属墓板190088，非金属纪念标牌190089，非金属纪念碑190117，墓碑190144，墓石190144，非金属墓190174，非金属墓穴190215，非金属墓（纪念物）190225，非金属墓碑柱190226，非金属墓碑标牌190247

第二十类

家具,镜子,相框;存储或运输用非金属容器;未加工或半加工的骨、角、鲸骨或珍珠母;贝壳;海泡石;黄琥珀。

【注释】

第二十类主要包括家具及其部件,由木、软木、苇、藤、柳条、角、骨、鲸骨、贝壳、琥珀、珍珠母、海泡石以及这些材料的代用品或塑料制成的某些制品。

本类尤其包括:

——金属家具,野营用家具,枪架,报纸陈列架;

——室内窗用百叶帘或遮光帘;

——寝具,例如:床垫,床架,枕头;

——镜子,家具用和梳妆用镜;

——非金属车牌;

——非金属小五金器具,例如:螺栓,螺丝,销钉,家具用脚轮,紧固管道用非金属环;

——非金属、非混凝土制信箱;

——某些自动或非自动的非金属分配装置,例如:毛巾分配器,排队号码纸分配器,狗便袋分配器,卫生纸分配器。

本类尤其不包括:

——实验室用特制家具(第九类)或医用特制家具(第十类);

——室外百叶帘:金属制(第六类),非金属、非纺织品制(第十九类),纺织品制(第二十二类);

——被单和枕套,鸭绒被和睡袋(第二十四类);

——某些根据其功能或用途分类的分配装置,例如,工业用流体分配机(第七类),电子出票机(第九类),医用剂量分配器(第十类),胶带分配器(第十六类);

——某些特殊用途的镜子,例如:光学用镜(第九类),外科或牙科用镜(第十类),后视镜(第十二类),枪用瞄准镜(第十三类);

——某些按其功能或用途分类的由木、软木、苇、藤、柳条、角、骨、鲸骨、贝壳、琥珀、珍珠母、海泡石以及这些材料的代用品或塑料制成的产品,例如:制首饰用珠子(第十四类),木地板条(第十九类),家用篮(第二十一类),塑料杯(第二十一类),苇席(第二十七类)。

2001 家具

碗柜200014，药柜200015，长凳（家具）200020，婴儿玩耍用携带式围栏200022，婴儿摇床200023，摇篮200023，图书馆书架200024，床架（木制）200026，瓶架200031，餐具柜200034，书桌200036，办公家具200037，服装架200038，家具200041，索引卡片柜（家具）200043，文件柜200044，椅子（座椅）200050，座椅200050，躺椅200051，头靠（家具）200052，帽架200053，陈列架200057，衣架200059，文件柜用搁板200062，扶手椅200063，有抽屉的橱200066，柜台（台子）200067，桌子*200070，床垫*200079，有小脚轮的茶具台200082，制图桌200083，长沙发200085，细木工家具200088，学校用家具200094，打字机架200095，打字台200095，床*200102，搁物架（家具）200108，花架（家具）200115，花盆台座200116，枪架200118，食品橱200122，砧板桌200126，衣服罩（衣柜）200129，金属家具200132，报纸陈列架200134，杂志架200135，盥洗台（家具）200137，讲稿小搁台200141，衣帽架200144，立式书桌200152，伞搁架200164，屏风（家具）200165，搁架（家具）200172，写字台200180，金属座椅200182，沙发200183，长靠椅200184，床架200185，金属桌200188，梳妆台200189，储物架200191，带锁小柜200192，折叠式躺椅200194，支架（家具）200196，餐具架（家具）200198，陈列柜（家具）200200，非医用充气床垫200202，计算机架200212，送餐车（家具）200222，按摩用床200229，非医用水床200230，凳子200235，理发座椅200241，衣服罩（储藏用）200252，手推车（家具）200254，婴儿用高椅200257，婴儿学步车200258，装有脚轮的计算机架（家具）200266，阅书架（家具）200270，毛巾架（家具）200276，壁挂式婴儿尿布更换台200278，自立式隔板200284，充气家具200288，首饰展示架200292，搁板置物架200303，固定式墙边桌200308，书柜200309，衣物架200310，婴儿床200316，婴儿提篮200317，衣柜200320，搁脚凳200321，非医用充气床200326，沐浴用椅200329，婴儿用沐浴椅200337，膝上桌200338，便携式书桌200339，浴室柜（家具）200345，行李寄存柜200347，浴室凳200350，餐具柜（家具）200351，防飞沫用隔板200357，用于坐式按摩的人体工学椅200364，纸板存放架200366

※ 绘图桌C200001，美容柜（家具）C200002，电视机架C200003，音响支架（家具）C200004，茶几C200006，琴凳C200007，摇椅C200040

注：1.手推车（家具）与1206手推车类似；

2.按摩用床与1004医用床，医用充气床，医院用病床类似；

3.本类似群与第九版及以前版本0611金属陈列架交叉检索；

4.婴儿学步车与1206婴儿车，平卧式婴儿车类似，与第十版及以前版本1206折叠式婴儿车，轻便婴儿车交叉检索；

5.本类似群与第八版及以前版本2003婴儿玩耍用携带式围栏交叉检索；

6.本类似群与2012木制家具隔板，桌面，家具门类似；

7.食品橱与第十版及以前版本0611金属食品柜，金属藏肉柜交叉检索。

2002 非金属容器及附件

滗析葡萄酒用木桶200017，鱼篮200021，装卸用非金属货盘200054，液态燃料用非金属容器200065，存储和运输用非金属容器200068，非金属浮动容器200069，非金属托盘*200072，非金属大桶200081，非金属制毛巾分配器200084，塑料包装容器200100，非金属桶200119，板条箱200128，运输物品用带盖篮200143，运输用非金属货盘200145，搬运用非金属货盘200146，面包店用面包筐200163，非金属、非砖石蓄水池200174，非金属、非砖石容器（储液或储气用）200174，搅拌灰浆用非金属槽200206，非金属箱200207，非金属琵琶桶200210，装瓶用木箱200238，非金属筐200243，非金属、非砖石制信箱200244，玩具箱200256，非金属工具盒（空）200301，非金属工具箱（空）200302，非金属制五加仑装汽油罐200311，木制或塑料制箱200315，泄油用非金属容器200325，装压缩气体或液体空气用非金属容器200348，装压缩气体或液态空气用非金属瓶（容器）200349，非金属制非医用户外垃圾箱200358，非金属制回收箱200359，非金属制排队号码纸分配器200361，非金属制纸巾分配盒200362，非金属制卫生纸分配器200363

软木瓶塞200029，软木塞200030，桶用非金属龙头200042，木桶板200087，容器用非金属盖200112，非金属桶架200120，非金属桶箍200211，桶用非金属塞200213，非金属密封盖200214，非金属瓶盖200219，非金属瓶塞200220，瓶用非金属紧固塞200220，瓶用非金属螺旋盖200285，非玻璃、非金属、非橡胶制塞子200334，用于搬运非金属压缩气瓶的专用罩200355

※ 塑料周转箱C200009，玻璃钢容器C200010

注：1. 运输物品用带盖篮，非金属筐与2005竹篮类似；
2. 面包店用面包筐与2101家用面包篮，面包箱类似，与第十版及以前版本2101面包篮（家用）交叉检索；
3. 非金属桶，非金属大桶与2106水桶，提桶类似；
4. 非金属制毛巾分配器与第十一版及以前版本2112非金属制固定式毛巾分配器交叉检索；
5. 非金属制纸巾分配盒，非金属制卫生纸分配器与第十一版及以前版本2106纸巾盒，卫生纸分配器交叉检索。

2003 不属别类的工业、建筑配件

缆绳和管道用非金属夹200016，纱线、丝线、绳子用绕线木轴200025，刷子托座200033，壁炉隔屏（家具）200046，铁路货车用非金属载量规杆200055，木或塑料梯200092，乘客登乘用可移动非金属梯200093，洗涤槽用可拆卸的罩200099，软管用非机械式、非金属卷盘200103，楼梯地毯固定杆200105，工作台200106，非金属台阶（梯子）200147，塑料阀门（非机器部件）200186，挂钥匙用钥匙板200197，钳工台（家具）200209，塑料排水阱（阀）200231，塑料水管阀200236，非金属系船浮标

200251，锯木架 200263，锯台（家具）200287，非金属梯凳 200289，非金属制钥匙圈 200294，非金属挂包钩 200304，袋子用塑料封口夹 200313，车辆用塑料坡道 200328，非金属制手持旗杆 200333，洗涤槽用可拆卸的垫 200352

※ 非金属球阀 C200011，塑料线卡 C200012，电缆、电线塑料槽 C200013，软梯 C200041

注：1. 本类似群与第十版及以前版本 2807 软梯交叉检索；
2. 钳工台（家具）与第十版及以前版本 0612 金属制钳工台交叉检索。

2004 镜子、画框及部件

镀银玻璃（镜子）200013，相框边条 200190，画框边条 200190，镜子（玻璃镜）200193，画框 200225，画框托架 200226，画框挂杆 200226，镜砖 200261，手持镜子（化妆镜）200274

2005 不属别类的竹、藤、棕、草制品

未加工或半加工竹子 200019，绣花绷子 200032，个人用扇（非电动）200110，藤 200133，草编织物（草席除外）200160，稻草编辫状物 200161，稻草制镶边 200162，芦苇（编织用料）200178，柳条制品 200199，竹帘 200255，扁担 200265

※ 竹编制品（不包括帽、席、垫）C200014，藤编制品（不包括鞋、帽、席、垫）C200015，棕编制品（包括棕箱，不包括席、垫）C200016，草编制品（不包括鞋、帽、席、垫）C200017，柳条提篮编织物 C200018，竹工艺品 C200019，竹木工艺品 C200020，竹篮 C200021，麦秆工艺品 C200026，草（编织原料）C200042，草工艺品 C200043

注：1. 竹木工艺品与 2006 软木工艺品类似；
2. 竹篮与 2002 运输物品用带盖篮，非金属筐类似，与第十版及以前版本 2002 带盖的篮交叉检索；
3. 本类似群与第十版及以前版本 2006 麦秆工艺品交叉检索。

2006 未加工或半加工的骨、角、牙、介及不属别类的工艺品

黄琥珀 200005，动物标本 200006，动物爪 200010，未加工的或半加工鲸须 200018，动物角 200035，仿制玳瑁 200045，牡鹿角 200049，裁缝用人体模型 200064，人体模型 200064，珊瑚 200071，未加工或半加工的动物角 200074，象牙棕榈 200076，玳瑁壳 200089，牡蛎壳 200090，海泡石 200098，风铃状装饰品 200151，珍珠母（未加工或半加工的）200153，鸟类标本 200156，装饰珠帘 200167，动

物蹄 200179，木、蜡、石膏或塑料制塑像 200187，人造琥珀条 200203，人造琥珀板 200204，木、蜡、石膏或塑料制艺术品 200205，木、蜡、石膏或塑料制半身像 200223，贝壳 200233，木、蜡、石膏或塑料制小雕像 200239，木、蜡、石膏或塑料制小塑像 200239，风铃（装饰）200268，木、蜡、石膏或塑料制耶稣受难雕像（非首饰）200324，木、蜡、石膏或塑料制雕像纪念杯 200365，木、蜡、石膏或塑料制奖杯 200367

※ 未加工或半加工角、牙、介制品 C200022，漆器工艺品 C200023，羽兽毛工艺品 C200024，软木工艺品 C200025，树皮画 C200028，泥塑工艺品 C200029，玻璃钢工艺品 C200030，树脂工艺品 C200031，树脂小雕像 C200037，具有造型的手提电话（装饰）C200038

注：软木工艺品与 2005 竹木工艺品类似。

2007 非金属牌

展示板 200002，树或植物的非金属支桩 200091，木制或塑料制招牌 200096，非金属车牌 200130，非金属标示牌 200154，非金属身份牌 200154，不发光非金属门牌 200155，木头或塑料标志牌 200253，可充气广告物 200259，塑料钥匙卡（未编码、非磁性）200260，塑料标签 200307，服装用塑料制缝制标签 200360

注：1. 树或植物的非金属支桩与 0620 树或植物的金属支桩类似；
    2. 塑料标签，服装用塑料制缝制标签与第十版及以前版本 1605 非纺织品标签交叉检索。

2008 食品用塑料装饰品

食品用塑料装饰品 200003

2009 禽、畜等动物用制品

蜂箱 200001，家养宠物用床 200007，家养宠物栖息箱 200008，家养宠物窝 200009，蜂箱用人造蜂房 200039，蜂箱用木格子 200040，狗窝 200058，巢箱 200109，饲料架 200117，猫用磨爪杆 200264，宠物靠垫 200271，非金属制狗便袋分配器 200295，鸟巢 200312，宠物箱用衬垫 200356

注：本类似群与 2114 第（一）部分类似。

2010 非金属制身份鉴别手环

非金属制身份鉴别手环 200221

注：本类似群与 0618 商品（除手铐外）类似。

2011 非金属棺材及附件

棺材 200047，棺材用非金属附件 200048，骨灰盒 200267
※ 纸板棺材 C200032

2012 家具部件及非金属附件

装饰用木条 200027，非金属挂衣钩 200080，挂衣杆用非金属钩 200080，家具用非金属附件 200113，床用非金属附件 200124，床用非金属脚轮 200139，木制家具隔板 200148，家具用非金属脚轮 200149，非金属的衣服挂钩 200166，桌面 200169，家具门 200170，家具的塑料缘饰 200173，球形非金属把手 200277，非金属制浴缸扶手 200290，家具用非金属角码 200306，婴儿床栏用防撞条（非床用织品）200314，家具腿 200318，家具脚 200319，家具的抽屉 200346，抽屉分格整理盒 200353，衣柜用分格收纳挂架 200354

注：1. 木制家具隔板，桌面，家具门与 2001 类似；
2. 球形非金属把手与 2014 非金属门把手，门用非金属附件类似，与第九版及以前版本 2103 球形瓷把手，第八版及以前版本 2103 瓷制门把手交叉检索。

2013 垫，枕

床用垫褥（床用织品除外）200077，软垫 200078，枕头 200157，非医用充气枕 200158，草垫 200159，垫枕 200195，非医用充气软垫 200201，婴儿游戏围栏用垫 200275，可重复使用的婴儿更换尿布用垫 200279，野营用睡垫 200293，野营床垫 200327，婴儿头部支撑垫 200330，婴儿防滚垫 200331，婴儿头部定型枕 200332，竹或草制凉席 200368
※ 羽绒枕头 C200033，玉枕 C200034，磁疗枕 C200035，枕席 C200044

注：1. 枕头，羽绒枕头与 2406 床单和枕套，枕套，装饰用枕套类似；
2. 软垫与第十版及以前版本 1802 皮垫，第八版及以前版本 2407 坐垫（非纸制），纺织品垫交叉检索；

3.可重复使用的婴儿更换尿布用垫与2406婴儿更换尿布用布单类似；

4.本类似群与第十一版及以前版本2702枕席交叉检索。

2014 非金属紧固件及门窗附件

窗帘环200011，非金属合页200056，非金属螺母200097，非纺织品制窗帘圈200101，窗帘滚轴200121，窗用非金属附件200123，门用非金属附件200125，板条式室内遮帘200136，非金属闩200140，非金属制帐篷地钉200168，窗帘轨200171，窗帘杆200175，窗帘钩200176，窗帘扣200177，运载工具用非金属锁200181，非金属螺丝200215，非金属铆钉200216，非金属钉200217，非金属销钉200217，非金属销栓200217，非金属螺栓200218，缆绳用非金属接线螺钉200224，非金属膨胀螺栓200232，非金属锁（非电）200240，非金属杆200242，遮帘用塑料滑轮200262，窗用木编织室内遮帘200269，窗用室内遮帘（家具）200272，非金属门把手200273，非金属门插销200280，窗用纸制室内遮帘200281，窗用纺织品制室内遮帘200282，非金属门铃（非电动）200283，非金属门环200286，紧固管道用非金属环200291，非金属、非橡胶制门挡200296，非金属、非橡胶制窗挡200297，非金属制窗锁200298，非金属窗栓200299，非金属制门用锁紧装置200300，塑料钥匙200305，鞋用非金属钉200322，鞋用非金属销钉200323，非金属关门器（非电动）200335，非金属制门弹簧（非电动）200335，滑动门用非金属滑轨200336，非金属开门器（非电动）200340，非金属开窗器（非电动）200341，非金属关窗器（非电动）200342，窗用非金属滑轮200343，提拉窗用非金属滑轮200343，非金属挂锁（非电子）200344

注：1.非金属门把手，门用非金属附件与2012球形非金属把手类似，与第九版及以前版本2103球形瓷把手，第八版及以前版本2103瓷制门把手交叉检索；

2.塑料钥匙与0610金属钥匙类似，与第十版及以前版本0610钥匙交叉检索；

3.运载工具用非金属锁，非金属锁（非电），非金属挂锁（非电子）与0610除金属钥匙以外的其他商品，0920第二、三自然段类似。

第二十一类

家用或厨房用器具和容器；烹饪用具和餐具（刀、叉、匙除外）；梳子和海绵；刷子（画笔除外）；制刷原料；清洁用具；未加工或半加工玻璃（建筑用玻璃除外）；玻璃器皿、瓷器和陶器。

【注释】

第二十一类主要包括家庭和厨房用小型手动器具，化妆和盥洗室用具，玻璃器皿和由瓷、陶瓷、陶土、赤陶或玻璃制成的某些制品。

本类尤其包括：

——家庭和厨房用具，例如：蝇拍，衣夹，搅拌匙，涂油匙和开塞钻，以及上菜用具，例如：方糖钳，冰块夹，馅饼用铲和上菜勺；

——家庭、厨房和烹饪用容器，例如：花瓶，瓶，存钱罐，提桶，鸡尾酒调酒器，烹饪用锅，非电烧水壶以及非电加压炊具；

——厨房用小型手动的切碎机、研磨机、压榨机、碾碎机，例如：蒜压榨器，胡桃钳，杵和研钵；

——碗碟架和饮料瓶架（餐具）；

——化妆用具，例如：电动和非电动的梳及牙刷，牙线，美甲用泡沫材料制分趾器，粉扑，专用化妆包；

——园艺用品，例如：园艺手套，窗台花箱，喷壶和浇水软管用喷嘴；

——室内水族池，室内生态培养箱。

本类尤其不包括：

——清洁制剂（第三类）；

——货物存储和运输用金属容器（第六类），货物存储和运输用非金属容器（第二十类）；

——小型电动的切碎机、研磨机、压榨机、碾碎机（第七类）；

——剃须及剃毛装置，理发器和指甲钳，电或非电的修指甲和修脚器具，例如：修指甲成套工具，指甲砂锉，去死皮钳（第八类）；

——刀叉餐具（第八类）和手动的厨房用切割工具，例如：蔬菜切丝器，切比萨饼用刀，奶酪切片机（第八类）；

——除虱梳，刮舌器（第十类）；

——电烹饪器具（第十一类）；

——梳妆镜（第二十类）；

——某些按其功能或用途分类的玻璃制品、瓷器和陶器，例如：假牙用瓷料（第五类），眼镜片（第九类），隔热、隔音用玻璃棉，半加工的丙烯酸玻璃或有机玻璃（第十七类），陶瓷砖瓦（第十九类），建筑用玻璃（第十九类），纺织用玻璃纤维（第二十二类）。

2101 厨房炊事用具及容器（包括不属别类的餐具）

盆（容器）210025，黄油碟210030，黄油碟罩210031，盆（碗）210039，碗210039，细颈大瓶210040，小口大瓶210040，瓶210045，调味瓶210057，水果盘210089，调味品套瓶210122，午餐盒210140，罐210153，蔬菜盘210154，家用器皿210159，面包屑盘210160，蛋杯210165，纸盘210173，家用纸托盘210180，胡椒瓶210185，家用或厨房用容器210199，色拉碗210203，盐瓶210204，成套杯、碗、碟210207，碟210208，盛汤盖碗210214，糖碗210218，杯210220，非电饮料鼎210226，餐具（刀、叉、匙除外）210227，盘210235，糖果盒210244，奶酪盘罩210265，家用托盘210267，碟罩210269，水壶210271，水瓶210271，厨房容器210272，长颈瓶*210289，油和醋用调味套瓶210292，纸或塑料杯210318，饭盒210325，一次性盘子210333，冰块夹210381，色拉夹210382，上菜勺210383，冰淇淋挖勺210386，坚果钳210387，方糖钳210388，盛葡萄酒用长柄勺210390，食品用可重复使用硅胶盖210402，家用一次性铝箔容器210410，汤碗210421

※日用搪瓷塑料器皿（包括盆、碗、盘、壶、杯）C210015，磁疗杯C210016，缸C210061

家用面包篮210017，成套的烹饪锅210026，开塞钻（电动或非电动）210043，开瓶器（电动或非电动）210048，烹饪用金属扦210049，菜单卡片夹210064，炖锅210065，大锅210070，模子（厨房器具）210079，鸡尾酒调酒器210082，胶锅210084，家用沥水器210088，桌用刀托210090，壶盖塞210091，锅盖210092，家用非电动搅拌机210096，非电烹饪锅210101，家用勺形铲210102，烹饪用模具210103，煮奶防溢片210107，厨房用切菜板210108，漏斗210121，家用非电动打蛋器210134，煎锅210136，家用非电动榨水果器210138，蛋糕模子210142，烤盘（烹饪用具）210145，烤架（烹饪用具）210145，烤架支架210146，涂油匙（厨房用具）210156，厨房用非电动碾磨器210158，家用手动研磨机210162，切面包板210169，装备齐全的野餐篮（包括盘、碟）210170，擀面杖（家用）210175，馅饼用铲210177，手动胡椒研磨器210184，厨房用擦菜板210197，餐巾环210200，餐巾架210210，分隔层饰盘210219，烹饪用非电高压锅210236，非电加压炊具210236，非电动搅拌器210238，奶瓶用非电加热器210239，非电烧水壶210246，非纸制、非纺织品制杯垫210258，非电油炸锅210260，家用篮210266，矮脚金属架（餐具）210270，厨房用具210273，非电气炊具210274，烘蛋奶饼的非电铁模210309，面包箱210310，筷子210311，鸡尾酒搅拌棒210314，糕点裱花用袋210315，裱花袋210315，饼干模具210316，饼干筒210317，非电加热的火锅210322，餐桌用旋转盘210324，搅拌匙（厨房用具）210326，面条机（手动）210327，切糕点器210328，厨房用刮板210330，蒜压榨器（厨房用具）210332，烘焙垫210346，接油盘210350，非电蒸锅210353，厨房用非电动轧碎机210355，隔热垫210356，涂油管210359，非电墨西哥薄饼压饼器（厨房器具）210363，家用非电鸡蛋分离器210366，非纸制、非纺织品制杯盘垫210371，非纸制、非纺织品制餐具垫210372，厨房用杵210384，厨房用研钵210385，蛋糕裱花嘴210394，烹饪网袋210396，家用滴管 210398，蒸古斯古斯饭用锅（非电）210399，非电塔吉锅 210400，蛋黄分离器 210401，煮荷包蛋用盛器 210405，手动意式面食制作机 210408，剥蒜筒 210411，烘焙用纸杯模 210419，烘焙用硅胶杯模 210420，烘焙盘 210428，非电动绞肉器 210429，非纸制、非纺织品制啤酒杯垫 210431，烤馅饼用排气笛 210434，烧烤夹 210435，分菜叉 210436，分菜匙 210437，烧烤叉 210438，烹饪用袋 210443，制冷冻甜点用棒 210444，杯套 210446，柠檬皮刨屑刀 210449

※ 铁锅 C210001，铁壶 C210002，炒勺 C210003，铁桶 C210004，蒸屉 C210005，笼屉 C210006，笊篱 C210007，铁镬 C210009，笊斗 C210010，纱罩 C210011，笊底 C210012，煤气火锅 C210013，铁丝筛子 C210014，冰棍棒 C210017

注：1. 纸盘，家用纸托盘与 1603 纸制啤酒杯垫，纸制杯盘垫，纸制杯垫类似，与第十一版及以前版本 1603 啤酒杯垫，第九版及以前版本 1603 纸垫，桌上纸杯垫交叉检索；

2. 瓶与 2102，2106，2111 各种瓶类似；

3. 本类似群与第八版及以前版本 1402 功能、用途属于 2101 类似群的贵金属制品交叉检索，例如：家用贵重金属容器，贵重金属色拉碗，贵重金属缸，贵重金属餐巾环，贵重金属厨房用具，贵重金属轧胡桃钳等；

4. 开塞钻（电动或非电动），开瓶器（电动或非电动）与 0810 非电动开罐器类似，与第九版及以前版本 0810 非电动开罐头器交叉检索；

5. 家用面包篮，面包箱与 2002 面包店用面包筐类似，与第十一版及以前版本 2002 面包师用面包筐，第九版及以前版本 2002 面包筐交叉检索；

6. 盆（容器），铁桶与 2106 水桶，提桶类似；

7. 第一、二自然段与 2102 玻璃杯（容器），彩色玻璃器皿，日用玻璃器皿（包括杯、盘、壶、缸），玻璃碗，2103，2105 类似，与第八版及以前版本 2106 非贵重金属罐，非贵重金属水瓶，非贵重金属瓶交叉检索；

8. 本类似群与第十一版及以前版本 0808 绞肉机（手工具），1609 微波烹饪袋，第十版及以前版本 0807 胡桃钳，0812 方糖钳，葡萄酒用长柄勺交叉检索；

9. 非纸制、非纺织品制杯盘垫，非纸制、非纺织品制餐具垫与第十版及以前版本 2407 杯盘垫（非纸制），餐具垫（非纸制）交叉检索。

2102 不属别类的玻璃器皿

玻璃球瓶（容器）210009，小玻璃瓶（容器）210009，玻璃瓶（容器）210022，广口玻璃瓶 210033，玻璃塞 210042，玻璃杯（容器）210085，彩色玻璃器皿 210230，玻璃盒 210243，陶瓷或玻璃标志牌 210279，酒瓶吊牌 210373，空的智能药瓶 210424

※ 日用玻璃器皿（包括杯、盘、壶、缸）C210019，家用玻璃管和棒 C210020，抗热管 C210021，

药瓶 C210022，玻璃碗 C210059

注：1. 玻璃杯（容器），彩色玻璃器皿，日用玻璃器皿（包括杯、盘、壶、缸），玻璃碗与2101第一、二自然段，2103，2105类似；
2. 本类似群各种瓶与2101瓶类似。

2103 瓷器，陶器（茶具，酒具除外）

家庭用陶瓷制品210068，瓦器210129，锡釉陶器210157，陶制平底锅210181，瓷器210189，陶器210193

※ 日用瓷器（包括盆、碗、盘、壶、餐具、缸、坛、罐）C210024，日用陶器（包括盆、碗、盘、缸、坛、罐、砂锅、壶、炻器餐具）C210025，陶瓷支撑球C210026，耐酸耐碱陶瓷器C210027，仿瓷器C210028，仿陶器C210029

注：本类似群与2101第一、二自然段，2102玻璃杯（容器），彩色玻璃器皿，日用玻璃器皿（包括杯、盘、壶、缸），玻璃碗，2105类似。

2104 玻璃、瓷、陶的工艺品

装饰用玻璃球210044，瓷器装饰品210078，瓷、陶瓷、陶土、赤陶或玻璃制塑像210217，瓷、陶瓷、陶土、赤陶或玻璃制艺术品210234，瓷、陶瓷、陶土、赤陶或玻璃制半身像210252，瓷、陶瓷、陶土、赤陶或玻璃制小雕像210285，蛋糕用瓷、陶瓷、陶土、赤陶或玻璃制小雕像210427，瓷、陶瓷、陶土、赤陶或玻璃制雕像纪念杯210447，瓷、陶瓷、陶土、赤陶或玻璃制奖杯210450

※ 唐三彩C210030，水晶工艺品C210054，水晶画C210058

注：本类似群与第十版及以前版本2006水晶画交叉检索。

2105 茶具、酒具、咖啡具及饮水用具

啤酒杯210032，饮用器皿210034，茶叶罐210038，酒具（托盘）210058，细颈圆酒瓶210063，角形饮水器210086，碳酸水用虹吸瓶210118，加气水用虹吸瓶210118，运动用饮水瓶210144，酒具210155，品酒用吸量管210178，品酒用虹吸管210178，茶具（餐具）210209，茶托210212，茶壶210222，有柄大杯210232，滤茶球210248，茶叶浸泡器210248，手动磨咖啡器210254，咖啡具（餐具）210255，非电咖啡过滤器210256，非电咖啡渗滤壶210257，非电咖啡壶210287，滤茶器210288，单柄

大酒杯210291，饮水玻璃杯210319，饮用吸管210342，扁酒壶210348，葡萄酒醒酒器210374，茶包托210393，葡萄酒倒酒器210413

注：1. 本类似群与2101第一、二自然段，2102玻璃杯（容器），彩色玻璃器皿，日用玻璃器皿（包括杯、盘、壶、缸），玻璃碗，2103类似；
2. 本类似群与第八版及以前版本1402功能、用途属于2105类似群的贵金属制品交叉检索，例如：贵重金属茶叶罐，贵重金属酒具（托盘），贵重金属茶托等；
3. 本类似群与第十版及以前版本2106旅行饮水瓶，第九版及以前版本2008饮用麦秆吸管，饮用麦管交叉检索；
4. 运动用饮水瓶与第十版及以前版本2106葫芦瓶交叉检索。

2106 家庭日用及卫生器具

（一）搓衣板210006，浇水软管用喷嘴210012，洒水设备210013，洒水器210015，喷壶210016，水桶210023，提桶210023，倾倒用尖嘴管210027，肥皂盒210037，脱靴器210041，家用细筛210061，煤渣用筛（家用器皿）210067，熨衣板套（成形的）210093，领带压平器210094，筛（家用器具）210097，洗涤桶210106，熨斗架210112，皂液分配瓶210117，鞋撑具210120，洗衣用晾衣架210126，纺织品制桶210127，花和植物用固定物（插花用具）210132，花盆210133，家用除烟器210139，手套撑具210141，压裤器210171，熨衣板210179，喷水壶喷头210183，喷壶莲蓬头210183，花瓶210190，肥皂碟210191，肥皂架210191，便壶210192，家用垃圾箱210194，家用垃圾桶210194，浇花和植物用洒水器210206，浇花和植物用喷水器210206，鞋拔210213，衣服撑架210221，纽扣钩210223，存钱罐210224，蜡烛滴环210242，烛台托盘210242，蜡烛架（烛台）210245，烛台210245，非纸制花盆套210253，个人用除臭装置210277，熄烛器210295，婴儿浴盆（便携式）210301，衣夹210313，清理堵塞排水管用手压皮碗210329，毛巾架和毛巾挂环210334，卫生纸架210335，拖把绞干器210339，废纸篓210340，窗台花箱210341，靴撑具210347，蜡烛罐210352，拖把脱水桶210362，零钱罐210376，婴儿充气浴盆210391，便携式婴儿浴盆用支架210392，伞式晾衣架210395，尿布垃圾桶210409，家用收纳盘（盛小物件用托盘）210425，家用软管挤压器210426，自动开闭的垃圾桶210432，纸巾盒套210442，未填充洗衣剂的洗衣球210445，成人和儿童用一次性便携式便器210448

※ 痰盂 C210031

（二）电和非电的熏香炉210056，电和非电的芳香油扩香器（香薰藤条除外）210406，芳香油扩香盘210407，香味蜡烛加热器（电或非电）210416

※ 祭祀容器 C210055，香炉 C210057

注：1. 本类似群各部分之间商品不类似；

2.便壶,痰盂与1004卧床病人用便盆,卧床病人用尿壶类似,与第九版及以前版本1004病床上用便盆,尿壶(容器)交叉检索;

3.痰盂与1004医用痰盂类似;

4.水桶,提桶与2101盆(容器),铁桶,2002非金属桶,非金属大桶类似;

5.第(一)部分与第八版及以前版本1402贵重金属蜡烛架(烛台),贵重金属烛台,贵重金属熄烛器,贵重金属烛环,贵重金属花瓶交叉检索;

6.本类似群各种瓶与2101瓶类似;

7.第(二)部分与第八版及以前版本1402贵重金属制祭祀容器交叉检索;

8.花瓶,花盆,窗台花箱与2114第(二)部分类似。

2107 梳子,刷子(不包括牙刷),制刷原料

(一)梳*210076,大齿发梳210110,梳子盒210128,电梳210176,声波振动发梳210433

※ 篦子C210033

(二)刷子*210014,马梳210028,指甲刷210050,马桶刷210051,玻璃灯罩刷210052,鞋刷210071,马刷210073,动物用梳210075,擦洗刷210137,长柄柏油刷210147,电刷(机器部件除外)210251,擦罐和容器用刷210278,洗餐具刷210304,涂油刷210358,滑雪板打蜡刷210364

※ 排笔刷C210034,动物用牙刷C210060

(三)制刷用兽毛210010,制刷原料210054,制刷用毛210055,制刷用猪鬃210379,制刷用马毛210380

注:1.本类似群各部分之间商品不类似;

2.排笔刷与1614排笔(文具)类似;

3.第(二)部分与第十一版及以前版本2108已接受商品动物用牙刷交叉检索。

2108 刷牙用具

牙刷210250,牙及牙床清洁用吸水器210262,电动牙刷210276,电动牙刷替换头210375,水牙线210423

※ 牙刷盒C210056

2109 牙签

牙签210105,牙签盒210275,牙线210320

注：本类似群与第八版及以前版本1402贵重金属牙签盒交叉检索。

2110 化妆用具

化妆用具210087，梳妆盒210115，专用化妆包210115，沐浴海绵210123，粉扑210148，空的粉饼盒210195，眉刷210215，喷香水器210228，香水喷瓶210228，修面刷210240，修面刷架210241，擦皮肤用摩擦海绵210331，卸妆器具210344，化妆用刮板210349，化妆用海绵210354，化妆刷210361，睫毛刷210365，美甲用泡沫材料制分趾器210367，化妆用滴管210397，擦皮肤用摩擦手套210418，空的化妆用印章210430，微晶磨皮用美容器具210441

※ 颊刷C210036，眼影刷C210037

注：1. 本类似群与0306化妆用棉签，化妆棉，唇膏盒类似，与第十版及以前版本0306棉签（梳妆用品），第九版及以前版本0306成套化妆用具交叉检索；
2. 沐浴海绵与2405搓澡巾类似；
3. 本类似群与第十一版及以前版本2112沐浴海绵，第八版及以前版本1402贵重金属制随身携带的粉饼盒交叉检索；
4. 卸妆器具与第九版及以前版本0924卸妆用电力器具交叉检索。

2111 隔热用具

食物保温容器210007，饮料隔热容器210035，隔热瓶210046，保温瓶210046，冷藏瓶210047，隔热容器210062，冰块模210099，冷却容器（冰桶）210196，冰桶210196，非电动制冰块和冰淇淋器210211，非电便携式冷藏箱210261，保温袋210323，茶壶保暖套210343，冷却食物和饮料用冷却包210369，可重复使用的冰块210370

※ 暖水瓶C210039，暖水瓶壳C210040

注：1. 本类似群各种瓶与2101瓶类似；
2. 本类似群与第九版及以前版本2610茶壶保暖套交叉检索；
3. 暖水瓶与1104电热水瓶类似。

2112 家务用具

清洁用钢丝绒210005，地毯拍打器（手工具）210008，扫帚210020，扫地毯器210021，金属制擦锅器210066，清洁用布210077，非电动打蜡设备210080，抛光用皮革210100，手动清洁器具210104，非电掸灰设备210111，海绵夹持器210124，家具掸210125，拖把*210135，清洁用废羊毛210163，擦洗垫210168，家用抛光设备和机器（非电动）210186，抛光材料（使发光用）（制剂、纸、石料除外）210187，厨房用擦垫210259，清洁用麂皮210263，擦鞋用非电动打蜡机210264，清洁用废棉纱210268，家用海绵210280，羽毛掸210281，抹布210282，家务手套210290，抛光用手套210294，洗地板布210303，清洁用纤维束210312，园艺手套210321，烤箱用手套210357，厨房用隔热手套210357，烧烤用手套210357，洗车用手套210360，毛球去除器（电动或非电动）210377，抛光用布210378，扫帚柄210389，刮水板（清洁器具）210404，洗碗布210417，不锈钢肥皂210452

※擦鞋器C210041，清扫器C210042，钢丝轮C210043，门窗玻璃清洁器C210044，玻璃防雾布C210045

注：1. 家务手套，抛光用手套，园艺手套，洗车用手套与第十版及以前版本2408交叉检索；
2. 毛球去除器（电动或非电动）与第十版及以前版本0810毛球修剪器，0806已接受商品毛球修剪器交叉检索；
3. 本类似群与第十版及以前版本0609金属扫帚柄，2003非金属扫帚柄交叉检索。

2113 未加工或半加工玻璃（不包括建筑用玻璃）

水晶（玻璃制品）210098，装饰用玻璃粉210114，非建筑用彩饰玻璃210119，玻璃板（原材料）210143，未加工或半加工玻璃（建筑用玻璃除外）210149，非绝缘、非隔热、非隔音用玻璃棉210152，非建筑用玻璃马赛克210161，乳白玻璃210166，半透明玻璃210167，含有电导体丝的玻璃210229，运载工具用窗玻璃（半成品）210231，非纺织用石英纤维210283，非绝缘、非隔热、非隔音、非纺织用玻璃纤维210284，非纺织用玻璃纤维线210286，非建筑用石英玻璃（半成品）210308，非建筑用磨砂玻璃210451

※不碎玻璃C210048，钢化玻璃C210049，半加工玻璃管C210051

2114 不属别类的动植物器具

（一）饮水槽210001，喂料槽210002，家禽环210011，鸟环210018，鸟戏水台*210019，鸟笼210059，动物饲料槽210074，人造留窝鸡蛋210164，家养宠物用笼子210302，宠物排泄用盒210306，宠物排泄用盘210306，动物梳毛手套210403，宠物喂食碗210414，宠物自动喂食碗210415

（二）室内植物培养箱210305，室内水族池210336，水缸（室内水族池）210336，水族池罩210337，室内生态培养箱210338

注：1. 本类似群各部分之间商品不类似；

2. 第（一）部分与2009类似；

3. 第（二）部分与2106花瓶，花盆，窗台花箱类似，与第九版及以前版本2106室内养殖池（种植物用），室内培养池（种植物用），第八版及以前版本1620室内观赏植物园（仿自然动物和植物园），室内观赏植物（人工动物或植物园），室内水族池，水族池罩交叉检索。

2115 家用灭虫、灭鼠用具

蝇拍210069，捕虫器210150，捕鼠机210198，捕鼠器210216，诱杀昆虫用电力装置210345，捕蝇器210351，驱蚊剂用插电式扩散器210368，超声波驱虫器210422，昆虫采集笼210439，昆虫收集盒210440

※ 除蚊器C210052

注：本类似群与第九版及以前版本0924诱杀昆虫用电力装置交叉检索。

第二十二类

绳索和细绳；网；帐篷和防水遮布；纺织品或合成材料制遮篷；帆；运输和储存散装物用麻袋；衬垫和填充材料（纸或纸板、橡胶、塑料制除外）；纺织用纤维原料及其替代品。

【注释】

第二十二类主要包括帆布和制帆用其他材料，绳缆，衬垫、减震和填充材料，纺织用纤维原料。

本类尤其包括：

——用天然或人工纺织纤维、纸或塑料制成的缆和绳；

——渔网，吊床，绳梯；

——运载工具非专用盖罩；

——某些不按照功能或用途分类的包和袋，例如：洗衣用网袋，裹尸袋，邮袋；

——包装用纺织袋；

——动物纤维和纤维纺织原料，例如：兽毛，茧，黄麻，未加工或加工过的羊毛，生丝。

本类尤其不包括：

——金属绳（第六类）；

——乐器弦（第十五类）和球拍线（第二十八类）；

——纸或纸板制衬垫及填充料（第十六类），橡胶或塑料制衬垫及填充料（第十七类）；

——某些按照功能或用途分类的网和包，例如：安全网（第九类），运载工具用行李网（第十二类），旅行用衣袋（第十八类），发网（第二十六类），高尔夫球袋（第二十八类），运动用网（第二十八类）；

——按照材质分类的非纺织品包装袋，例如：包装用纸袋或塑料袋（第十六类），包装用橡胶袋（第十七类），包装用皮袋（第十八类）。

2201 缆，绳，线，带

绑藤本植物的带子220003，麻带220015，非金属绳索220020，绳索*220021，鞭绳220022，绳梯220023，打包带220032，细绳220035，纸绳220038，捆扎纱220042，软百叶帘用梯形带220045，蜡绳220055，包装或捆扎用非金属带220078，捆扎用非金属线220079，装卸用非金属吊带220081，装卸用非金属带220082，装卸用非金属吊索220083，非金属缆220084，农业用非金属捆扎线220086，拉窗绳220088，挂图片用绳220089，打包绳220091，汽车拖缆220103，非金属捆扎物220112，非金属扎带220119，非金属束线带220119

※ 丝绳 C220001，绽子绳 C220002，塑料打包带 C220003，塑料线（包扎用）C220004

2202 网，遮篷，帐篷，防水帆布，帆

（一）伪装网 220009，商业捕捞用网 220011，网线 220039，捕动物陷网 220048，网 * 220094，洗衣用网袋 220106，捕鱼用围网 220108，鱼类养殖用网箱 220109，动物喂食用网 220113，防鸟防虫网 220121，非金属制落石防护网 220123

（二）运载工具非专用盖罩 220075，伪装罩 220085

（三）帆 220059，风帆滑雪运动用帆 220105

（四）风障布 220001，防水帆布 220002，船帆用帆布 220110，防尘罩布 220115

※ 苫布 C220006，涂胶布 C220007，漆布 C220008，阻燃布 C220009，涂塑布 C220010

（五）吊床 220043，纺织品遮篷 220058，帐篷 * 220071，合成材料制遮篷 220102，纺织品制室外遮帘 220111，遮蔽式露营袋 220117，野营用卷式帐篷 220122

※ 蒙古包 C220005

注：1.本类似群各部分之间商品不类似，但第（一）部分伪装网与第（二）部分伪装罩类似；
2.洗衣用网袋与第七版及以前版本 2112 洗衣袋交叉检索。

2203 袋子，装卸、包装用物品

（一）运输和储存散装物用麻袋 220068，包装用纺织品袋（信封、小袋）220069，邮袋 220104，存放尿布专用布袋 220116，脏衣收纳袋 220118

※ 尼龙编织袋（仿麻袋）C220011，面袋 C220012，编织袋 C220013，集装袋 C220014

（二）草制瓶封套 220080，瓶用草制包装物 220080，草制瓶用包装物 220080

（三）裹尸袋 220107

注：本类似群各部分之间商品不类似。

2204 衬垫，填充料，密封物品（不包括橡胶、塑料制品）

刨花 220004，锯末 220006，棉屑（填塞物）220007，羽绒 220028，鸭绒毛 220029，非橡胶、非

塑料、非纸或纸板制衬垫材料220030，非橡胶、非塑料、非纸或纸板制填充材料220030，非橡胶、非塑料、非纸或纸板制（减震或填充用）包装材料220031，装潢填充用羊毛220033，船用纤维密封圈220036，填充用草220044，被褥用羽毛220057，过滤用软填料220060，衬垫和填充室内装饰品的填料220061，装潢填充用稻草220062，装潢填充用羽毛220064，茅草220070，填充用海藻220074，衬垫和填充用废棉絮220090，衬垫和填充用大豆泡沫材料220120

2205 纤维原料

木丝220005，生丝220008，纤维纺织原料220010，驼毛220012，麻纤维220013，短麻屑220014，绢丝（废生丝）220016，废丝220016，椰子纤维220018，茧220019，未加工棉花220025，棉纤维束220026，马毛*220027，纺织用石英纤维220037，丝绵220040，羊毛絮220041，黄麻220046，木棉220047，未加工或已处理过的羊毛220050，机梳羊毛220051，精梳羊毛220052，韧皮（植）220054，生亚麻（亚麻纤维）220056，兽毛220065，苎麻纤维220066，酒椰叶纤维220067，羊毛220072，剪下的羊毛220073，纺织纤维220076，剑麻220077，纺织用碳纤维220087，纺织品用塑料纤维220092，纺织用玻璃纤维220093，棉籽绒220101，猪鬃*220114

注：本类似群与第十版及以前版本2107猪鬃交叉检索。

第二十三类

纺织用纱和线。

【注释】

第二十三类主要包括纺织用天然或合成的纱和线。

本类尤其包括：

——纺织用玻璃纤维线、弹性线、橡胶线和塑料线；

——绣花、织补和缝纫用线（包括金属线）；

——绢丝，精纺棉，精纺羊毛。

本类尤其不包括：

——某些特定用途的线，例如：电线识别线（第九类），外科用线（第十类），贵金属丝线（首饰）（第十四类）；

——按照材质分类的非纺织品用线，例如：金属捆扎线（第六类）和非金属捆扎线（第二十二类），弹性线、橡胶线或塑料线（第十七类），玻璃纤维线（第二十一类）。

2301 纺织用纱、丝

纱*230001，棉线和棉纱230002，绣花用线和纱230003，毛线和粗纺毛纱230004，麻线和纱230005，椰纤维线和纱230006，丝线和纱230007，精纺棉230008，缝纫线和纱230009，细线和细纱230010，黄麻线和纱230011，精纺羊毛230012，亚麻线和纱230013，人造线和纱230014，纺织线和纱230015，绢丝230016，纺织用弹性线和纱230019

※ 落丝C230001，棕丝C230002，弹力丝（纺织用）C230003，聚乙烯单丝（纺织用）C230004，长丝C230005，厂丝C230006，人造丝C230007

注：跨类似群保护商品：棉线和棉纱（2301，2302），绣花用线和纱（2301，2302），麻线和纱（2301，2302），椰纤维线和纱（2301，2302），丝线和纱（2301，2302），缝纫线和纱（2301，2302），细线和细纱（2301，2302），黄麻线和纱（2301，2302），亚麻线和纱（2301，2302），人造线和纱（2301，2302），纺织线和纱（2301，2302），纺织用弹性线和纱（2301，2302），毛线和粗纺毛纱（2301，2303）。

2302 线

线*230001，棉线和棉纱230002，绣花用线和纱230003，麻线和纱230005，椰纤维线和纱230006，丝线和纱230007，缝纫线和纱230009，细线和细纱230010，黄麻线和纱230011，亚麻线和纱230013，人造线和纱230014，纺织线和纱230015，纺织用玻璃纤维线230017，纺织用橡皮线230018，纺织用弹性线和纱230019，纺织用塑料线230020，刺绣用金属线230032

※ 宝塔线C230008，蜡线C230009，尼龙线C230010

注：1.跨类似群保护商品：棉线和棉纱（2301，2302），绣花用线和纱（2301，2302），麻线和纱（2301，2302），椰纤维线和纱（2301，2302），丝线和纱（2301，2302），缝纫线和纱（2301，2302），细线和细纱（2301，2302），黄麻线和纱（2301，2302），亚麻线和纱（2301，2302），人造线和纱（2301，2302），纺织线和纱（2301，2302），纺织用弹性线和纱（2301，2302）；

2.本类似群与第九版及以前版本2601绣花用金属线，刺绣用金属线交叉检索。

2303 毛线

毛线和粗纺毛纱230004，毛线230012，绳绒线230031

※ 绒线C230011，人造毛线C230012，膨体线C230013，开司米C230014

注：跨类似群保护商品：毛线和粗纺毛纱（2301，2303）。

第二十四类

织物及其替代品；家庭日用纺织品；纺织品制或塑料制帘。

【注释】

第二十四类主要包括织物和家用织物覆盖物。

本类尤其包括：

——家庭日用纺织品，例如：床罩，枕套，纺织品毛巾；

——纸制床单和枕套；

——睡袋，睡袋衬里；

——蚊帐。

本类尤其不包括：

——医用电热毯（第十类）和非医用电热毯（第十一类）；

——纸制桌布和餐巾（第十六类）；

——石棉防火幕（第十七类），竹帘和装饰珠帘（第二十类）；

——马毯（第十八类）；

——某些特殊用途的纺织品和织物，例如：书籍装订用织物（第十六类），绝缘、隔热、隔音织物（第十七类），土工布（第十九类）。

2401 纺织品，布料

仿兽皮织物240003，装饰织品240004，台球布240007，织物*240008，筛布240009，硬（麻）布240010，锦缎240011，纺织织物240012，布*240013，挂毯和刺绣用粗帆布240015，麻织物240017，麻布240018，片状纺织品帽衬240019，鞋的衬里织物240020，鞋用织物240021，舍味呢（布料）240023，丝绒240026，棉织品240028，坚质条纹棉布（亚麻布）240031，绉布（织物）240035，重绉纹织物240036，缎子240037，内衣用织物240038，衬料（纺织品）240039，弹性纺织织物240046，绣花图案布240049，刺绣用描绘布240049，法兰绒（织物）240050，起绒粗呢（布）240052，干酪布240053，粗斜纹布240054，纱布（布）240056，马毛与绒布混织物（粗麻布）240058，印花用丝织品240060，印花棉布240061，平针织物240062，黄麻织品240063，毛料布240064，毛织品240064，亚麻布240067，菱形花纹亚麻布240069，斜纹厚绒布240077，苎麻织品240083，人造丝织品240084，丝绸（布料）240088，薄纱240089，茅草纤维织物240090，塔夫绸（布）240091，编织织物240092，轻薄织物（布料）

240094，白布 240095，绳绒线织物 240111，纺织纤维织物 240116，平纹细布 240127，凸纹条格细平布 240131

※ 牛津布 C240001，帆布 C240002，毛巾布 C240003，蚊帐织布 C240004，衬布 C240005，纱绢 C240006，单丝筛绢 C240007，夏布罗纹 C240008，麻皮布 C240009，苎麻绢纺 C240010，麻绒 C240011，静电植绒布 C240012，呢绒 C240013

2402 特殊用织物

热黏合织物 240001，航空气球用不透气织物 240002，布棚 240016，非文具用胶布 240057，塑料材料（织物代用品）240081，无纺布 240098，纺织品制标签 240102，纺织用玻璃纤维织物 240104，纺织品制过滤材料 240105，食品包装用可重复使用的涂蜡织物 240132，服装用纺织品制缝制标签 240134，包用纺织品制黏性标签 240135

※ 金属棉（太空棉）C240014，过滤布 C240015，帘子布 C240016，聚丙烯编织布 C240017，滤气呢 C240018，树脂布 C240020

2403 纺织品壁挂

纺织品制墙上挂毯 240103，纺织品制壁挂 240103

※ 丝织、交织图画 C240021，织锦人像 C240022，丝绒绢画 C240023，剪绢画 C240024，手绣、机绣图画 C240025，丝织美术品 C240026

> 注：纺织品制墙上挂毯，纺织品制壁挂与 2701，2704 非纺织品制壁挂类似，与第十版及以前版本 2704 非纺织品制墙上挂毯，非纺织品制壁毯，第九版及以前版本 2704 非纺织品壁挂，非纺织品制墙帷，非纺织品挂毯（墙上挂帘帷）交叉检索。

2404 毡及毡制品

毡*240027，纺织品制印刷机垫 240106
※ 造纸毛毯 C240027

2405 毛巾，浴巾，手帕

浴用织品（服装除外）240005，擦玻璃布（毛巾）240048，搓澡巾 240055，家庭日用纺织品 240071，纺织品毛巾 240072，纺织品餐巾 240076，纺织品手帕 240078，纺织品洗脸巾 240087，卸妆用

布240101，茶巾240130，洗碗巾240130，瑜伽毯240136，瑜伽毛巾240137

※ 浴巾C240029，地巾C240031

注：1.跨类似群保护商品：家庭日用纺织品（2405，2406，2407第（一）部分）；

2.搓澡巾与2110沐浴海绵类似，与第十一版及以前版本2112沐浴海绵交叉检索。

2406 床上用品

床罩240029，被子240029，床垫遮盖物240030，纸制床罩240032，旅行用毯（膝盖保暖用）240034，床单240040，鸭绒被240045，床单和枕套240068，家庭日用纺织品240071，褥垫套240074，蚊帐240079，枕套240080，睡袋衬里240100，装饰用枕套240112，床上用毯240114，婴儿更换尿布用布单240120，家养宠物用毯240121，婴儿用睡袋240122，婴儿用包被240123，睡袋240124，床沿挂布240125，婴儿床防撞围（床用织品）240126，睡袋防水罩240128，皮床单240138

※ 毛巾被C240028，枕巾C240030，被絮C240032，被面C240033，褥子（床用织品）C240034，棉毯C240036，毛毯C240037，丝毯C240038，帐沿C240039，床沿C240040，帐帘C240041，床帏C240042，塑料床单C240043，被罩C240049，皮褥子C240050，皮凉席C240051

注：1.床单和枕套，枕套，装饰用枕套与2013枕头，羽绒枕头类似；

2.本类似群与第十一版及以前版本1802皮褥子，皮床单，皮凉席交叉检索；

3.本类似群与第九版及以前版本2405毛巾被，枕巾交叉检索；

4.婴儿更换尿布用布单与2013可重复使用的婴儿更换尿布用垫类似，与第十一版及以前版本2013婴儿更换尿布用垫交叉检索；

5.跨类似群保护商品：家庭日用纺织品（2405，2406，2407第（一）部分）；

6.睡袋与第十版及以前版本2013野营睡袋交叉检索；

7.本类似群与第十版及以前版本2502婴儿睡袋，第八版及以前版本2013睡袋交叉检索。

2407 室内遮盖物

（一）非纸制桌旗240022，油布（作桌布用）240025，桌布（非纸制）240033，粗毛台毯240044，家具罩（宽大的）240059，家具遮盖物240059，餐桌用布（非纸制）240070，家庭日用纺织品240071，塑料家具罩240075，纺织品制杯垫240096，纺织品制杯盘垫240097，纺织品制餐具垫240113，垫子用罩240115，纺织品制家具罩240117，野餐垫240129，纺织品制啤酒杯垫240133

※ 家电遮盖物C240044，缝纫机罩C240045，台毯C240046

（二）纺织品制窗帘圈240047，门帘240082，纺织品制或塑料制帘240085，网状窗帘240093，纺

织品制或塑料制浴帘 240119

※ 浴罩 C240047

（三）纺织品制马桶盖罩 240118

注：1.本类似群各部分之间商品不类似；

2.家具罩（宽大的），家具遮盖物，塑料家具罩，纺织品制家具罩与1802皮制家具罩类似，与第十版及以前版本1802皮制家具套交叉检索；

3.跨类似群保护商品：家庭日用纺织品（2405，2406，2407第（一）部分）；

4.第（一）部分与第十一版及以前版本2703已接受商品野餐垫交叉检索。

#2408 洗涤用手套

注：本类似群第十版（2013文本）删除。

2409 特殊用布

（一）伊斯兰教隐士用毡（布）240073

（二）※ 哈达 C240048

注：本类似群各部分之间商品不类似。

2410 纺织品制或塑料制旗

纺织品制或塑料制横幅 240006，纺织品制或塑料制旗 240042，纺织品制或塑料制旗帜 240043

2411 寿衣

寿衣 240041

第二十五类

服装,鞋,帽。

【注释】

第二十五类主要包括人用的服装、鞋和帽。

本类尤其包括:

——服装、鞋和帽部件,例如:袖口,口袋,成品衬里,鞋跟和后跟,帽檐,帽衬架(支撑架);

——运动服和运动鞋,例如:滑雪手套,背心式紧身运动衣,骑自行车服装,柔道服和空手道服,足球鞋,体操鞋,滑雪靴;

——化装舞会用服装;

——纸衣服,纸帽子(服装);

——非纸制围涎;

——西服袋巾;

——非电暖脚套。

本类尤其不包括:

——制鞋用小五金件,例如:金属制鞋钉和鞋销钉(第六类)和非金属制鞋钉和鞋销钉(第二十类),以及用于服装、鞋、帽的缝纫附件和扣件,例如:扣钩,扣子,拉链,饰带,帽带,帽用饰物和鞋用饰物(第二十六类);

——某些特殊用途的服装、鞋和帽,例如:安全头盔,包括运动用的(第九类),防火服装(第九类),手术衣(第十类),矫形鞋(第十类),以及进行某项运动所必需的服装和鞋,例如:棒球手套,拳击手套,(冰刀)冰鞋(第二十八类);

——电热服装(第十一类);

——电暖脚套(第十一类),婴儿车和平卧式婴儿车专用脚套(第十二类);

——纸围涎(第十六类);

——纸制手帕(第十六类)和纺织品制手帕(第二十四类);

——动物服装(第十八类);

——狂欢节面具(第二十八类);

——玩具娃娃衣(第二十八类);

——纸制晚会帽(第二十八类)。

2501 衣物

工装裤250010，工作服250010，毛衣250034，套头衫250034，衬衫250042，短袖衬衫250044，服装*250045，裘皮服装250049，套服250056，成品衣250057，马裤（穿着）250063，裤子250064，外衣250066，针织服装250071，华达呢（服装）250077，马甲250082，外套250086，防水服250087，紧身套衫250089，裙子250090，仆侍人员、行会会员等穿的制服250093，运动衫250094，围裙（衣服）250096，皮制长外衣250103，连衣裙250109，大衣250115，轻便大衣250115，宽外袍250117，制服250119，呢绒夹克（服装）250120，夹克（服装）250121，纸衣服250122，带帽风雪大衣250143，仿皮服装250150，皮衣250151，莎丽服250154，T恤衫250155，钓鱼背心250159，裙裤250164，斗篷250165，纱笼250166，紧腿裤（裤子）250168，无袖罩裙250169，背心式紧身运动衣250172，和服250181，绣花服装250184，乳胶服装250188，装有LED灯的服装250190，装有数字传感器的运动服250198，朝鲜族传统服装250199

女用背心250022，平脚短裤250023，紧身围腰（女内衣）250025，内衣250026，睡袍250033，紧身衣裤250051，连裤内衣250053，吸汗内衣250054，胸衣250055，紧身胸衣（内衣）250078，背心250082，海滨浴场用衣250104，睡衣裤250108，睡衣250108，内裤250112，乳罩250114，浴衣250127，衬裙250144，连身衬裙250146，女式连身内衣250147，女式内裤250171，胸贴250192

护衣汗垫250017，衣领（衣服）250020，衬衫前胸250043，可拆的衣领250050，成品衬里（服装的一部分）250068，衬衫抵肩250072，袖口250095，袖口（衣服）250095，服装口袋250106

※风衣C250001，羽绒服装C250002，旗袍C250003，妇女腹带C250004，童装C250005，磁疗衣C250006，胸罩衬垫（胸衬、胸垫）C250007，红外线衣C250030，药物用衣C250031，摄影背心C250032

注：1. 内裤，女士内裤与0506月经内裤，卫生内裤类似，与第九版及以前版本0506卫生衬裤，卫生紧身内裤，卫生短内裤，卫生女裤，月经短内裤交叉检索；

2. 童装与2502类似；

3. 本类似群与第九版及以前版本2505莎丽服交叉检索；

4. 跨类似群保护商品：服装（2501，2502，2503，2504，2505），防水服（2501，2504）；

5. 服装与2513婚纱类似。

2502 婴儿纺织用品

服装*250045，婴儿裤（内衣）250058，婴儿全套衣250092，非纸制围涎250128，非纸制带袖围涎250182

注：1. 本类似群与2501童装类似；

2. 跨类似群保护商品：服装（2501，2502，2503，2504，2505）。

2503 特种运动服装

驾驶员服装 250002，服装 * 250045，骑自行车服装 250065，游泳帽 250124，游泳裤 250125，男用游泳裤 250125，游泳衣 250126，体操服 250149，空手道服 250178，柔道服 250179，（杂技、舞蹈等演员穿的）紧身连衣裤 250180，冲浪服 250189

※ 摔跤服 C250010

注：跨类似群保护商品：服装（2501，2502，2503，2504，2505）。

2504 不透水服装

服装 * 250045，防水服 250087

※ 雨衣 C250011，雨披 C250033

注：1. 防水服与 0919 防水衣类似；
2. 跨类似群保护商品：服装（2501，2502，2503，2504，2505），防水服（2501，2504）。

2505 戏装

服装 * 250045，化装舞会用服装 250153

※ 戏装 C250012，秧歌服 C250013，舞衣 C250014

注：跨类似群保护商品：服装（2501，2502，2503，2504，2505）。

#2506 特殊用鞋

注：本类似群第十版时移入 2507 类似群。

2507 鞋

足球靴 250075，足球鞋 250075，体操鞋 250085，足球鞋钉 250134，滑雪靴 250145
鞋（脚上的穿着物）* 250003，浴室凉鞋 250004，浴室拖鞋 250005，靴 * 250014，中筒靴 250015，系带靴子 250019，麻绳编制厚底鞋 250073，橡胶套鞋 250080，拖鞋 250101，海滨浴场用鞋 250105，木鞋 250110，凉鞋 250111，鞋 * 250130，运动鞋 * 250132，运动靴 * 250141，毡靴 250173，短靴 250175

鞋用防滑配件250001，鞋尖250016，靴帮250040，鞋内底250041，鞋用金属配件250048，鞋面250061，护腿鞋罩250062，护腿鞋罩用系带250083，鞋后跟250116，鞋用滚边250118，鞋底250129，鞋跟250131，鞋跟保护套250185，护踝鞋罩250193

※ 跳鞋C250015，跑鞋（带金属钉）C250016，爬山鞋C250017，雨鞋C250018，鞋垫C250019，爬山鞋（带金属钉）C250029

注：本类似群与第九版及以前版本2506交叉检索。

2508 帽

贝雷帽250009，帽子250012，无檐便帽250024，风帽（服装）250027，帽衬架（支撑架）250028，帽檐250030，帽250046，耳套（服装）250059，大礼帽250076，僧帽（帽子）250100，头带（服装）250142，纸帽子（服装）250162，空顶帽250170，帽（头戴物）250186

※ 斗笠C250020

2509 袜

长袜250006，吸汗长袜250007，长袜后跟250008，袜250013，短袜250036，吊袜带250037，袜带250038，吊袜带（长袜用）250039，紧腿裤（暖腿套）250088，暖腿套250088，非电暖脚套250133，吸汗袜250176

※ 袜裤C250022，袜套C250023

2510 手套（不包括特种手套）

手套（服装）250067，手笼（服装）250097，露指手套250099，滑雪手套250167，连指手套250187，触摸屏设备用保暖手套250194，骑行手套250196，驾驶手套250197

2511 领带，围巾，披巾，面纱

长皮毛围巾（披肩）250011，脖套250021，披肩250032，领带250060，围巾250069，裘皮披肩250074，女式披肩250102，面纱（服装）250123，班丹纳方绸（围巾）250148，披巾250152，包头巾250156，爱斯科式领带250157，西服袋巾250161，头巾250191，非医用、非卫生用面部遮盖物（服装）250195，非医用、非卫生用面罩（服装）250195

※ 领花C250024，领结C250025，领巾C250026

2512 腰带，服装带

衣服吊带 250018，衣服背带 250018，服装带（衣服）250031，腰带 250079，钱带（服装）250160

※ 皮带（服饰用）C250027

注：腰带，皮带（服饰用）与 2603 皮带扣类似。

2513 单一商品

（一）十字褡 250035，修女头巾 250084，神父左臂上佩戴的饰带 250098，（牧师、神父穿的）白麻布长袍 250174

　　※ 宗教服装 C250034

（二）服装绶带 250070

　　浴帽 250158

　　睡眠用眼罩 250163

　　理发用披肩 250177

　　※ 婚纱 C250028

注：1. 本类似群各部分之间商品不类似；
　　2. 本类似群第（二）部分为单一商品，各自然段间互不类似；
　　3. 婚纱与 2501 服装类似。

第二十六类

花边，编带和刺绣品，缝纫用饰带和蝴蝶结；纽扣，领钩扣，饰针和缝针；人造花；发饰；假发。

【注释】

第二十六类主要包括缝纫用品，用于佩戴的天然或人造毛发，头发装饰品，以及用于装饰其他物品的、不属别类的小件物品。

本类尤其包括：

——假发套，遮秃假发，假胡须；

——发夹和发带；

——用作缝纫用品或发饰的各类材质制饰带和蝴蝶结；

——礼品包装用非纸制饰带和非纸制蝴蝶结；

——发网；

——扣子和拉链；

——非用于首饰、钥匙圈和钥匙链的小饰物；

——人造花制圣诞花环，包括带灯饰的；

——某些卷发用品，例如：电和非电发卷（非手工具），卷发夹，卷发纸。

本类尤其不包括：

——假睫毛（第三类）；

——作为小五金具的金属钩子（第六类）和非金属钩子（第二十类），窗帘钩（第二十类）；

——某些特种针，例如：文身针（第八类），罗盘仪针（第九类），医用针（第十类），运动球类充气用气针（第二十八类）；

——卷毛发用手工具，例如：烫发钳，卷睫毛夹（第八类）；

——植发用毛发（第十类）；

——首饰用小饰物，用于钥匙圈或钥匙链的小饰物（第十四类）；

——某些饰带和蝴蝶结，例如：纸带和纸蝴蝶结（非缝纫用品、非发饰）（第十六类），艺术体操用彩带（第二十八类）；

——纺织用纱和线（第二十三类）；

——合成材料制圣诞树（第二十八类）。

2601 花边，饰品及编带

发带260013，衣服饰边260018，花边260019，箍袖带260023，鞋带260034，衣边带260047，假褶边260056，流苏花边260060，编带260062，流苏（缝纫用品）260063，褶边（花边）260066，毛线花边260067，花边饰品260068，衣服的金银饰带260068，缝纫用饰带260076，饰边小环（花边）260080，裙子荷叶边260084，服装褶边260086，松紧带260095，饰边带260096，窗帘边幅带260120，帽带260139，礼品包装用非纸制饰带和蝴蝶结260141，缝纫用蝴蝶结260142，服装用挂绳260150

刺绣品260028，花哨的小商品（绣制品）260028，花彩装饰（绣制品）260057，银线制绣品260093，金线制绣品260094

※ 丝边C260001，帽边C260002，背包带C260003，拉链带C260005，线带C260006，飘带C260007，花线扎带C260008，线轮带C260009，荷包袋C260011，绳编工艺品C260023

注：本类似群与2602第一自然段类似。

2602 不属别类的服饰品，饰针

鸵鸟羽毛（服装附属品）260011，帽用饰物260016，鞋用饰物260035，绳绒线织物（花边）260037，衣服装饰品260064，云母亮片（服饰用）260071，鸟羽毛（服装配件）260074，衣服装饰用亮片260077，羽毛（服装配件）260082，头饰（小绒球）260083，玫瑰花饰（缝纫用品）260085，非制首饰用珠子260123，补花（缝纫用品）260128，小饰物（非首饰、非钥匙圈、非钥匙链用）260133，帽子用非装饰别针260143，手机用小饰物260151

发卡260015，臂章260024，臂带（服装配件）260024，胸针（服装配件）260027，头发装饰品260038，卷发夹260039，发夹260040，发针260041，发网260042，长别针260090，别针（非首饰）260100，非贵金属制佩戴徽章260101，装饰徽章（扣）260113，发用蝴蝶结260114，染发用帽260115，绶带260117，卷发纸260121，电和非电的发卷（非手工具）260127，头发饰带260140

注：1. 第一自然段与2601类似；

2. 电和非电的发卷（非手工具）与0806烫发钳，烫发用铁夹，卷发用手工具类似，与第九版及以前版本0806卷发用手工具（非电），0924电热卷发器交叉检索。

2603 纽扣，领钩扣，拉链

鞋扣（鞋链）260001，服装扣260010，纽扣*260021，揿扣260022，背带钩扣260026，吊带钩扣260026，皮带扣260031，鞋钩260033，鞋眼260036，胸衣扣260048，女衫纽扣260048，挂钩（缝纫

用品）260052，拉链 260053，服装扣眼 260073，手提袋拉链 260087，包用拉链 260087，鞋扣 260088，扣子（服装配件）260097，紧身胸衣钩 260098，搭扣带 260116，骑自行车者用的裤夹 260119，地毯钩 260122，内衣胶带 260145，包用带扣 260147，包用扣钩 260148，零钱包用扣钩 260152

※ 尼龙搭扣 C260012

注：1. 皮带扣与 2512 腰带，皮带（服饰用）类似；
2. 本类似群与第八版及以前版本 1403 贵重金属扣交叉检索。

2604 假发，假胡须

假胡须 260014，假发 260043，发辫 260044，发束 260044，假髭 260072，假发套 260079，遮秃假发 260089，接发片 260125，人类的头发 260126

2605 缝纫用具（线除外）

针*260002，鞋匠用针 260003，缝纫针 260004，装订针 260006，织补针 260007，马具用针 260008，编织针 260009，针线盒 260049，缝纫用顶针 260050，钩针 260051，针插 260055，织渔网的梭 260058，除线以外的缝纫用品*260070，针插 260078，针盒 260091，针匣 260092，绣花丝线或绒线用绕轴（非机器部件）260124，针线套装 260130，昆虫针 260131，绣花针 260132，缝针穿线器 260134，成套编织用品 260153

※ 罗纹针 C260015，双头针 C260016，毛衣针 C260020

注：1. 本类似群与第八版及以前版本 1402 贵重金属针，贵重金属针盒交叉检索；
2. 本类似群与第十版及以前版本 1611 昆虫针交叉检索；
3. 本类似群与第十一版及以前版本 0808 针钩穿线器，第十版及以前版本 0808 缝针穿线器交叉检索。

2606 假花

人造花 260059，人造水果 260061，人造花环 260065，人造花制花环 260099，除圣诞树以外的人造植物 260129，人造圣诞花环 260135，带灯饰的人造圣诞花环 260136，人造花制圣诞花环 260137，带灯饰的人造花制圣诞花环 260138

※ 人造盆景 C260021，纸拉花 C260022

2607 硬托衬骨

妇女紧身衣上衬骨 260012，织补架 260020，衣领托 260046，服装垫肩 260118，胸罩用钢圈 260149

2608 修补纺织品用热黏胶片

修补纺织品用热黏合补片 260081，纺织品装饰用热黏合补片（缝纫用品）260111

2609 亚麻布标记用品

亚麻织品标记用数字或字母 260032，亚麻织品标记用交织字母饰片 260032，亚麻织品标记用数字 260045，亚麻织品标记用字母 260069，竞赛者用号码 260112

#2610 茶壶保暖套

注：本类似群第十版时移入 2111 类似群。

2611 单一商品

提胸贴片 260144

第二十七类

地毯,地席,亚麻油地毡及其他铺在已建成地板上的材料;非纺织品制壁挂。

【注释】

第二十七类主要包括作为覆盖物铺在已建成的地板和墙壁上的制品。

本类尤其包括:

——汽车用脚垫;

——作为地板覆盖物的垫,例如:浴室防滑垫,门前擦鞋垫,体操垫,瑜伽垫;

——人工草皮;

——墙纸,包括纺织品制墙纸。

本类尤其不包括:

——金属制地板、铺地材料和地板砖(第六类),非金属制地板、铺地材料和地板砖(第十九类),木地板条(第十九类);

——电热地毯(第十一类);

——土工布(第十九类);

——婴儿游戏围栏用垫(第二十类);

——纺织品制壁挂(第二十四类)。

2701 地毯

地毯 270011,小地毯 * 270011

> 注:本类似群与2403纺织品制墙上挂毯,纺织品制壁挂类似,与第九版及以前版本2403纺织品挂毯(墙上挂帘帷),纺织品壁挂交叉检索。

2702 地席

垫席 * 270006,苇席 270009

2703 垫及其他可移动铺地板用品

浴室防滑垫270001，地板覆盖物270002，人工草皮270003，体操垫270004，健身用垫270004，门前擦鞋垫270008，汽车用脚垫270010，防滑垫270012，油毡制地板覆盖物270014，地毯底衬270015，乙烯地板覆盖物270016，滑雪斜坡用编织绳垫270017，壁炉或烧烤架用耐火地垫270019，瑜伽垫270020，榻榻米垫270021，油毡块（地板覆盖物）270023

※ 地垫C270003，橡胶地垫C270004

2704 墙纸，非纺织品墙帷及非纺织品壁挂

墙纸270007，非纺织品制壁挂270013，纺织品制墙纸270018，纺织品制墙壁遮盖物270022

注：非纺织品制壁挂与2403纺织品制墙上挂毯，纺织品制壁挂类似，与第九版及以前版本2403纺织品挂毯（墙上挂帘帷），纺织品壁挂交叉检索。

第二十八类

游戏器具和玩具；视频游戏装置；体育和运动用品；圣诞树用装饰品。

【注释】

第二十八类主要包括玩具和游戏装置，体育设备，娱乐及创意道具，以及某些圣诞树用装饰品。

本类尤其包括：

——娱乐和游戏装置，包括其控制器；

——恶作剧和聚会用创意玩具，例如：狂欢节面具，纸制晚会帽，五彩纸屑，聚会用爆竹和圣诞拉炮；

——打猎和钓鱼用具，例如：钓鱼竿，钓鱼用抄网，诱饵，狩猎用哨子；

——各种运动和游戏设备。

本类尤其不包括：

——圣诞树用的蜡烛（第四类），圣诞树用电灯（第十一类），圣诞树用糖果和巧克力装饰物（第三十类）；

——潜水装备（第九类）；

——性玩具和性爱娃娃（第十类）；

——体育和运动用服装（第二十五类）；

——某些按照其他功能和用途分类的体育运动装备，例如：运动用头盔、护目镜和护齿（第九类），体育用火器（第十三类），健身用垫（第二十七类）；以及某些按照其他功能和用途分类的打猎和钓鱼用具，例如：猎刀（第八类），鱼叉（第八类），猎枪（第十三类），渔网（第二十二类）。

2801 娱乐器械，娱乐物品

游戏器具＊280079

（一）桌式足球桌280070，游戏机280128，自动和投币启动的游戏机280189，视频游戏机器280214，带有液晶显示屏的便携式游戏机280215，娱乐场用视频游戏机280216，游戏机控制器280217，视频游戏操纵杆280228，便携式游戏机屏幕专用保护膜280229，视频游戏机280255，玩视频游戏用手持设备280256，游戏机外置散热风扇280274

（二）游戏套环280005，秋千280010，摇摆木马280014，九柱戏木柱280022，游戏用弹子280023，风筝280036，风筝线轴280037，游戏用筹码280040，掷环游戏用铁圈280097，魔术器械280105，九柱戏器具280106，滑梯（玩具）280149，游乐场骑乘玩具280157，弹球机280199，游乐场用沙箱280271

※电动游艺车C280001，转椅C280003，荡椅C280006，云梯C280008，浪船C280010，摇船C280011，滚环C280012，大积木C280013，转马C280014

注：1.本类似群第一自然段商品与各部分商品均类似；
2.本类似群各部分之间商品不类似；
3.第（一）部分与第九版及以前版本0908与外接显示屏或监视器连用的娱乐器具，与外接显示屏或监视器连用的游戏机，第八版及以前版本0908与电视机连用的娱乐器具，与电视连用的游戏机，第七版及以前版本0908自动和投币启动的游戏机交叉检索；
4.大积木与2802积木（玩具）类似；
5.便携式游戏机屏幕专用保护膜与第十版及以前版本1703已接受商品便携式游戏机屏幕保护膜交叉检索。

2802 玩具

手枪火帽（玩具）280003，宠物用玩具280004，聚会用气球280012，玩具娃娃进食瓶280016，玩具*280024，积木（玩具）280025，盖房玩具280041，聚会用新奇玩具280045，多米诺骨牌280054，玩具手枪280058，恶作剧玩具280062，拨浪鼓（玩具）280077，玩具娃娃床280085，玩具小房子280086，木偶280087，牵线木偶280087，玩具娃娃280088，演戏面具280089，狂欢节面具280090，成比例的模型车280091，玩具娃娃衣280103，玩具小屋280104，陀螺（玩具）280112，滑板车（玩具）280115，玩具气枪280117，起爆帽（玩具）280118，火帽（玩具）280118，玩具风铃280145，玩具熊280151，飞盘（玩具）280158，玩具用马蹄铁280159，长毛绒玩具280161，肥皂泡（玩具）280162，玩具车280163，捕蝴蝶用网280165，拼图玩具280168，雪景球280175，节日悬挂、由儿童击破以获得其中玩具和糖果的彩饰陶罐280183，遥控玩具汽车280185，万花筒280190，五彩纸屑280192，比例模型套件（玩具）280198，纸制晚会帽280204，填充玩具280208，玩具模型280218，玩具小塑像280219，面具（玩具）280222，俄罗斯套娃280223，玩具用控制器280224，航模用陀螺仪和飞行稳定器280227，玩具无人机280230，玩具机器人280231，婴儿健身架280234，带安抚巾的毛绒玩具280235，幼儿用三轮脚踏车（玩具）280236，仿真化妆品玩具280237，游泳池充气漂浮物280238，聚会彩炮（聚会助兴道具）280240，橡皮泥（玩具）280241，面泥（玩具）280242，回力镖280244，游泳池充气游戏器具280249，游戏用帐篷280254，儿童游戏屋280257，减压玩具280262，聚会用荧光棒手环280265，拍手器（噪音制造玩具）280267，可动人偶280268，球型关节人偶（BJD）280275，玩具乐器280278，平衡自行车（玩具）280280

※玩具风车C280009，玩具汽车C280015，智能玩具C280016，模型飞机材料C280017，玩具手表

C280018，玩具照相机 C280019，玩具望远镜 C280020，电子永动器（永磁摆动玩具）C280022，礼花玩具（非燃放型礼花）C280023，激光启动的玩具 C280097

> 注：1. 积木（玩具）与 2801 大积木类似；
> 2. 本类似群与第七版及以前版本 0911 万花筒交叉检索；
> 3. 本类似群与第七版及以前版本 1603 五彩纸屑交叉检索；
> 4. 玩具风车与第十版及以前版本 2801 风车交叉检索；
> 5. 本类似群与第十版及以前版本 2801 木偶，牵线木偶交叉检索；
> 6. 橡皮泥（玩具），面泥（玩具）与 1620 模型用聚合物制黏土类似，与第十一版及以前版本 1620 已接受商品橡皮泥交叉检索。

2803 棋，牌及辅助器材

国际跳棋 280049，骰子 280050，国际象棋 280055，国际象棋棋盘 280056，跳棋棋盘 280057，骰子杯 280074，棋盘游戏器具 280078，十五子棋 280114，桌游器具 280156，麻将牌 280160，宾果游戏牌 280178，纸牌 280191，扑克牌 280191，游戏用集换式卡片 280245，集换式卡片游戏器具 280269，纸牌游戏器具 280270

※ 棋 C280024，象棋 C280025，跳棋 C280027，围棋 C280028，足球棋 C280029，动物棋 C280030，克朗棋 C280031，全自动麻将桌 C280033

> 注：本类似群与第七版及以前版本 1608 交叉检索。

2804 球类及器材

运动球类球胆 280001，体育活动用球 280011，台球桌垫 280013，台球 280019，台球球杆用白垩 280020，台球记分器 280021，滚球游戏用球 280030，保龄球设备和器械 280031，球拍用肠线 280033，高尔夫球杆 280034，球拍线 280042，板球包 280047，曲棍球棒 280048，带轮或不带轮的高尔夫球袋 280061，运动用网 280064，网球场地用网 280065，球拍 280081，球棒 280081，乒乓球台 280111，羽毛球 280116，台球杆 280121，台球球杆头 280122，台球桌 280123，投币启动式台球桌 280124，网球抛球仪器 280173，修复草皮工具（高尔夫球运动用）280179，高尔夫果岭叉 280179，投球机 280220，高尔夫球袋车 280225，运动球类充气用气针 280232，运动球类充气专用气泵 280233，高尔夫球袋吊牌 280259，保龄球 280263

※ 网球拍 C280034，羽毛球拍 C280035，乒乓球拍 C280036，板羽球拍 C280037，球网 C280038，门球器材 C280039，球拍胶粒 C280040，球及球拍专用袋 C280041，高尔夫球的清洁机（高尔夫球运动用或

高尔夫球场用）C280098，高尔夫球的挑选机（高尔夫球运动用或高尔夫球场用）C280099，高尔夫球的运送机（高尔夫球运动用或高尔夫球场用）C280100，高尔夫球的分配机（高尔夫球运动用或高尔夫球场用）C280101

2805 健身器材

锻炼用固定自行车280017，锻炼身体肌肉器械280044，锻炼身体器械280044，使身体复原的器械280044，扩胸器（锻炼肌肉用）280051，锻炼用扩胸器280051，锻炼用固定自行车滚轴280059，悬挂式滑行器280127，哑铃280221，瘦腰锻炼腰带280246，锻炼用配重块280264，装有测量传感器的健身圈280272，贴腹式肌肉电刺激健身带280273，肌肉电刺激用紧身连体运动衣280276，体能训练用负重背心280281

※ 握力器C280042，压力器C280043，拉力器C280044，练身手榴弹C280045，健身球C280046，健胸器C280047，健美器C280048，健身床C280049，健身摇摆机C280050

注：本类似群与2807杠铃，举重器具类似。

2806 射箭运动器材

箭弓280007，射箭用器具280008，靶280038，泥鸽投射器280080，泥鸽（靶子）280101，电子靶280193

2807 体操、举重、田径、冰雪及属于本类的其他运动器材

（一）滑雪板边刃280009，有舵雪车280026，体育活动器械280043，运动铁饼280052，滑雪板捆绑带280066，飞镖280067，杠铃280075，海豹皮（盖滑雪板用）280100，冲浪板280102，滑雪板底部覆盖物280109，滑雪板280110，雪橇（体育用品）280113，冲浪皮划艇280125，帆板280126，体操器械280129，击剑用武器280130，登山套具280142，滑翔伞280146，滑板*280148，跳板（运动器材）280150，滑水橇280152，滑雪板专用袋280166，风帆滑水板用挽具280167，风帆滑水板用桅杆280169，彩弹枪（体育器具）280170，彩弹（彩弹枪用弹药）（体育器具）280171，冲浪板用带280172，起跑器（体育运动用）280174，趴板（冲浪板）280177，拳击用吊袋280184，弹弓（体育用品）280188，滑雪单板280197，上升器（登山设备）280201，蹦床280209，撑杆跳高用撑杆280210，桨式冲浪板280226，艺术体操用彩带280239，越野滑轮280250，滑雪杖280251，越野滑轮用滑行手杖280252，瑜伽吊床280253，钢架雪车280260，冲浪板专用袋280261，运动用锥形标志桶280266

※ 单杠C280051，双杠C280052，高低杠C280053，平衡木C280054，双环C280055，鞍马

C280056，跳箱 C280057，跳跃器 C280058，吊绳 C280059，铅球 C280060，举重器具 C280061，爬杆 C280062，吊环滑车 C280064，藤圈 C280066，体操凳 C280067，助跑器 C280068，倒立台 C280070，体操台 C280071，跳高架 C280072，撑高跳竿 C280073，运动绳（跳绳、拔河绳）C280074，民族体育运动器具（刀、剑）C280078，飞盘 C280080，沙箱 C280081，运动负重用沙袋 C280083，毽子 C280102

（二）狩猎用哨子 280180

注：1. 本类似群各部分之间商品不类似；

2. 滑翔伞与 1209 降落伞类似；

3. 杠铃，举重器具与 2805 类似；

4. 滑板与第八版及以前版本 2802 滑板（玩具）交叉检索；

5. 第（一）部分与第九版及以前版本 2801 毽子交叉检索。

2808 游泳池及跑道

（一）游泳池（娱乐用品）280095

（二）※ 塑胶跑道 C280084

注：本类似群各部分之间商品不类似。

2809 运动防护器具及冰鞋

（一）击球手用手套（运动器件）280015，拳击手套 280032，护胫（体育用品）280046，竞技手套 280072，游泳脚蹼 280093，击剑用面罩 280131，击剑用防护手套 280132，击剑手套 280132，棒球手套 280141，护肘（体育用品）280143，护膝（体育用品）280144，保护垫（运动服部件）280147，高尔夫球手套 280153，举重用皮带（体育用品）280176，运动员用松香 280186，男性下体弹力护身（体育用品）280196，游泳用打水板 280205，翼型浮袋 280211，游泳浮带 280212，游泳浮力背心 280213，潜水用脚蹼 280247，游泳手蹼 280248，男性运动护裆 280258

※ 运动用护腰 C280085，运动用护掌 C280086，运动用护腿 C280087，运动用护臂 C280088，运动用护肚 C280089，运动腰带 C280090，运动用护面 C280091，运动用护胸 C280092，运动用护腕 C280094，游泳圈 C280103

（二）旱冰鞋 280098，（冰刀）冰鞋 280099，轮滑鞋 280182，雪鞋 280187

注：1. 本类似群各部分之间商品不类似；

2.翼型浮袋，游泳圈，游泳浮力背心与0919救生圈，救生衣类似，与第九版及以前版本0919游泳救生圈，游泳救生衣交叉检索；

3.第（一）部分与第十一版及以前版本2807第（一）部分游泳用打水板，第九版及以前版本0919洗澡或游泳用浮囊，游泳圈交叉检索。

2810 圣诞树用的装饰品

合成材料制圣诞树280006，圣诞拉炮（聚会助兴道具）280027，圣诞树用烛台280029，圣诞树用小铃280039，圣诞树用人造雪280096，圣诞树用装饰品（灯、蜡烛和糖果除外）280119，圣诞树架280120

2811 钓具

人造钓鱼饵280002，钓鱼竿280035，钓鱼用抄网280060，钓鱼用浮子280069，钓鱼钩280076，狩猎或钓鱼用拟饵280082，狩猎或钓鱼用假饵280082，钓鱼用具280083，钓鱼线280084，钓鱼用绕线轮280092，渔篓（捕鱼陷阱）280094，钓鱼用肠线280107，咬钩指示器（钓具）280154，咬钩传感器（钓具）280155，狩猎或钓鱼用香味诱饵280194，钓鱼用手钩280279

2812 单一商品

（一）啦啦队用指挥棒280164

伪装掩蔽物（体育用品）280195

抽奖用刮刮卡280207

（二）球拍手胶280277

※ 球拍用吸汗带C280096，运动用吸汗带C280104

注：1.本类似群各部分之间商品不类似；

2.本类似群第（一）部分为单一商品，各自然段间互不类似；

3.抽奖用刮刮卡与第九版及以前版本16类1605已接受商品彩票，刮刮卡等类似商品交叉检索。

第二十九类

肉，鱼，家禽和野味；肉汁；腌渍、冷冻、干制及煮熟的水果和蔬菜；果冻，果酱，蜜饯；蛋；奶，奶酪，黄油，酸奶和其他奶制品；食用油和油脂。

【注释】

第二十九类主要包括为食用目的而预制或腌制的动物性食品、蔬菜和其他园艺产品。

本类尤其包括：

——以肉、鱼、水果或蔬菜为主的食品；

——可食用昆虫；

——以奶为主的奶饮料；

——牛奶替代品，例如：杏仁浆，椰浆，花生浆，米浆，豆奶；

——腌制蘑菇；

——供人食用的加工过的豆类和坚果；

——人食用的加工过的种子（非用作调味品的）。

本类尤其不包括：

——非食用油和油脂，例如：香精油（第三类），工业用油（第四类），医用蓖麻油（第五类）；

——婴儿食品（第五类）；

——医用营养食物和物质（第五类）；

——膳食补充剂（第五类）；

——色拉用调味品（第三十类）；

——加工过的种子（用作调味品的）（第三十类）；

——裹巧克力的坚果（第三十类）；

——新鲜和未加工的水果、蔬菜、坚果和种子（第三十一类）；

——动物饲料（第三十一类）；

——活动物（第三十一类）；

——种植用种子（第三十一类）。

2901 肉，非活的家禽，野味，肉汁

血肠290013，牛肉清汤290014，肉汤290014，牛肉清汤汤料290015，猪肉食品290018，牛肉清汤

浓缩汁290023，肉汤浓缩汁290023，炸肉饼290036，肉290046，肉冻290049，猎物（非活）290050，火腿290063，肉汁290068，培根290076，食用动物骨髓290081，肝酱290088，香肠290097，盐腌肉290098，食用肚290112，家禽（非活）290114，肝290124，腌制肉290137，猪肉290142，裹面糊的香肠290153，日式烤鸡肉串290193，烤薄牛肉290194，冻干肉290203，热狗肠290214，玉米热狗肠290215，沙嗲烤肉串290235，法式油封鸭290239，法式内脏肠290240，白香肠290241，以肉为主的零食小吃290263

食用蜗牛蛋290139，人食用蚕蛹290151，预制可食用蚂蚁卵290209，可食用昆虫（非活）290210，软体动物（非活）290251

食用燕窝290143

※ 风肠C290002，板鸭C290003，肉片C290004，肉干C290005，肉脯C290006，冻田鸡腿C290007，肉松C290008，肉糜C290009，蜂蛹C290010，熏肉C290114

注：1. 肉汁，牛肉清汤，牛肉清汤汤料，肉汤，肉汤浓缩汁，牛肉清汤浓缩汁与2905汤，3016调味肉汁类似；

2. 本类似群与第十版及以前版本2906食用蜗牛蛋交叉检索。

2902 非活水产品

（一）食用海藻提取物290002

（二）鳗鱼（非活）290006，鱼子酱290016，甲壳动物（非活）290037，小龙虾（非活）290040，鱼片290041，鱼（非活）290047，鲱鱼（非活）290055，龙虾（非活）290057，牡蛎（非活）290061，食用鱼胶290062，多刺龙虾（非活）290075，贝壳类动物（非活）290082，贻贝（非活）290083，沙丁鱼（非活）290106，鲑鱼（非活）290107，金枪鱼（非活）290109，鱼制食品290125，蛤（非活）290132，明虾（非活）290135，腌制鱼290136，虾（非活）290138，人食用鱼粉290145，盐腌鱼290149，海参（非活）290150，鱼慕斯290167，加工过的鱼子290170，腌鳕鱼干290227，以鱼为主的零食小吃290264

※ 鱼翅C290011，鱼肚C290012，鱼肉干C290013，鱼松C290014，鱿鱼（非活）C290015，海米C290016，虾松C290017，海蜇皮C290018，海胆黄C290019，干贝C290020，蛤蜊干C290021，蚬子干C290022，海螺干C290023，蛏干C290024，虾酱C290025

注：1. 本类似群各部分之间商品不类似；

2. 第（一）部分与第九版及以前版本3005螺旋藻（非医用营养品）交叉检索。

2903 罐头食品（软包装食品不包括在内，随原料制成品归组）

鱼罐头 290144，水果罐头 290146，肉罐头 290147，蔬菜罐头 290152

※ 水产罐头 C290026，鹌鹑蛋罐头 C290027

2904 腌渍、干制水果及果蔬制零食小吃

（一）腌制水果 290017，脱水椰子 290021，冷冻水果 290025，葡萄干 290027，水果蜜饯 290035，糖渍水果 290035，椰枣 290038，炖熟的水果 290043，水果冻抹酱 290044，果肉 290045，腌橄榄 290090，水果色拉 290104，果皮 290115，碎杏仁 290117，水果片 290131，浸酒的水果 290133，食用花粉 290134，蔓越莓蜜饯 290156，以水果为主的零食小吃 290160，糖煮水果 290179，加工过的水果制成的拼盘 290191，腌制浆果 290198，加工过的水果 290237，糖姜 290256，以蔬菜为主的零食小吃 290265

油炸土豆片 290019，土豆煎饼 290148，土豆片 290154，低脂炸土豆片 290176

花生酱 290007，果酱 290024，柑橘酱 290079，苹果泥 290155，白芝麻酱 290157，鹰嘴豆泥 290158，鳄梨酱 290199，坚果制抹酱 290212，压制成型的果泥 290229，奶油浆果泥 290260

※ 桂花 C290028，青丝 C290029，红丝 C290030，糖玫瑰 C290031，柿饼 C290032，百合干 C290033，柑饼 C290034，干桂圆 C290035，陈皮梅 C290036，话梅 C290037，干荔枝 C290038，山楂片 C290039，桂花姜 C290040，莲子 C290041，干枣 C290042，以果蔬为主的零食小吃 C290093，椰蓉 C290099，莲蓉 C290100，芝麻蓉 C290101，豆沙 C290107，芝麻酱 C290115

（二）※ 加工过的槟榔 C290094

注：1. 本类似群各部分之间商品不类似；

2. 食用花粉与 3103 花粉（原材料）类似；

3. 第（一）部分与第八版及以前版本 3010 膨化土豆片交叉检索；

4. 第（一）部分与第八版及以前版本 3010 膨化水果片、蔬菜片交叉检索；

5. 跨类似群保护商品：以果蔬为主的零食小吃（2904 第（一）部分，2911）；

6. 第（一）部分与第十版及以前版本 2909 水果色拉交叉检索；

7. 第（一）部分与第十版及以前版本 3007 椰茸，莲茸，芝麻茸，豆沙交叉检索。

2905 腌制、干制蔬菜

德式泡菜 290020，汤 290026，腌小黄瓜 290028，腌制蔬菜 290029，熟蔬菜 290030，干蔬菜 290031，姜酱 290051，食用腌黄豆 290052，蔬菜汤料 290066，烹饪用蔬菜汁 290067，腌扁豆 290077，腌制的洋葱 290089，泡菜 290095，腌制豌豆 290096，制汤剂 290099，番茄泥 290101，蔬菜色拉

290102，烹调用番茄汁 290110，腌制块菌 290113，腌制蘑菇 290120，腌豆 290123，腌紫菜 290159，朝鲜泡菜 290162，腌辣椒 290165，蔬菜慕斯 290169，食用预制芦荟 290172，腌制蒜 290173，番茄酱 290184，西葫芦泥 290185，茄子泥 290186，烹饪用花生浆 290187，烹饪用杏仁浆 290188，腌制洋蓟 290190，炸洋葱圈 290200，中东炸豆丸子 290201，烹饪用柠檬汁 290202，冻干蔬菜 290206，加工过的甜玉米粒 290211，土豆丸子 290213，烹饪用椰浆 290221，烹饪用米浆 290223，黄豆泥饼 290231，加工过的蔬菜 290236，法式杂菜烩 290238，薯饼 290244，烹饪用浓缩蔬菜汁 290247，烹饪用浓缩水果汁 290248，蔬菜制抹酱 290249，食用干花 290255，腌制姜 290257，酸姜 290258，浆果汤 290259，幼儿蔬菜餐 290261，烹饪用酸果汁 290262

※ 咸菜 C290044，五味姜 C290045，榨菜 C290046，五香萝卜 C290047，脱水菜 C290048，速冻方便菜肴 C290049，冬菜 C290050，萝卜干 C290051，白菜干 C290052，干菜笋 C290053，大头菜 C290054，黑菜 C290055，百合菜 C290056，酱菜 C290057，腐乳 C290058，速冻菜 C290059，紫菜 C290060，海菜 C290061，海带 C290062，海带粉 C290063，笋干 C290064，黄花菜 C290065，土豆泥 C290109，豌豆粒 C290110，速冻玉米 C290111，蔬菜制肉替代品 C290116

注：1. 酱菜与 3016 酱菜（调味品）类似；

2. 番茄泥，烹调用番茄汁，番茄酱与 3016 番茄酱（调味品），番茄调味酱类似，与第十版及以前版本 3016 番茄酱交叉检索；

3. 汤与 2901 肉汁，牛肉清汤，牛肉清汤汤料，肉汤，肉汤浓缩汁，牛肉清汤浓缩汁，3016 调味肉汁类似，与第十一版及以前版本 2901 浓肉汁交叉检索；

4. 本类似群与第十版及以前版本 2909 蔬菜色拉交叉检索；

5. 本类似群与第十版及以前版本 3007 速冻玉米交叉检索；

6. 本类似群与第十版及以前版本 3009 烹饪用米浆交叉检索。

2906 蛋品

蛋清 290012，蛋黄 290064，蛋 * 290086，蛋粉 290087

※ 咸蛋 C290066，皮蛋（松花蛋）C290067，鹌鹑蛋 C290068

2907 奶及乳制品

黄油 290008，黄油乳脂 290011，奶油（奶制品）290033，奶酪 290034，奶 290039，小牛皱胃中的凝乳（制干酪用）290042，酸奶 290065，乳清 290073，奶制品 290074，人造黄油 290078，搅打过的奶油 290141，凝乳 290161，蛋白奶 290174，烹饪用奶发酵剂 290178，炼乳 290180，斯美塔那酸奶油 290181，熟酸乳 290182，酸牛奶 290183，奶粉 * 290192，植物奶油 290205，炸白干酪饼 290228，夸克

奶酪 290252，乡村奶酪 290253

※ 牛奶酱 C290097

克非尔奶酒（奶饮料）290070，马奶酒（奶饮料）290071，乳酒（奶饮料）290071，奶饮料（以奶为主）290072，豆奶 290163，奶昔 290164，无酒精蛋奶酒 290168，米浆 290189，燕麦浆 290204，奶替代品 290217，杏仁浆 290218，花生浆 290219，椰浆 290220，以椰浆为主的饮料 290222，以杏仁浆为主的饮料 290224，以花生浆为主的饮料 290225，乳酸饮料 290254

※ 奶茶（以奶为主）C290069，可可奶（以奶为主）C290070，豆浆 C290112

※ 豆奶粉 C290098，豆浆精 C290113

注：1. 乳清与 3202 乳清饮料类似；

2. 酸奶与 3013 冻酸奶（冰冻甜点）类似；

3. 奶，奶制品，奶饮料（以奶为主），蛋白奶，奶粉与 0502 婴儿用含乳面粉，婴儿食品，婴儿配方奶粉，婴儿奶粉类似；

4. 第三、四自然段与 3001 加奶可可饮料，加奶咖啡饮料，加奶巧克力饮料，咖啡饮料，可可饮料，巧克力饮料，3002 第（二）部分，3202 类似，与第十一版及以前版本 3001 含牛奶的巧克力饮料，第十版及以前版本 3011 豆汁交叉检索；

5. 本类似群与第十版及以前版本 3011 豆浆，豆奶粉，豆浆精，3202 豆浆，豆浆精，第九版及以前版本 0502 蛋白牛奶，白朊牛奶，第八版及以前版本 3202 豆奶交叉检索。

2908 食用油脂

食用油脂 290005，食用可可脂 290009，椰子油脂 290010，食用菜油 290022，食用菜籽油 290022，食用油 290032，制食用脂肪用脂肪物 290053，以脂肪为主的面包片抹酱 290054，食用玉米油 290058，食用棕榈果仁油 290059，食用芝麻油 290060，食用棕榈油 290084，食用橄榄油 290091，食用骨油 290092，猪油 290103，食用板油 290108，食用葵花籽油 290111，椰子脂 290121，食用椰子油 290122，食用亚麻籽油 290175，烹饪用卵磷脂 290177，食用特级初榨橄榄油 290207，食用豆油 290216

※ 类可可脂 C290072

#2909 色拉

注：本类似群第十版时删除。

2910 食用果胶

明胶*290003，食品用果冻（非甜食）290048，烹饪用果胶290093，烹饪用藻酸盐290116，烹饪用琼脂290250

※ 水晶冻C290073，琼脂（食用）C290074，口香糖胶基C290075

2911 加工过的坚果

加工过的坚果290085，加工过的花生290118，加工过的葵花籽290166，加工过的种子*290171，糖渍坚果290195，已调味的坚果290196，加工过的榛子290197

※ 加工过的瓜子C290076，加工过的松子C290077，加工过的香榧C290078，加工过的开心果C290080，糖炒栗子C290081，开花豆C290082，五香豆C290083，熟芝麻C290085，以果蔬为主的零食小吃C290093，糖松子C290102，糖核桃C290103，鱼皮花生C290104，琥珀花生C290105，怪味豆C290106

注：1.跨类似群保护商品：以果蔬为主的零食小吃（2904第（一）部分，2911）；
2.本类似群与第十版及以前版本3004糖松子，糖核桃，鱼皮花生，琥珀花生，怪味豆交叉检索。

2912 菌类干制品

※ 冬菇C290086，木耳C290087，干食用菌C290089

2913 食物蛋白，豆腐制品

豆腐290140，腐皮290230，豆腐饼290232，丹贝（发酵豆饼）290234

※ 豆腐制品C290090，腐竹C290091，食用面筋C290108

注：本类似群与第十版及以前版本3011食用面筋交叉检索。

2914 肠衣

天然或人造的香肠肠衣290226

注：本类似群与第十版及以前版本1807交叉检索。

第三十类

咖啡、茶、可可及其代用品；米，意式面食，面条；食用淀粉和西米；面粉和谷类制品；面包、糕点和甜食；巧克力；冰淇淋，果汁刨冰和其他食用冰；糖，蜂蜜，糖浆；鲜酵母，发酵粉；食盐，调味料，香辛料，腌制香草；醋，调味酱汁和其他调味品；冰（冻结的水）。

【注释】

第三十类主要包括为食用目的而预制或腌制的植物性食品（水果和蔬菜除外），以及食品调味佐料。

本类尤其包括：

——以咖啡、可可、巧克力或茶为主的饮料；

——供人食用的加工过的谷物，例如：燕麦片，玉米片，去壳大麦，碾碎的干小麦，木斯里麦片；

——比萨饼，馅饼（点心），三明治；

——裹巧克力的坚果；

——除香精油外的食品或饮料用调味品。

本类尤其不包括：

——工业用盐（第一类）；

——食品或饮料用调味香精油（第三类）；

——药茶和医用营养食物和物质（第五类）；

——婴儿食品（第五类）；

——膳食补充剂（第五类）；

——药用酵母（第五类），动物食用酵母（第三十一类）；

——咖啡味、可可味、巧克力味或茶味牛奶饮料（第二十九类）；

——汤，牛肉清汤（第二十九类）；

——未加工的谷物（第三十一类）；

——新鲜的香草（第三十一类）；

——动物饲料（第三十一类）。

3001 咖啡，咖啡代用品，可可

咖啡用调味品 300010，可可 300024，咖啡 300026，未烘过的咖啡 300027，作咖啡代用品的植物制剂 300028，菊苣（咖啡代用品）300036，加奶可可饮料 300083，加奶咖啡饮料 300084，加奶巧克力饮料 300085，咖啡饮料 300149，可可饮料 300150，巧克力饮料 300151，咖啡代用品 300152，巧克力慕斯酱 300204，巧克力抹酱 300241，含坚果的巧克力抹酱 300242，炼奶焦糖酱 300249，已填充的咖啡胶囊 300286，可可替代品 300297，可可粒 300310，烘焙过的咖啡豆 300320

※ 麦乳精 C300001，乐口福 C300002，巧克力酱 C300137

注：1. 加奶可可饮料，加奶咖啡饮料，加奶巧克力饮料，咖啡饮料，可可饮料，巧克力饮料与2907第三、四自然段，3002第（二）部分，3202类似，与第十版及以前版本2907马或骆驼乳酒（奶饮料），乳酒（牛奶饮料），3011豆浆，豆汁交叉检索；

2. 本类似群与第八版及以前版本2904果仁巧克力酱交叉检索。

3002 茶、茶饮料

（一）茶 * 300037，用作茶叶代用品的花或叶 300221，昆布茶 300281，草本茶 * 300294

※ 红茶 C300146，绿茶 C300147，乌龙茶 C300148，黄茶 C300149，黑茶 C300150，白茶 C300151，茉莉花茶 C300152，铁观音茶 C300153

（二）冰茶 300186，茶饮料 300187，甘菊茶饮料 300248，加奶的茶饮料 300292

注：1. 本类似群各部分之间商品不类似；

2. 第（二）部分与2907第三、四自然段，3001加奶可可饮料，加奶咖啡饮料，加奶巧克力饮料，咖啡饮料，可可饮料，巧克力饮料，3202类似，与第十一版及以前版本3001含牛奶的巧克力饮料，第十版及以前版本2907马或骆驼乳酒（奶饮料），乳酒（牛奶饮料），3011豆浆，豆汁交叉检索。

3003 糖

天然增甜剂 300053，糖 * 300069，烹饪用葡萄糖 300077，冰糖 * 300153，棕榈糖 300219，烹饪用人造增甜剂 300315，烹饪用糖精 300316，烹饪用阿斯巴甜 300317，烹饪用糖替代品 300319

※ 白糖 C300004，红糖 C300005，方糖 C300007

注：1. 天然增甜剂与第十一版及以前版本0113人造增甜剂（化学制剂）交叉检索；

2. 跨类似群保护商品：糖（3003，3004）。

3004 糖果，南糖，糖

圣诞树装饰用糖果 300008，薄荷糖 300019，糖果 300020，焦香糖果 300032，口香糖 * 300035，

巧克力 300038，蛋白杏仁糖果 300039，甜食 300042，软糖（糖果）300067，糖 * 300069，麦芽糖 300094，糖果锭剂 300107，果仁糖 300116，甘草糖 300118，杏仁糖 300138，花生糖 300139，甘草茎糖（糖果）300147，果冻（糖果）300176，蛋糕用巧克力装饰物 300225，蛋糕用糖果装饰物 300226，裹巧克力的坚果 300227，镜面糖衣 300245，水果糖 300267，口气清新用薄荷糖 300271，口气清新用口香糖 300272，牛轧糖 300289，裹巧克力的炸土豆片 300293，酒心巧克力 300296，制作果冻糖果用已调味的果冻粉 300302

※ 南糖 C300008，米花糖 C300009，黑麻片 C300010，糖粘 C300011，酥糖 C300012，皮糖 C300015，人参糖 C300016，羊羹 C300017，麦丽素 C300019，奶片（糖果）C300021

注：1. 果冻（糖果）与第十一版及以前版本 2910 果冻，食用果冻交叉检索；
2. 跨类似群保护商品：甜食（3004，3006），糖（3003，3004）。

3005 蜂蜜，蜂王浆等营养食品

食品用糖蜜 300095，黄色糖浆 300096，蜂蜜 300098，蜂胶 * 300166，蜂王浆 * 300168，龙舌兰糖浆（天然增甜剂）300244，可食用蜂房 300314，食用蜂蜡 300318

※ 花粉健身膏 C300023，龟苓膏 C300024，乳鸽精 C300025，冰糖燕窝 C300026，虫草鸡精 C300027，秋梨膏 C300028，苓贝梨膏 C300029，燕窝梨膏 C300030，桂圆膏 C300031，荔枝膏 C300032，枇杷膏 C300033

注：1. 本类似群与 0501 第（一）部分的第一、二自然段商品（人用药除外）和 0502 第二、三自然段类似；
2. 黄色糖浆与 3203 制饮料用糖浆，杏仁糖浆，制柠檬水用糖浆类似，与第九版及以前版本 3203 制柠檬汁用糖浆，第六版及以前版本柠檬糖浆交叉检索。

3006 面包，糕点

杏仁糊 300004，未发酵面包 300013，面包干 300015，饼干 300016，麦芽饼干 300017，华夫饼干 300022，小圆面包 300023，蛋糕 300029，甜食 300042，即食玉米片 300043，薄烤饼 300047，姜饼 300055，小蛋糕 300068，马卡龙 300089，面包 * 300093，馅饼（点心）300104，三明治 300106，糕点 300108，小黄油饼干 300109，面包卷 300110，布丁 300115，果馅饼 300129，燕麦食品 300144，燕麦片 300145，燕麦粥 300146，薄脆饼干 300174，蛋奶冻 300175，木斯里麦片（由生燕麦、干果和坚果制的早餐食品）300177，米糕 300178，面包屑 300189，塔博勒色拉（一种由碾碎的干小麦、韭菜、西红柿、薄荷和欧芹制成的黎巴嫩色拉）300190，哈发糕 300191，乳蛋饼 300192，以谷物为主的零食小吃 300195，以米为主的零食小吃 300196，糕点用糖霜（糖衣）300203，慕斯甜点 300205，奶酪汉堡

包300208，人食用小麦胚芽300213，高蛋白谷物条300214，谷物棒300218，米布丁300228，热狗三明治300253，油炸面包丁300264，脆米饼300268，不含麸质的面包300275，泡芙300278，羊角面包300279，多层酥皮巧克力面包300280，焦糖炖蛋（甜点）300282，椰丝蛋白饼300285，丹麦酥300300，牛奶布丁300309，夹心饼干300321

※ 汉堡包C300039，麻花C300040，油茶粉C300041，茶汤面C300042，芝麻糊C300043，豌豆黄C300044，蜂糕C300045，热狗C300046，月饼C300132，米粉糊C300133

注：1. 燕麦食品，燕麦片，燕麦粥与3008人食用的去壳谷物，薄片（谷类产品）类似，与第八版及以前版本3008麦片交叉检索；
2. 跨类似群保护商品：甜食（3004，3006），以谷物为主的零食小吃（3006，3010），以米为主的零食小吃（3006，3010），人食用小麦胚芽（3006，3008）；脆米饼（3006，3010）。

3007 方便食品

比萨饼300112，（意大利式）方形饺300117，肉馅饼300133，法式肉派300134，古斯古斯饭300163，寿司300170，春卷300183，墨西哥式夹饼300184，墨西哥式薄饼300185，俄式肉饺300224，包子300231，饺子300233，咸薄饼300235，卷饼300237，紫菜包饭300238，面粉制丸子300243，主要由米制成的冻干食品300246，石锅拌饭300250，饭团300251，方便米饭300252，土豆薄面饼300265，泡菜煎饼300269，意大利汤团300301，幼儿面条餐300307，紫菜包饭300313

※ 炒饭C300048，粥C300049，年糕C300050，粽子C300051，元宵C300052，煎饼C300053，八宝饭C300054，醪糟C300056，火烧C300057，大饼C300058，馒头C300059，花卷C300060，豆包C300061，盒饭C300062，肉泡馍C300064，泡粑C300065，叶儿粑C300066

注：方便米饭与3009方便面，方便粉丝类似。

3008 米，面粉（包括五谷杂粮）

谷类制品300034，谷粉*300057，豆类粗粉300058，玉米粉300059，玉米面300059，大麦粗粉300061，大豆粉300062，面粉300063，蛋糕粉300071，人食用的去壳谷物300080，玉米（磨过的）300091，玉米（烘过的）300092，去壳大麦300100，碾碎的大麦300105，米300119，西米300121，粗面粉300124，粗燕麦粉300142，去壳燕麦300143，薄片（谷类产品）300161，玉米片（碾碎的玉米粒）300197，玉米粗粉300198，人食用小麦胚芽300213，坚果粉300229，制咸薄饼用混合粉300236，加工过的藜麦300258，碾碎的干小麦300259，加工过的荞麦300260，荞麦粉300261，制面糊用混合粉300283，加工过的斯佩尔特小麦300306，加工过的小粒斯佩尔特小麦300308

※ 汤圆粉 C300072，生糯粉 C300073，米粉（粉状）C300134，红豆 C300142，绿豆 C300143，黄豆 C300144，小米 C300145

注：1. 人食用的去壳谷物，薄片（谷类产品）与 3006 燕麦食品，燕麦片，燕麦粥类似；
2. 跨类似群保护商品：人食用小麦胚芽（3006，3008）；
3. 本类似群与第十版及以前版本 3011 豆粉交叉检索。

3009 面条及米面制品

意式面食 300003，做蛋糕用面团 300072，通心粉 300090，面条 300103，意大利面条 300126，意式细面条 300132，食用麦芽膏 300164，人食用麦芽 300165，面条为主的预制食物 300202，生面团 300220，油酥面团 300222，食物制作用生米糊 300232，拉面 300234，可食用纸 300239，可食用米纸 300240，主要由意式面食制成的冻干食品 300247，乌冬面 300273，荞麦面条 300274，叻沙 300277，食用威化纸 300284

※ 挂面 C300074，方便面 C300075，方便粉丝 C300075，玉米浆 C300076，春卷皮 C300077，米粉（条状）C300078

注：1. 方便面，方便粉丝与 3007 方便米饭类似；
2. 可食用纸，可食用米纸与第十版及以前版本 1609 已接受商品包装用糯米纸交叉检索。

3010 谷物膨化食品

玉米花 300044，以谷物为主的零食小吃 300195，以米为主的零食小吃 300196，脆米饼 300268
※ 大米花 C300079，虾味条 C300080，锅巴 C300081，米果（膨化食品）C300082

注：跨类似群保护商品：以谷物为主的零食小吃（3006，3010），以米为主的零食小吃（3006，3010），脆米饼（3006，3010）。

#3011 豆粉，食用预制面筋

注：本类似群第十一版时豆粉移入 3008 类似群，食用面筋移入 2913 类似群。

3012 食用淀粉及其制品

烹饪食品用增稠剂 300050，食用淀粉 300065，香肠黏合料 300088，土豆粉*300114，木薯淀粉

300127，木薯粉*300128

※百合粉C300088，魔芋粉C300089，栗粉C300090，菱角粉C300091，蕨粉C300093，粉丝（条）C300094，藕粉C300095，地瓜粉C300096，马铃薯粉C300097，龙虾片C300098，南瓜粉C300099

3013 食用冰，冰制品

冰淇淋300046，冰淇淋凝结剂300074，天然或人造冰300075，小吃用冰300076，果汁刨冰300125，食用冰300136，冰淇淋粉300137，冻酸奶（冰冻甜点）300181，（加入饮料用的）冰块300254，蜜红豆刨冰300270，冰棍300288

※冰糕C300101，冰砖C300102

注：1. 冻酸奶（冰冻甜点）与2907酸奶类似；
2. 果汁刨冰与3202无酒精果汁，无酒精果汁饮料，果汁，葡萄汁，柠檬水，未发酵的葡萄汁，果汁冰水（饮料），无酒精饮料，无酒精鸡尾酒，带果肉果汁饮料，酸梅汤，植物饮料，乌梅浓汁（不含酒精）等含果汁的饮料类似，与第十版及以前版本3202无酒精果茶交叉检索。

3014 食盐

食物防腐盐300014，食盐300049，芹菜盐300123

注：本类似群与3015，3016类似，与第十版及以前版本3301料酒交叉检索。

3015 酱油，醋

醋300081，啤酒醋300148，酱油300179

※酱油防腐粉C300103，醋精C300104

注：本类似群与3014，3016类似，与第十版及以前版本3301料酒交叉检索。

3016 芥末，味精，沙司，酱等调味品

海藻（调味品）300002，茴香子300006，八角大茴香300007，非医用浸液300009，调味料300012，肉桂（调味品）300030，腌制刺山柑花蕾（调味品）300031，咖喱粉（调味品）300033，丁香（调味品）300040，调味品300041，姜黄*300051，香辛料300054，多香果（香料）300056，芥末粉300060，除

香精油外的蛋糕用调味品 300070，姜粉 300073，番茄酱（调味品）300082，芥末 300101，肉豆蔻（调味品）300102，辣椒（调味品）300111，胡椒 300113，藏红花（佐料）300120，调味酱汁 300122，烹饪用香草调味品 300130，除香精油外的食物用调味品 300140，除香精油外的饮料用调味品 300141，酱菜（调味品）300162，佐料（调味品）300167，海水（烹饪用）300169，番茄调味酱 300171，蛋黄酱 300172，（印度式）酸辣酱（调味品）300182，色拉用调味品 300188，调味肉汁 300193，味噌 300194，腌制香草（调料）300201，水果酱汁（调味料）300206，腌泡汁 300207，香蒜酱 300209，火腿糖汁 300210，烹饪用亚麻籽（调味品）300212，意式面食调味酱 300217，蒜末（调味品）300230，用作调味品的加工过的种子 300255，芝麻（调味品）300256，酸辣泡菜（调味品）300257，蔓越莓酱（调味品）300262，苹果酱（调味品）300263，酸角（调味品）300276，烹饪用橙花水 300287，哈里萨辣酱（调味品）300290，姜酱（调味品）300291，柠檬汁晶（调味品）300303，加工过的南瓜籽（调味品）300304，大酱（调味品）300311，朝鲜族传统辣酱 300312

※ 涮羊肉调料 C300105，豆豉 C300106，香糟 C300107，虾油 C300108，糟油 C300109，蚝油 C300110，鱼露 C300111，鲜虾露 C300112，鸡精（调味品）C300113，鱼沙司 C300114，虾味汁 C300115，桂皮 C300116，果子油 C300117，辣椒油 C300118，花椒粉 C300119，鱼味粉 C300120，五香粉 C300121，海味粉 C300122，食用烟熏多味料 C300123，蒜汁 C300124，味精 C300125，调味酱 C300126，豉油 C300127，料酒 C300141

注：1. 酱菜（调味品）与 2905 酱菜类似；

2. 番茄酱（调味品），番茄调味酱与 2905 番茄泥，烹调用番茄汁，番茄酱类似；

3. 本类似群与 3014，3015 类似；

4. 调味肉汁与 2901 肉汁，牛肉清汤，牛肉清汤汤料，肉汤，肉汤浓缩汁，牛肉清汤浓缩汁，2905 汤类似，与第十一版及以前版本 2901 浓肉汁交叉检索；

5. 除香精油外的饮料用调味品与第十一版及以前版本 3203 饮料香精交叉检索；

6. 本类似群与第十版及以前版本 3301 料酒交叉检索；

7. 跨类似群保护商品：除香精油外的蛋糕用调味品（3016，3018），除香精油外的食物用调味品（3016，3018），除香精油外的饮料用调味品（3016，3018）。

3017 酵母

生面团用酵素 300066，发酵剂 300086，酵母* 300087，泡打粉 300199，苏打粉（烹饪用小苏打）300200，烹饪用酒石酸氢钾（塔塔粉）300215，酿造啤酒用酵母 300298

※ 曲种 C300128，酱油曲种 C300129，烹饪用小苏打 C300130，烹饪用碱 C300131，烹饪用酶 C300135

3018 食用香精，香料

食品用芳香剂 300011，食品用香料（含醚香料和香精油除外）300048，除香精油外的蛋糕用调味品 300070，制糖果用薄荷 300097，香兰素（香草代用品）300131，除香精油外的食物用调味品 300140，除香精油外的饮料用调味品 300141

※ 葡萄酒提味用烤制的天然碎木片 C300136

注：1. 除香精油外的饮料用调味品与第十一版及以前版本 3203 饮料香精交叉检索；
  2. 跨类似群保护商品：除香精油外的蛋糕用调味品（3016，3018），除香精油外的食物用调味品（3016，3018），除香精油外的饮料用调味品（3016，3018）。

3019 单一商品

搅稠奶油制剂 300045

烹饪用嫩肉剂 300135

食用预制谷蛋白 300078，烹饪用谷蛋白添加剂 300216

注：本类似群为单一商品，各自然段间互不类似。

第三十一类

未加工的农业、水产养殖业、园艺、林业产品；未加工的谷物和种子；新鲜水果和蔬菜，新鲜芳香草本植物；草木和花卉；种植用球茎、幼苗和种子；活动物；动物的饮食；麦芽。

【注释】

第三十一类主要包括没有经过任何为了食用目的处理的田地产物和海产品，活动物和植物，以及动物饲料。

本类尤其包括：

——未加工的谷物；

——新鲜的水果和蔬菜，包括经过清洗或打蜡处理的；

——植物残体；

——未加工的藻类；

——未切锯木材；

——待孵蛋；

——新鲜蘑菇和块菌；

——动物用便溺垫物，例如：香砂，宠物用砂纸。

本类尤其不包括：

——微生物培养物和医用水蛭（第五类）；

——动物用膳食补充剂和含药物的饲料（第五类）；

——半成品木材（第十九类）；

——人造鱼饵（第二十八类）；

——米（第三十类）；

——烟草（第三十四类）。

3101 未加工的林业产品

树木 310008，圣诞树 * 310009，树干 310010，灌木 310011，未切锯木材 310017，制木浆的木片 310018，未加工木材 310019，植物 310071，籽苗 310072，未加工软木 310078，棕榈叶（棕榈树叶）310100，棕榈树 310101，未加工树皮 310139，桑拿用桦树条 310175

※ 树苗 C310028

注：跨类似群保护商品：植物（3101，3103），籽苗（3101，3103）。

3102 未加工的谷物及农产品（不包括蔬菜，种子）

燕麦310012，未加工可可豆310020，小麦310061，谷（谷类）310066，玉米310082，大麦*310095，黑麦310118，未加工的食用芝麻310120，未加工稻谷310144，未加工的食用亚麻籽310160，未加工的甜玉米棒（剥皮的或未剥皮的）310164，未加工藜麦310165，未加工荞麦310166，未加工的南瓜籽310176，未加工的斯佩尔特小麦310178，未加工的小的斯佩尔特小麦310180，未加工的咖啡果310182

3103 花卉，草本植物

啤酒花果穗310038，蛇麻球果310038，自然花制花环310044，草制覆盖物310046，自然花310055，装饰用干花310056，花粉（原材料）310057，干草310058，自然草皮310063，新鲜的园艺草本植物310070，植物310071，籽苗310072，啤酒花（蛇麻子）310073，球茎310091，花卉球茎310091，荨麻310096，藤本植物310104，辣椒（植物）310106，装饰用干植物310107，蔷薇丛310117，芦荟（植物）310148，猫薄荷310179

注：1. 花粉（原材料）与2904食用花粉类似；
    2. 跨类似群保护商品：植物（3101，3103），籽苗（3101，3103）。

3104 活动物

供展览用动物310005，活动物310006，贝壳类动物（活的）310041，孵化蛋（已受精）310045，鱼卵310089，蚕种310090，活鱼310103，蚕310119，活家禽310123，小龙虾（活的）310133，甲壳动物（活的）310134，龙虾（活的）310135，贻贝（活的）310136，牡蛎（活的）310137，多刺龙虾（活的）310140，海参（活的）310145，鲱鱼（活的）310154，鲑鱼（活的）310155，沙丁鱼（活的）310156，金枪鱼（活的）310157，鳀鱼（活的）310162，可食用昆虫（活的）310163，锦鲤（活的）310167，软体动物（活的）310168

※ 蚕蛹（活的）C310002，虾（活的）C310023

3105 未加工的水果及干果

（一）新鲜柑橘310002，未加工的坚果310004，新鲜浆果310013，甘蔗310021，新鲜栗子310027，新鲜柠檬310032，椰子壳310033，椰子310034，干椰肉310040，新鲜水果310062，桧树果310064，可乐果310074，新鲜榛子310087，新鲜橄榄310093，新鲜桔310094，松树球果310105，新鲜葡萄310115，扁桃（水果）310125，新鲜花生310126，新鲜水果制果篮310161

※ 鲜枣C310003，新鲜西瓜C310004，新鲜甜瓜C310005，新鲜香蕉C310006，新鲜苹果C310007，新鲜石榴C310008，新鲜枇杷C310009，新鲜芒果C310010，新鲜樱桃C310011，新鲜荔枝C310012，新鲜菠萝C310013，新鲜柚子C310014，新鲜杨梅C310015，新鲜猕猴桃C310016，新鲜桃C310017，新鲜梨C310018，新鲜杏C310019

（二）※ 新鲜槟榔C310024

注：本类似群各部分之间商品不类似。

3106 新鲜蔬菜

人或动物食用的未加工海藻310003，新鲜甜菜310015，新鲜角豆（带荚）310022，新鲜蘑菇310024，菊苣根310029，新鲜菊苣310030，新鲜黄瓜310037，新鲜蔬菜310042，新鲜南瓜310043，鲜豆（带荚）310054，新鲜莴苣310075，新鲜小扁豆（带荚）310076，新鲜洋葱310092，新鲜韭葱310108，新鲜豌豆（带荚）310109，新鲜土豆310110，大黄（新鲜蔬菜）310116，新鲜块菌310121，新鲜菠菜310149，新鲜洋蓟310153，新鲜蒜310158，新鲜西葫芦310159，食用鲜花310170，新鲜姜310171，新鲜黄豆（带荚）310172

※ 鲜食用菌C310020，新鲜青蒜C310025，食用新鲜芦荟C310026，食用新鲜仙人掌C310027

注：1. 大黄（新鲜蔬菜）与第十版及以前版本3103大黄交叉检索；
2. 人或动物食用的未加工海藻与第十版及以前版本3108人或动物食用海藻交叉检索。

3107 种子

未加工谷种310023，蘑菇繁殖菌310025，培育植物用胚芽（种子）310065，植物种子310068

3108 动物饲料

动物食品310007，牲畜用盐310014，糠310016，油渣饼310026，饲料饼310026，动物饲料用氧化钙310028，狗食用饼干310031，鸟食310035，牲畜用菜籽饼310036，动物食用糠料310039，动物食用酿酒废料310048，渣滓（饲料）310049，饲养备料310050，动物催肥剂310052，家畜催肥剂310052，米粉饲料310053，牲畜强壮饲料310059，牲畜饲料310060，饲料310060，动物食用谷类310067，家禽食用去壳谷物 310069，动物食用酵母 310077，亚麻粉（饲料）310079，牲畜食用玉米饼 310083，果渣 310086，水果渣 310086，动物食用谷粉 310088，鸟用乌贼骨 310097，稻草（饲料）310099，家畜催肥熟饲料 310102，下蛋家禽用备料 310111，动物饲料 310112，动物食用植物根 310114，蒸馏器蒸馏后余渣 310122，动物食用豆科类种子和豆荚 310124，动物食用花生粗粉 310127，动物食用花生饼 310128，动物食用谷类加工副产品 310129，动物食用谷类残余产品 310129，甘蔗渣（原料）310131，鱼饵（活的）310132，宠物食品 310138，动物可食用咀嚼物 310141，宠物饮料 310142，动物食用鱼粉 310143，动物食用亚麻籽 310150，动物食用亚麻籽粉 310151，动物食用小麦胚芽 310152，冻干鱼饵 310169

3109 麦芽

酿酒麦芽 310084

3110 动物栖息用干草等制品

动物栖息用干草 310080，动物栖息用泥炭 310081，动物垫窝用干稻草 310098，宠物用砂纸（垫窝用）310146，宠物用香砂 310147，宠物厕所用砂 310181

第三十二类

啤酒；无酒精饮料；矿泉水和汽水；水果饮料及果汁；糖浆及其他用于制无酒精饮料的制剂。

【注释】

第三十二类主要包括不含酒精的饮料及啤酒。

本类尤其包括：

——无酒精饮料；

——软饮料；

——非用作牛奶替代品的米制饮料和豆制饮料；

——能量饮料，等渗饮料，富含蛋白质的运动饮料；

——制饮料用无酒精原汁和果汁。

本类尤其不包括：

——饮料用调味品：香精油（第三类），非香精油（第三十类）；

——医用营养饮料（第五类）；

——以奶为主的奶饮料，奶昔（第二十九类）；

——牛奶替代品，例如：杏仁浆，椰浆，花生浆，米浆，豆奶（第二十九类）；

——烹饪用柠檬汁，烹调用番茄汁（第二十九类）；

——以咖啡、可可、巧克力或茶为主的饮料（第三十类）；

——宠物饮料（第三十一类）；

——酒精饮料（啤酒除外）（第三十三类）。

3201 啤酒

啤酒320002，姜汁啤酒320003，麦芽啤酒320004，以啤酒为主的鸡尾酒320052，大麦啤酒320059，香迪啤酒320062，无醇啤酒320065

制啤酒用麦芽汁320005，制啤酒用蛇麻子汁320021，麦芽汁（发酵后成啤酒）320025，酿造啤酒用冷冻啤酒花320067，酿造啤酒用啤酒花球果320068

3202 不含酒精饮料

无酒精果汁 320001，姜汁汽水 320003，无酒精果汁饮料 320006，乳清饮料 320007，制饮料用无酒精原汁 320009，果汁 320010，水（饮料）320012，锂盐矿水 320014，矿泉水（饮料）320015，气泡水 320017，佐餐饮用水 320018，葡萄汁 320019，柠檬水 320020，蔬菜汁（饮料）320022，未发酵的葡萄汁 320026，苏打水 320028，果汁冰水（饮料）320029，番茄汁（饮料）320030，无酒精饮料 320031，加气水 320035，碳酸水 320035，菝葜（无酒精饮料）320041，无酒精的开胃酒 320042，无酒精鸡尾酒 320043，带果肉果汁饮料 320044，等渗饮料 320045，无酒精苹果酒 320047，格瓦斯 320048，以蜂蜜为主的无酒精饮料 320049，果昔 320050，无酒精芦荟饮料 320051，大豆为主的饮料（非奶替代品）320053，富含蛋白质的运动饮料 320054，米制饮料（非奶替代品）320055，咖啡味非酒精饮料 320056，茶味非酒精饮料 320057，软饮料 320058，能量饮料 320060，含有水果干的无酒精饮料 320061，以无醇啤酒为主的鸡尾酒 320064

※ 可乐 C320002，酸梅汤 C320003，绿豆饮料 C320004，果子粉 C320009，果子晶 C320010，蒸馏水（饮料）C320011，饮用蒸馏水 C320012，纯净水（饮料）C320013，植物饮料 C320015，豆类饮料 C320016，姜汁饮料 C320017，乌梅浓汁（不含酒精）C320018，豆汁 C320022

注：1. 乳清饮料与 2907 乳清类似；
2. 本类似群与 2907 第三、四自然段，3001 加奶可可饮料，加奶咖啡饮料，加奶巧克力饮料，咖啡饮料，可可饮料，巧克力饮料，3002 第（二）部分类似，与第十一版及以前版本 3001 含牛奶的巧克力饮料，第十版及以前版本 2907 马或骆驼乳酒（奶饮料），乳酒（牛奶饮料），3011 豆浆，豆汁交叉检索；
3. 无酒精果汁，无酒精果汁饮料，果汁，葡萄汁，柠檬水，未发酵的葡萄汁，果汁冰水（饮料），无酒精饮料，无酒精鸡尾酒，带果肉果汁饮料，酸梅汤，植物饮料，乌梅浓汁（不含酒精）等含果汁的饮料与 3013 果汁刨冰类似，与第九版及以前版本 3013 刨冰（冰），加果汁的碎冰（冰块）交叉检索；
4. 格瓦斯（无酒精饮料）与第九版及以前版本 3201 克瓦斯淡啤酒（无酒精饮料）类似。

3203 糖浆及其他供饮料用的制剂

制无酒精饮料用配料 320008，制饮料用糖浆 320011，制加气水用配料 320013，制碳酸水用配料 320013，制柠檬水用糖浆 320023，杏仁糖浆 320027，起泡饮料用锭剂 320033，起泡饮料用粉 320034，制饮料用淀粉基干混料 320063，制软饮料用粉 320066

注：制饮料用糖浆，杏仁糖浆，制柠檬水用糖浆与 3005 黄色糖浆类似。

第三十三类

酒精饮料（啤酒除外）；制饮料用酒精制剂。

【注释】

第三十三类主要包括酒精饮料，酒精饮料的原汁和浓缩汁。

本类尤其包括：

——葡萄酒，加烈葡萄酒；

——含酒精的苹果酒和梨酒；

——烈酒，利口酒；

——酒精饮料原汁，果酒（含酒精），苦味酒。

本类尤其不包括：

——医用饮料（第五类）；

——无酒精饮料（第三十二类）；

——啤酒（第三十二类）；

——制酒精饮料用无酒精混合物，例如：软饮料，苏打水（第三十二类）。

3301 含酒精的饮料（啤酒除外）

薄荷酒330001，果酒(含酒精)330002，苦味酒330003，茴芹酒(利口酒)330004，茴香酒(利口酒)330005，开胃酒*330006，亚力酒330007，蒸馏饮料330008，苹果酒330009，鸡尾酒*330010，柑香酒330011，餐后酒（利口酒和烈酒）330012，葡萄酒330013，杜松子酒330014，利口酒330015，蜂蜜酒330016，樱桃酒330017，烈酒（饮料）330018，白兰地330019，酸酒（低等葡萄酒）330020，梨酒330021，清酒（日本米酒）330022，威士忌330023，酒精饮料原汁330024，酒精饮料浓缩汁330025，酒精饮料（啤酒除外）330026，含水果酒精饮料330031，米酒330032，朗姆酒330033，伏特加酒330034，预先混合的酒精饮料（以啤酒为主的除外）330035，甘蔗制酒精饮料330036，谷物制蒸馏酒精饮料330037，以葡萄酒为主的饮料330038，烧酒330039，朝鲜族米酒330040

※ 汽酒C330001，青稞酒C330003，黄酒C330004，食用酒精C330006，白酒C330008

第三十四类

烟草和烟草代用品；香烟和雪茄；电子烟和吸烟者用口腔雾化器；烟具；火柴。

【注释】

第三十四类主要包括烟草和烟具，以及某些用于吸烟和烟具的附件和容器。

本类尤其包括：

——非医用烟草代用品；

——用于电子烟、吸烟者用口腔雾化器的调味品（香精油除外）；

——烟用草本植物；

——鼻烟；

——某些与烟草和烟具有关的附件和容器，例如：吸烟用打火机，烟灰缸，烟草罐，鼻烟壶，雪茄保润盒。

本类尤其不包括：

——医用无烟草香烟（第五类）；

——电子烟用电池和充电器（第九类）；

——汽车用烟灰缸（第十二类）。

3401 烟草及其制品

烟草 340003，嚼烟 340012，雪茄 340013，非医用含烟草代用品的香烟 340019，香烟 340020，小雪茄 340025，烟用草本植物 * 340028，鼻烟 340033

※ 烟丝 C340001，烟末 C340002

3402 烟具

雪茄及香烟烟嘴上黄琥珀烟嘴头 340002，烟袋 340004，香烟嘴 340005，烟斗 340009，雪茄切刀 340014，雪茄烟盒 340015，香烟盒 340016，雪茄烟嘴 340017，袖珍卷烟器 340021，香烟烟嘴 340022，香烟烟嘴头 340023，烟斗通条 340026，烟斗搁架 340030，烟草罐 340032，鼻烟壶 340034，烟灰缸 340036，吸烟者用痰盂 340037，（防止烟草变干的）保润盒 340038，吸烟者用口腔雾化器 340041，水烟袋 340045

注：本类似群与第八版及以前版本1402贵重金属雪茄烟盒，贵重金属香烟盒，贵重金属雪茄烟盒（匣），贵重金属制雪茄烟盒，贵重金属制香烟盒，贵重金属制雪茄烟烟嘴，贵重金属制香烟嘴，贵重金属烟灰缸交叉检索。

3403 火柴

火柴 340001，火柴架 340031，火柴盒 340035

注：本类似群与第八版及以前版本1402贵重金属火柴盒架，贵重金属火柴盒交叉检索。

3404 吸烟用打火机

吸烟用打火机 340007，点烟器用气罐 340008，打火石 340027，吸烟打火机用火芯 340044
※ 吸烟打火机用丁烷储气筒 C340004，丁烷气（吸烟用）C340005

3405 烟纸，过滤嘴

香烟过滤嘴 340006，小本卷烟纸 340010，烟斗吸水纸 340011，卷烟纸 340024
※ 烟用过滤丝束 C340006

3406 香烟用调味品

除香精油外的烟草用调味品 340042，除香精油外的电子烟用调味品 340043

3407 电子烟及其部件

电子烟 340039，电子烟用烟液 340040

注：本类似群商品与第十一版及以前版本3401电子香烟，电子香烟烟液，以及其他属于本类似群的已接受商品交叉检索。

服 务

第三十五类

广告；商业经营、组织和管理；办公事务。

【注释】

第三十五类主要包括涉及商业或工业企业的业务管理、运营、组织和行政管理的服务，以及广告、市场营销和促销服务。按分类要求，商品销售不视为服务。

本类尤其包括：

——为他人将各种商品归类（运输除外），以便顾客浏览和购买；这种服务可由零售商店、批发商店、自动售货机、邮购目录或借助电子媒介提供，例如：通过网站或电视购物节目；

——广告，市场营销和促销服务，例如：样品散发，广告概念开发，广告文本的撰写和出版；

——商业橱窗布置；

——公共关系服务；

——制作电视购物节目；

——组织商品交易会、商业或广告展览；

——为推销优化搜索引擎；

——商业辅助服务，例如：人员招聘，为他人进行商业合同谈判，成本价格分析，进出口代理服务；

——与商业交易和财务记录有关的管理服务，例如：簿记，编制账目报表，商业和财务审计，商业评估，税务筹划和申报服务；

——特许经营的商业管理；

——有关书面讯息和记录的登记、抄录、写作、编纂或者系统化服务，以及数学或者统计数据的汇编服务；

——办公事务，例如：预约安排和提醒服务，为他人在计算机文件中检索数据，计算机文档管理，电话总机应接服务。

本类尤其不包括：

——金融服务，例如：金融分析，金融管理，金融赞助（第三十六类）；

——不动产管理（第三十六类）；

——股票经纪服务（第三十六类）；

——物流运输（第三十九类）；

——能源审计（第四十二类）；

——广告宣传材料的平面设计（第四十二类）；

——为他人进行合同谈判的法律服务（第四十五类）；

——知识产权许可，许可的法律管理，版权管理（第四十五类）；

——域名注册（第四十五类）。

3501 广告

张贴广告 350003，广告材料分发 350008，货物展出 350023，直接邮件广告 350024，广告材料更新 350027，样品散发 350028，广告材料出租 350035，广告文本的出版 350038，广告 350039，广告宣传 350039，无线电广告 350040，电视广告 350044，商业橱窗布置 350046，广告代理 350047，为广告或推销提供模特服务 350049，广告空间出租 350070，通过邮购订单进行的广告宣传 350077，计算机网络上的在线广告 350084，在通信媒体上出租广告时间 350087，为零售目的在通信媒体上展示商品 350092，撰写广告文本 350099，广告版面设计 350101，广告片制作 350104，点击付费广告 350113，广告概念开发 350121，广告牌出租 350125，广告脚本编写 350132，制作电视购物节目 350137，广告传播策略咨询 350139，通过体育赛事赞助推广商品和服务 350141，户外广告 350152，为他人创建品牌形象的广告服务 350178

※ 广告设计 C350001，广告策划 C350002，广告材料起草 C350007

3502 工商管理辅助业

商业管理辅助 350001，商业询价 350002，商业信息代理 350006，成本价格分析 350007，商业管理和组织咨询 350018，商业管理咨询 350020，工商管理辅助 350025，经营效率专家服务 350029，市场分析 350031，商业评估 350032，商业调查 350033，商业组织咨询 350036，商业研究 350041，公共关系 350042，商业管理顾问 350048，市场营销研究 350051，商业专业咨询 350062，经济预测 350063，组织商业或广告展览 350064，提供商业信息 350065，民意测验 350066，商业企业迁移的管理服务 350069，饭店商业管理 350078，组织商品交易会 350082，价格比较服务 350091，为消费者提供商品和服务选择方面的商业信息和建议 350093，特许经营的商业管理 350096，外包服务（商业辅助）350097，统计资料汇编 350100，为广告宣传目的组织时装表演 350103，提供商业和商务联系信息 350110，商业中介服务 350114，为第三方进行商业贸易的谈判和缔约 350116，为建筑项目进行商业项目管理服务 350118，通过网站提供商业信息 350119，为公司提供外包行政管理 350122，为他人提供补偿项目的商业管理 350124，飞行常客计划管理 350128，消费者忠诚度计划管理 350131，为需要资金的企业匹配潜在投资人的商业中介服务 350136，公共关系传播策略咨询 350138，为他人进行商业合同谈判 350140，竞争情报服务 350142，市场情报服务 350143，礼物登记服务（为出售目的管理商品清单）350149，临时性商业管理 350151，关于响应招标的管理辅助 350154，媒体关系服务 350156，商业游说服务 350159，为商业或广告目的提供用户评价 350160，为商业或广告目的提供用户排名 350161，为商业或广告目的提供用户评级 350161，为商业和营销目的进行消费者分析 350164，关于数字化转型的商业咨询服务 350166，编写商业盈利能力研究报告 350169，安排和组织商业活动 350172，潜在客户开发服务 350175，为他人寻找潜在目标客户 350181，市场营销概念开发 350182

※ 投标报价 C350003，为广告或销售组织时装展览 C350008

3503 为他人推销

进出口代理 350005，拍卖 350030，为他人推销 350071，为他人采购（为其他企业购买商品或服务）350085，市场营销 350106，电话市场营销 350107，为商品和服务的买卖双方提供在线市场 350120，定向市场营销 350150，软件出版框架下的市场营销 350155，通过有影响者推销商品 350179，通过有影响者进行市场营销 350180

3504 人事管理辅助业

职业介绍 350012，人事管理咨询 350019，人员招聘 350068，演员的商业管理 350079，为挑选人才而进行的心理测试 350090，运动员的商业管理 350105，自由职业者的商业管理 350115，为客户匹配各种专业人员的商业中介服务 350167

※ 表演艺术家经纪 C350005

> 注：1. 为挑选人才而进行的心理测试与第七版及以前版本 4203 心理测试服务交叉检索；
> 2. 表演艺术家经纪与第十一版及以前版本 3605 经纪交叉检索。

#3505 商业企业迁移

> 注：本类似群第十一版时删除。

3506 办公事务

复印服务 350009，办公机器和设备出租 * 350013，打字 350022，速记 350043，谈话记录（办公事务）350045，计算机化的文档管理 350061，文秘 350072，为外出客户应接电话 350074，文字处理 350075，为他人订阅报纸 350076，将信息编入计算机数据库 350080，计算机数据库信息系统化 350081，复印机出租 350083，为他人在计算机文件中检索数据 350086，报刊剪贴 350088，为他人预订电信服务 350094，对购买订单进行行政处理 350095，开发票 350098，为推销优化搜索引擎 350111，网站流量优化 350112，在计算机数据库中更新和维护数据 350117，为他人写简历 350126，为商业或广告目的编制网页索引 350127，预约安排服务（办公事务）350129，预约提醒服务（办公事务）350130，书面的讯息和数据的登记350133，已登记信息的更新和维护350134，为商业或广告目的汇编信息索引350135，在共享工作设施内出租办公设备350158，电话总机应接服务350162，医疗转诊的行政服务350165，访客接待服务（办公事务）350168，提供电话簿信息350170，为他人预订电子收费（ETC）服务350171，数据处理服务（办公事务）350173，医疗记录和档案的计算机化管理350176，餐馆外卖和送餐的在线预订服务350177

※ 计算机数据录入服务 C350006

3507 财会

会计350015，簿记350015，编制账目报表350016，商业审计350017，拟备工资单350067，税务筹划350073，税务申报服务350123，财务审计350144

注：商业审计，税务筹划，税务申报服务，财务审计与3602税审服务类似。

3508 单一服务

自动售货机出租350089

寻找赞助350102

销售展示架出租350109

收银机出租350174

注：1. 本类似群为单一服务，各自然段间互不类似；
2. 自动售货机出租与第七版及以前版本4227自动售货机出租，自动售货机租赁交叉检索。

3509 药品、医疗用品零售或批发服务

药用、兽医用、卫生用制剂和医疗用品的零售服务350108，药用、兽医用、卫生用制剂和医疗用品的批发服务350148

（一）※ 药品零售或批发服务C350009，药用制剂零售或批发服务C350010，卫生制剂零售或批发服务C350011，医疗用品零售或批发服务C350012

（二）※ 兽药零售或批发服务C350013，兽医用制剂零售或批发服务C350014

注：1. 本类似群第一自然段服务与各部分服务均类似；
2. 本类似群各部分之间服务不类似。

第三十六类

金融，货币和银行服务；保险服务；不动产服务。

【注释】

第三十六类主要包括与银行和其他金融交易有关的服务，金融评估服务以及保险和不动产事务。
本类尤其包括：
——金融交易和付款服务，例如：货币兑换，电子转账，信用卡和借记卡支付处理，发行旅行支票；
——金融管理和研究；
——金融评估，例如：珠宝、艺术品和不动产估价，修理费评估；
——支票核查；
——融资和信贷服务，例如：贷款，发行信用卡，融资租赁；
——众筹；
——保险库（保险箱寄存）；
——金融赞助；
——不动产代理，不动产管理，公寓出租，租金托收；
——保险承保，精算服务；
——经纪服务，例如：有价证券、保险和不动产经纪，碳信用证经纪，典当经纪。
本类尤其不包括：
——与商业交易和财务记录有关的管理服务，例如：簿记，编制账目报表，商业和财务审计，商业评估，税务筹划和申报服务（第三十五类）；
——寻找赞助，通过体育赛事赞助推广商品和服务（第三十五类）；
——自助取款机的现金补充（第三十九类）；
——货运经纪，运输经纪（第三十九类）；
——羊毛和活立木的质量评估（第四十二类）。

3601 保险

事故保险承保 360001，精算服务 360003，保险经纪 360010，保险承保 360012，火灾保险承保 360034，健康保险承保 360038，海上保险承保 360039，人寿保险承保 360044，保险咨询 360055，提供

保险信息 360060

> **注**：保险经纪与第十一版及以前版本 3605 经纪交叉检索。

3602 金融事务

分期付款的贷款 360002，信用社 360006，债务托收代理 360009，银行 360013，共有基金 360016，资本投资 360017，兑换货币 360019，发行旅行支票 360020，金融票据交换 360021，金融票据交换所 360021，保险库（保险箱寄存）360022，组织收款 360023，金融贷款 360024，财政估算 360025，金融评估（保险、银行、不动产）360026，保付代理服务 360027，融资服务 360029，金融管理 360030，抵押贷款 360040，银行储蓄服务 360041，融资租赁 360042，有价证券经纪 360043，金融分析 360046，支票核查 360053，金融咨询 360054，信用卡支付处理 360056，借记卡支付处理 360057，电子转账 360058，提供金融信息 360059，租金托收 360063，发行有价证券 360065，贵重物品存放 360066，证券交易行情 360067，发行信用卡 360068，支付退休金 360070，金融赞助 360071，网上银行 360072，贸易清算（金融）360073，修理费评估（金融评估）360103，碳信用证经纪 360104，活立木的金融评估 360105，羊毛的金融评估 360107，公积金服务 360109，股票经纪服务 360110，债务咨询服务 360111，为建筑项目安排资金 360112，通过网站提供金融信息 360113，为他人提供补偿支付的金融管理 360114，基金投资 360115，股票和债券经纪 360116，通过使用会员卡为他人在参与机构提供折扣 360117，关于响应招标的金融评估 360120，石油、天然气和采矿业开发成本的金融评估 360121，金融研究 360122，知识产权资产的金融评估 360125，为成本估算目的准备报价 360126，众筹 360127，电子钱包支付服务 360128，通过区块链技术提供电子资金转账 360130，发行礼品券 360131，手机银行服务 360132，金融事务管理 360133，与税费相关的金融建议 360134

※ 期货经纪 C360001，陆地车辆赊售（融资租赁）C360003，通信设备赊售（融资租赁）C360004，税审服务 C360005，与信用卡有关的调查 C360006

> **注**：1. 有价证券经纪，碳信用证经纪，股票经纪服务，股票和债券经纪，期货经纪与第十一版及以前版本 3605 经纪交叉检索；
> 2. 金融评估（保险、银行、不动产）与 3604 不动产估价类似；
> 3. 税审服务与 3507 商业审计，税务筹划，税务申报服务，财务审计类似，与第十一版及以前版本 3507 税款准备，第十版及以前版本 3507 审计交叉检索；
> 4. 活立木的金融评估与第九版及以前版本 3502 建筑木材评估交叉检索；
> 5. 羊毛的金融评估与第九版及以前版本 3502 羊毛评估交叉检索；
> 6. 知识产权资产的金融评估与第十一版及以前版本 4227 无形资产评估交叉检索。

3603 珍品估价

古玩估价360051，艺术品估价360052，珠宝估价360061，首饰估价360061，钱币估价360062，邮票估价360064

3604 不动产事务

不动产出租360004，不动产代理360007，不动产经纪360008，不动产估价360014，不动产管理360032，公寓管理360033，公寓出租360035，农场出租360036，住所代理（公寓）360045，办公室（不动产）出租360069，共用办公室出租360119

※ 商品房销售C360007

注：1. 不动产估价与3602金融评估（保险、银行、不动产）类似；
　　2. 不动产经纪与第十一版及以前版本3605经纪交叉检索。

3605 海关经纪

海关金融经纪服务360011

3606 担保

担保360018，保释担保360118

3607 慈善募捐

募集慈善基金360015

3608 受托管理

信托360028，受托管理360028

3609 典当

典当经纪360031，典当360108

注：典当经纪与第十一版及以前版本3605经纪交叉检索。

第三十七类

建筑服务；安装和修理服务；采矿，石油和天然气钻探。

【注释】

第三十七类主要包括建筑领域的服务，以及为恢复物品原样或保持现状而进行的不改变其物理或化学特征的修复服务。

本类尤其包括：

——建筑或拆除房屋、道路、桥梁、堤坝或通信线路的服务，以及建筑领域其他服务，例如：室内外油漆，粉刷，管道铺设，安装暖气设备，盖屋顶；

——船只建造；

——建筑工具、机器和设备出租，例如：推土机出租，起重机出租；

——各种修理服务，例如：修理电器、计算机硬件、家具、仪器、工具；

——各种修复服务，例如：建筑物修复，家具修复和艺术品修复；

——旨在使物品保持原样而不改变其任何属性的维修服务，例如：家具维修，车辆维修，游泳池维修和计算机硬件维修；

——清洁各种物品，例如：窗户、运载工具，以及洗熨衣服。

本类尤其不包括：

——货物的物理储存（第三十九类）；

——物品或物质的转化处理服务，包括改变其主要特性的加工处理服务，例如：布料剪裁，染色，耐火处理（第四十类），金属的铸造、电镀和处理（第四十类），服装定制，服装制作，刺绣（第四十类），食物和饮料的防腐处理（第四十类）；

——计算机软件的安装、维护和更新（第四十二类），网站的创建和托管（第四十二类）；

——建筑制图和建筑学服务（第四十二类）。

3701 建设、维修信息服务

建筑施工监督 370031，提供建筑信息 370104，提供维修信息 370105，建筑咨询 370131

※ 工程进度查核 C370001

注：本类似群与第九版及以前版本 4217 建筑咨询交叉检索。

3702 建筑工程服务

铺沥青370005，推土机出租370013，建筑设备出租370020，建筑*370029，水下建筑370030，拆除建筑物370036，仓库建筑和修理370041，建筑物防水370042，建筑物防潮370042，挖掘机出租370044，熔炉的安装与修理370047，工厂建造370052，建筑物隔热隔音370054，砖石建筑370059，码头防浪堤建筑370061，管道铺设和维护370063，用浮石磨光370069，粉刷370070，安装维修水管370071，港口建造370074，铆接370081，清洗机出租370090，搭脚手架370093，砌砖370101，铺路370109，用砂纸打磨370110，水下修理370111，商业摊位及商店的建筑370115，建筑用起重机出租370120，盖房顶370122，安装门窗370128，电缆铺设370140，非考古目的的废址挖掘370156，铺设人工草皮370158，硬质景观建造服务370159

※ 商品房建造C370015

注：本类似群与第八版及以前版本3704屋顶修复交叉检索。

3703 开采服务

采矿370107，采石服务370108，钻井370114，深层油井或气井的钻探370133，水力压裂服务370142

3704 建筑物装饰修理服务

清洁建筑物（内部）370009，室内装潢修理370017，清扫烟囱370026，招牌的油漆或修理370040，清洁窗户370045，贴墙纸370064，室内装潢370067，室内外油漆370068，涂清漆服务370086，清洁建筑物（外表面）370112，扫路机出租370121，清扫街道370124，除雪370149

注：本类似群与第十版及以前版本3702扫路机出租交叉检索。

3705 供暖设备的安装与修理

锅炉清洁和修理370011，燃烧器保养与修理370012，加热设备安装和修理370024

3706 机械、电器设备的安装与修理

（一）电器的安装和修理370003，办公机器和设备的安装、保养和修理370014，空调设备的安装和修理370028，厨房设备安装370035，灌溉设备的安装和修理370053，机械安装、保养和修理370058，冷冻设备的安装和修理370078，计算机硬件安装、维护和修理370116，修复磨损或部分损坏的发动机

370118，修复磨损或部分损坏的机器370119，鼓粉盒的再填充370130，防洪设备的安装和修理370148，墨盒的再填充370150，与计算机硬件安装、保养和修理有关的信息技术咨询370168

※卫生设备的安装和修理C370003，浴室设备的安装和修理C370004，照明设备的安装和修理C370005

（二）清除电子设备的干扰370117

（三）※医疗器械的安装和修理C370002

注：本类似群各部分之间服务不类似。

3707 陆地机械车辆维修

汽车保养和修理370006，运载工具加润滑油服务370049，运载工具清洗服务370055，运载工具上光服务370072，运载工具防锈处理服务370082，车辆服务站（加油和保养）370083，运载工具保养服务370085，运载工具清洁服务370087，运载工具故障修理服务370089，运载工具电池充电服务370137，电动运载工具充电服务370151，汽车车身调校370154，运载工具的外部、内部和机械部件的定制安装（调校）370155

※车辆加油站C370006

注：跨类似群保护服务：运载工具加润滑油服务（3707，3708，3709），运载工具清洗服务（3707，3708，3709），运载工具上光服务（3707，3708，3709），运载工具防锈处理服务（3707，3708，3709），运载工具保养服务（3707，3708，3709），运载工具清洁服务（3707，3708，3709），运载工具故障修理服务（3707，3708，3709），运载工具电池充电服务（3707，3708，3709），电动运载工具充电服务（3707，3708，3709），运载工具的外部、内部和机械部件的定制安装（调校）（3707，3708，3709）。

3708 飞机维修

飞机保养与修理370008，运载工具加润滑油服务370049，运载工具清洗服务370055，运载工具上光服务370072，运载工具防锈处理服务370082，运载工具保养服务370085，运载工具清洁服务370087，运载工具故障修理服务370089，运载工具电池充电服务370137，电动运载工具充电服务370151，运载工具的外部、内部和机械部件的定制安装（调校）370155

注：跨类似群保护服务：运载工具加润滑油服务（3707，3708，3709），运载工具清洗服务（3707，3708，3709），运载工具上光服务（3707，3708，3709），运载工具防锈处理服务（3707，3708，3709），运载工具保养服务（3707，3708，3709），运载工具清洁服务（3707，3708，

3709），运载工具故障修理服务（3707，3708，3709），运载工具电池充电服务（3707，3708，3709），电动运载工具充电服务（3707，3708，3709），运载工具的外部、内部和机械部件的定制安装（调校）（3707，3708，3709）。

3709 船只建造和维修服务

船只建造 370021，运载工具加润滑油服务 370049，运载工具清洗服务 370055，运载工具上光服务 370072，运载工具防锈处理服务 370082，运载工具保养服务 370085，运载工具清洁服务 370087，运载工具故障修理服务 370089，运载工具电池充电服务 370137，电动运载工具充电服务 370151，运载工具的外部、内部和机械部件的定制安装（调校）370155

注：1. 跨类似群保护服务：运载工具加润滑油服务（3707，3708，3709），运载工具清洗服务（3707，3708，3709），运载工具上光服务（3707，3708，3709），运载工具防锈处理服务（3707，3708，3709），运载工具保养服务（3707，3708，3709），运载工具清洁服务（3707，3708，3709），运载工具故障修理服务（3707，3708，3709），运载工具电池充电服务（3707，3708，3709），电动运载工具充电服务（3707，3708，3709），运载工具的外部、内部和机械部件的定制安装（调校）（3707，3708，3709）；

2. 船只建造与4016类似。

3710 影视器材维修

照相器材修理 370002，电影放映机的修理和维护 370046

3711 钟表修理

钟表修理 370051

3712 保险装置的维修

保险库的保养和修理 370018，保险柜的保养和修理 370027，修保险锁 370125

3713 特殊处理服务

防锈 370037，重新镀锡 370080

注：重新镀锡与 4002 镀锡类似。

3714 轮胎维修服务

轮胎翻新 370077，轮胎硫化处理（修理）370113，轮胎动平衡服务 370138
※ 橡胶轮胎修补 C370016

3715 家具的修复、保养

家具保养 370001，家具修复 370060，木工服务 370132，安装家具时的组装服务 370161，细木工服务（木制品修理）370162

3716 衣服、皮革的修补、保护、洗涤服务

洗烫衣服 370010，服装翻新 370022，修补衣服 370032，皮革保养、清洁和修补 370034，皮毛保养、清洁和修补 370048，清洗衣服 370050，清洗亚麻制品 370056，熨衣服 370062，亚麻制品熨烫 370079，清洗尿布 370102，干洗 370103，洗衣机出租 370135

注：皮革保养、清洁和修补，皮毛保养、清洁和修补与 4010 皮革修整，鞣革，皮革染色，裘皮染色，裘皮上光，皮毛防蛀处理，使裘皮具有缎子光泽类似。

3717 灭虫，消毒服务

消毒 370038，灭害虫（非农业、非水产养殖业、非园艺、非林业目的）370091，医疗器械的杀菌 370141，虫害防治服务（非农业、非水产养殖业、非园艺、非林业目的）370143，室内装潢的除臭 370163，医疗器械的辐照 370164，室内装潢的消毒 370166，外科器械的消毒 370167，医疗器械用消毒设备的出租 370169
※ 外科设备消毒 C370014，灭鼠（非农业、非园艺、非林业目的）C370017

3718 单一服务

电梯安装和修理 370004，通过远程监控系统对电梯（升降机）进行保养 370157

火警器的安装与修理 370015，防盗报警系统的安装与修理 370016

修鞋 370025

电话安装和修理 370084

磨刀 370106

气筒或泵的修理 370073

雨伞修理 370065，阳伞修理 370066

人工造雪 370123

艺术品修复 370126

乐器修复 370127，乐器调音 370139

游泳池维护 370129

排水泵出租 370134

维修电力线路 370136

洗碗机出租 370144，碗碟干燥机出租 370145

手机电池充电服务 370153，便携式充电器出租 370160，电池充电器出租 370165

※ 手工具修理 C370008

※ 珠宝首饰修理 C370009

※ 娱乐体育设备的安装和修理 C370011

注：本类似群为单一服务，各自然段间互不类似。

第三十八类

电信服务。

【注释】

第三十八类主要包括允许至少一方与另一方通信的服务，以及用于播放和传输数据的服务。

本类尤其包括：

——数字文件和电子邮件的传送；

——提供全球计算机网络用户接入服务；

——无线电广播和电视播放；

——视频点播传输；

——提供互联网聊天室和在线论坛；

——电话和语音邮件服务；

——电话会议和视频会议服务。

本类尤其不包括：

——无线电广告（第三十五类）；

——电话市场营销服务（第三十五类）；

——通信活动中可能包含的内容或主题，例如：可下载的影像文件（第九类），通过网站提供商业信息（第三十五类），通过视频点播服务提供不可下载的电影和电视节目（第四十一类）；

——通过电信连接进行的服务，例如：可下载数字音乐的在线零售服务（第三十五类），网上银行（第三十六类）；

——广播和电视节目制作（第四十一类）；

——电信技术咨询（第四十二类）；

——在线网络社交服务（第四十五类）。

3801 进行播放无线电或电视节目的服务

无线电广播 380003，电视播放 380005，新闻社服务 380012，有线电视播放 380021，无线广播 380048

注：本类似群与 3802 卫星传送类似。

3802 通信服务

信息传送 380004，电报传送 380006，电报业务 380007，电报通信 380008，电话业务 380009，电话通信 380010，电传业务 380011，移动电话通信 380022，计算机终端通信 380023，计算机辅助信息和图像传送 380024，电子邮件传输 380025，传真发送 380026，提供电信信息 380027，寻呼（无线电、电话或其他电子通信工具）380028，信息传输设备出租 380029，光纤通信 380030，传真设备出租 380031，调制解调器出租 380032，电信设备出租 380033，电话机出租 380034，卫星传送 380035，电子公告牌服务（通信服务）380036，提供与全球计算机网络的电信连接服务 380037，电信路由节点服务 380038，电话会议服务 380039，提供全球计算机网络用户接入服务 380040，全球计算机网络访问时间出租 380041，为电话购物提供电信渠道 380042，提供互联网聊天室 380043，提供数据库接入服务 380044，语音邮件服务 380045，在线贺卡传送 380046，数字文件传送 380047，视频会议服务 380049，提供在线论坛 380050，数据流传输 380051，无线电通信 380052，视频点播传输 380053，播客视频传输 380054，智能手机出租 380055，位置定位服务（电信服务）380056

※ 由电脑进行的电话号码簿查询 C380001

注：1. 卫星传送与 3801 类似；
2. 提供全球计算机网络用户接入服务，提供数据库接入服务与第八版及以前版本 4220 为计算机用户间交换数据提供即时连接服务交叉检索。

第三十九类

运输；商品包装和储藏；旅行安排。

【注释】

第三十九类主要包括通过铁路、公路、水上、空中或管道将人、动物或货物从一处运送到另一处所提供的服务和与此有关的必要服务，以及各类存储设施、仓库或其他类型的建筑物为保存或看管货物所提供的储藏服务。

本类尤其包括：

——车站、桥梁、铁路、渡轮和其他运输设施的运营；

——交通工具的出租及驾驶服务；

——与运输、储存和旅行有关的出租服务，例如：停车位出租，车库出租，集装箱出租；

——海上拖曳作业，卸货，港口和码头作业，营救遇险船只及其货物；

——货物的包装、灌装、打包和递送；

——自动售货机的补货和自助取款机的现金补充；

——由经纪人及旅行社提供的有关旅行或货运的信息服务，以及提供有关运输的价目、时刻表和方式的信息服务；

——为运输目的检查运载工具或货物；

——能源和电力的分配，水的分配和供应。

本类尤其不包括：

——关于旅行或运输的广告（第三十五类）；

——人或货物在运输过程中的保险服务（第三十六类）；

——保养和修理运载工具或其他用于运输人或货物的运输工具（第三十七类）；

——导游服务（第四十一类）；

——电子数据存储（第四十二类）；

——由旅行社或经纪人提供的预订旅馆房间或其他临时住宿处（第四十三类）。

3901 运输及运输前的包装服务

（一）救护车运输390006，搬运390021，观光旅游运输服务390025，卸货390026，货运390039，运送家具390047，运输390048，运送乘客390051，货物发运390060，运送旅客390063，废物的运输和储藏390064，搬迁390065，货运经纪390072，运输经纪390073，提供运输信息390077，救护运输390082，运输预订390083，提供交通信息390098，物流运输390101，收集可回收物品（运输）390111，通过在线应用为他人安排客运服务390117，生活和工业废物及垃圾的收集390124，对运输的人员进行定位和跟踪390126，对运输的货物进行定位和跟踪390133，为他人运输捕获的二氧化碳390134

（二）商品包装390022，商品打包390086，礼品包装390109

（三）导航系统出租390107

※ 导航C390005

注：1. 本类似群各部分之间服务不类似；

2. 卸货与3902码头装卸类似；

3. 搬迁与第十一版及以前版本3505交叉检索；

4. 货运经纪，运输经纪与第十一版及以前版本3605经纪交叉检索；

5. 货运，运输与3902第（二）部分，3903第一、二自然段，3904空中运输，3905马车运输，3912管道运输类似；

6. 废物的运输和储藏与3906类似；

7. 第（三）部分与第十版及以前版本3904导航，导航系统出租交叉检索；

8. 运送乘客，运送旅客与3902第（二）部分船运货物以外的服务，3903第一自然段，3904空中运输类似。

3902 水上运输及相关服务

（一）运载工具故障牵引服务390007，船只出租390012，破冰390013，拖运390014，船只营救390015，驳船服务390016，船舶经纪390023，拖曳390054，船只打捞390055，海上救助390057，船只存放390071，水下营救390085，码头装卸390093

（二）游艇运输390011，渡船运输390036，河运390037，船运货物390038，船只运输390049，海上运输390061，驳船运输390103

注：1. 本类似群各部分之间服务不类似；

2. 船舶经纪与第十一版及以前版本3605经纪交叉检索；

3. 码头装卸与3901卸货类似；

4. 第（二）部分与3901货运，运输类似；

5. 第（二）部分船运货物以外的服务与3901运送乘客，运送旅客类似；

6. 跨类似群保护服务：运载工具故障牵引服务（3902第（一）部分，3903，3904）。

3903 陆地运输

汽车运输390009，公共汽车运输390010，铁路运输390018，出租车运输390058，有轨电车运输390059，缆车运输390128

装甲车运输390062，贵重物品的保护运输390106

运载工具故障牵引服务390007，自助取款机的现金补充390113，自动售货机的补货390115

注：1.第一、二自然段与3901货运，运输类似；
  2.本类似群与第九版及以前版本3901贵重物品的保护运输交叉检索；
  3.第一自然段与3901运送乘客，运送旅客类似；
  4.跨类似群保护服务：运载工具故障牵引服务（3902第（一）部分，3903，3904）。

3904 空中运输

空中运输390004，运载工具故障牵引服务390007，飞机驾驶服务390052，航空器出租390102，航空发动机出租390105，民用无人机的操控390118，摄影用无人机出租390122，监控用无人机出租390131，安防用无人机出租390132

注：1.空中运输与3901货运，运输，运送乘客，运送旅客类似；
  2.跨类似群保护服务：运载工具故障牵引服务（3902第（一）部分，3903，3904）。

3905 其他运输及相关服务

（一）汽车出租390008，停车场服务390033，车库出租390040，停车位出租390042，运载工具（车辆）出租390044，铁路客车车厢出租390045，铁路货车车厢出租390046，司机服务390074，车辆行李架出租390081，赛车出租390091，客车出租390104，拖拉机出租390110，车辆共享服务390114，拼车服务390120，车辆用儿童安全座椅出租390129，订阅式汽车租赁服务390136

※ 自行车出租C390004

（二）马车运输390017，运输用马匹出租390019

注：1.本类似群各部分之间服务不类似；
  2.马车运输与3901货运，运输类似。

3906 货物的储藏

货物储存 390028，储藏 390034，仓库储存 390034，仓库出租 390035，冰箱出租 390043，冷冻食品柜出租 390043，提供关于储藏服务的信息 390076，集装箱出租 390080，电子数据或文件载体的物理储存 390094，冰柜出租 390099，出租电酒窖 390112，行李寄存 390116，钥匙暂存 390121，带锁储物柜出租 390125，衣帽寄存服务 390130，为他人储存捕获的二氧化碳 390135

注：本类似群与 3901 废物的运输和储藏类似。

3907 潜水工具出租

潜水钟出租 390078，潜水服出租 390079

注：本类似群与 4105 浮潜设备出租类似，与第八版及以前版本 4105 潜水贴身设备租赁，潜水设备出租交叉检索。

3908 供水电气服务

给水 390003，配水 390030，配电 390031，能源分配 390090
※ 煤气站 C390002，液化气站 C390003

3909 水闸管理服务

操作运河水闸 390032

3910 投递服务

包裹投递 390020，货物递送 390027，快递服务（信件或商品）390075，信件投递 390087，投递报纸 390088，邮购货物的递送 390089，鲜花递送 390096，邮件的邮资盖印服务 390097，法律文件运送服务 390127

注：本类似群与第十一版及以前版本 3901 第（一）部分货物递送交叉检索。

3911 旅行安排

旅行陪伴 390002，安排邮轮旅行 390024，旅游交通安排 390050，旅行座位预订 390056，旅行预订 390084，为旅行提供行车路线指引 390108

注：本类似群与 4105 第（六）部分类似。

3912 单一服务

管道运输 390041

轮椅出租 390092

为他人发射卫星 390095

灌装服务 390100

注：1. 本类似群为单一服务，各自然段间互不类似；
  2. 管道运输与 3901 货运，运输类似。

第四十类

材料处理；废物和垃圾的回收利用；空气净化和水处理；印刷服务；食物和饮料的防腐处理。

【注释】

第四十类主要包括通过机械或化学方式加工、处理或者制造物品、无机物或有机物的服务，包括定制生产服务。按分类要求，只有在根据他人的订单和规格而进行的情况下，商品的生产或制造才被视为服务。如果生产或制造不是为履行满足客户特定需要、要求或规格的产品订单，则一般从属于制造商交易活动中的主要商业行为或是商品。如果物质或物品被其加工、处理或制造方交易给第三方，则一般不视为服务。

本类尤其包括：

——物品或物质的转化处理服务，以及任何改变其主要特性的加工处理服务，例如：染服装；如果在维修和保养时进行了这样的处理，也属于第四十类，例如：汽车保险杆的镀铬处理；

——在物质生产或建筑物建造过程中的材料处理服务，例如：切割、加工成形，磨光或金属镀层方面的服务；

——材料接合，例如：锡焊和焊接；

——食品加工和处理，例如：榨水果，面粉加工，食物和饮料的防腐处理，食物熏制，食物冷冻；

——根据他人的订单和规格要求定制生产产品（须明确的是：某些国家和地区的商标注册主管部门要求必须指明制造的产品），例如：汽车定制生产；

——牙科技师服务；

——缝被子，刺绣，服装定制，纺织品染色，纺织品精加工。

本类尤其不包括：

——不需要改变物品或物质基本特性的服务，例如：家具保养或修理（第三十七类）；

——建筑服务，例如：油漆和粉刷（第三十七类）；

——清洁服务，例如：洗熨衣服，清洁窗户，清洁建筑物内外表面（第三十七类）；

——防锈，例如：运载工具防锈处理服务（第三十七类）；

——某些定制服务，例如：汽车定制喷漆（第三十七类）；

——食物装饰，食物雕刻（第四十三类）。

4001 综合加工及提供信息服务

打磨400001，层压400040，研磨400041，研磨抛光400048，材料刨削处理400050，材料锯切服务400052，定做材料装配（为他人）400083，提供材料处理信息400087，材料硫化处理400101，喷砂处理服务400122

※ 碾磨加工 C400006

注：1. 打磨与4002，4004，4006，4007类似；
2. 碾磨加工与4002，4008，4015药材加工类似；
3. 层压与4002，4004类似；
4. 研磨，研磨抛光，喷砂处理服务与4002，4006，4007类似；
5. 材料刨削处理，材料锯切服务与4002，4004，4006类似。

4002 金属材料处理或加工服务

磁化400004，镀银400007，锡焊400011，镀镉400013，镀铬400017，金属电镀400018，涂金400024，电镀400026，镀锡400027，铁器加工400029，铣削加工400031，镀锌400034，金属处理400042，金属回火400043，镀镍400045，镀金400085，激光划线400086，精炼400093，锅炉制造400099，金属铸造400100，配钥匙400108，焊接服务400125

注：1. 镀锡与3713重新镀锡类似；
2. 本类似群与4001打磨，碾磨加工，层压，研磨，研磨抛光，喷砂处理服务，材料刨削处理，材料锯切服务类似。

4003 纺织品化学处理或加工服务

纺织品精加工400005，织物漂白400008，布料边饰处理400010，织物定型处理400014，布料防水处理400036，织物防水处理400036，布料耐火处理400037，纺织品耐火处理400037，织物耐火处理400037，服装防皱处理400038，羊毛加工400039，织布机整经400046，染色服务*400056，纺织品染色400057，布料化学处理400058，纺织品化学处理400058，纺织品防蛀处理400059，布料染色400060，布料预缩处理400069，布匹漂洗400120

注：本类似群与第八版及以前版本3716布匹漂洗交叉检索。

4004 木材加工服务

木器制作 400009，木材砍伐和加工 400067，细木工服务（定制生产木制品）400137

注：本类似群与 4001 打磨，层压，材料刨削处理，材料锯切服务类似。

4005 纸张加工服务

纸张加工 400006，书籍装订 400049，纸张处理 400061

4006 玻璃加工服务

吹制玻璃器皿 400062，玻璃窗着色处理（表面涂层）400065，光学玻璃研磨 400088，车窗染色服务 400126

注：本类似群与 4001 打磨，研磨，研磨抛光，喷砂处理服务，材料刨削处理，材料锯切服务类似，与第九版及以前版本 4002 研磨加工，研磨抛光交叉检索。

4007 陶器加工服务

烧制陶器 400015

注：本类似群与 4001 打磨，研磨，研磨抛光，喷砂处理服务类似，与第九版及以前版本 4002 研磨加工，研磨抛光交叉检索。

4008 食物、饮料加工服务

榨水果 400032，食物熏制 400033，面粉加工 400044，食物和饮料的防腐处理 400066，油料加工 400091，食物冷冻 400117，为他人酿造啤酒 400128，定制生产面包 400129，食品和饮料的巴氏杀菌 400130，为他人酿造葡萄酒 400131，葡萄酒酿造咨询 400132，奶酪熟化（奶酪加工服务）400138，食品辐照 400140

※ 茶叶加工 C400001，饲料加工 C400002

注：本类似群与 4001 碾磨加工类似，与第九版及以前版本 4002 碾磨加工交叉检索。

4009 剥制加工服务

动物标本剥制 400055，动物屠宰 400094，剥制加工 400095

4010 皮革、服装加工服务

服装制作 400012，染鞋 400016，皮革染色 400019，裘皮定型 400020，布料剪裁 400021，裘皮时装加工 400028，皮毛防蛀处理 400030，皮革修整 400047，马具（鞍具）制作 400051，服装定制 400053，鞣革 400054，刺绣 400063，皮革加工 400064，裘皮上光 400070，使裘皮具有缎子光泽 400071，裘皮染色 400072，缝被子 400092，服装修改 400098，针织机出租 400112

注：1. 皮革修整，鞣革，皮革染色，裘皮染色，裘皮上光，皮毛防蛀处理，使裘皮具有缎子光泽与 3716 皮革保养、清洁和修补，皮毛保养、清洁和修补类似，与第十版及以前版本 3716 皮革保养、清洗和修补，皮毛保养、清洗和修补交叉检索；
2. 本类似群与第七版及以前版本 4227 针织机出租交叉检索。

4011 影像加工处理服务

电影胶片冲洗 400002，图样印刷 400022，照相底片冲洗 400023，照片冲印 400089，照相凹版印刷 400090，分色 400107，平版印刷 400110，印刷 400111，胶印 400113，照相排版 400114，丝网印刷 400115

注：本类似群与第七版及以前版本 4215 交叉检索。

4012 废物处理服务

废物和垃圾的回收利用 400068，废物处理（变形）400097，废物和垃圾的销毁 400105，废物和垃圾的焚化 400106，净化有害材料 400109，废物和可回收材料的分类（变形）400116，废物再生 400124，混凝土粉碎 400139

注：本类似群与第七版及以前版本 4225 交叉检索。

4013 空气调节服务

空气净化 400003，空气除臭 400081，空气清新 400082，空调设备出租 400118，空间供暖设备出租 400119

注：本类似群与第八版及以前版本3705取暖设施出租，3706空调设备出租交叉检索。

4014 水处理服务

水处理 400025

4015 单一服务

艺术品装框 400084
雕刻 400035
牙科技师服务 400102
能源生产 400103
发电机出租 400104
超低温冷冻服务（生命科学）400121
锅炉出租 400123
为他人定制3D打印 400127
电池出租 400141
※ 药材加工 C400003
※ 燃料加工 C400004
※ 化学试剂加工和处理 C400005

注：1. 本类似群为单一服务，各自然段间互不类似；
2. 药材加工与4001碾磨加工类似，与第九版及以前版本4002碾磨加工交叉检索。

4016 船只定制生产服务

定制生产小船 400133

注：本类似群与3709船只建造类似，与第十一版及以前版本3709造船交叉检索。

4017 航空器定制生产服务

定制生产航空器 400136

注：本类似群与第十一版及以前版本3708已接受服务飞机制造交叉检索。

第四十一类

教育；提供培训；娱乐；文体活动。

【注释】

第四十一类主要包括各种形式的教育或培训服务，其基本目的是供人娱乐、游乐或消遣，以及为文化或教育目的向公众展示视觉艺术或文学作品。

本类尤其包括：

——为文化或教育目的组织展览，安排和举办会议、大会和专题研讨会；

——翻译和口译服务；

——出版书籍和文字（广告宣传文本除外）；

——新闻记者服务，摄影报道；

——摄影；

——除广告片外的影片导演和制作服务；

——游乐园、马戏团、动物园、美术馆和博物馆提供的文化、教育或娱乐服务；

——运动和健身训练服务；

——动物训练；

——在线游戏服务；

——组织彩票发行；

——娱乐、教育和体育赛事的门票预约和预订服务；

——某些写作服务，例如：剧本编写，歌曲创作。

本类尤其不包括：

——组织商业或广告展览（第三十五类）；

——广告文本的撰写和出版（第三十五类）；

——新闻社服务（第三十八类）；

——无线电广播和电视播放（第三十八类）；

——视频会议服务（第三十八类）；

——撰写科技文稿（第四十二类）；

——日间托儿所服务（第四十三类）；

——矿泉疗养（第四十四类）；

——计划和安排婚礼服务（第四十五类）。

4101 教育

学校（教育）410002，函授课程410011，体育教育410012，教学410017，教育410017，培训410017，提供教育信息410048，教育考核410049，幼儿园410058，实际培训（示范）410061，寄宿学校教育服务410075，宗教教育410080，就业指导（教育或培训顾问）410102，辅导（培训）410189，职业再培训410195，学校教育服务410199，家教服务410202，通过模拟装置进行的培训服务410207，茶道训练（茶艺训练）410210，传授技术（培训）410218，为用户进行无人机驾驶资格的教育考核410221，商业知识和技能的传授（培训）410238，为培训和教育提供认证考试410239，教育研究410240，音乐教育410244

注：1. 幼儿园与4304类似，与第七版及以前版本4221日间托儿所（看孩子）交叉检索；
2. 就业指导（教育或培训顾问）与第七版及以前版本4227职业指导交叉检索。

4102 组织和安排教育、文化、娱乐等活动

组织教育或娱乐竞赛410010，安排和组织学术讨论会410044，安排和组织会议410045，安排和组织大会410046，组织文化或教育展览410051，组织体育比赛410059，安排和组织专家讨论会410070，安排和组织专题研讨会410072，安排和组织培训班410076，安排选美竞赛410077，组织舞会410082，组织表演（演出）410083，安排和组织音乐会410185，为娱乐目的组织时装表演410188，安排和组织现场教育论坛410203，组织角色扮演娱乐活动410215，组织电子竞技比赛410231，安排和举办娱乐活动410242，安排和举办体育赛事410243，举办博物馆展览410248

※ 为娱乐组织时装展览C410003

4103 图书馆服务

出借书籍的图书馆410023，流动图书馆410041，多媒体图书馆服务410235

4104 出版服务

（一）文字出版（广告宣传文本除外）410016，书籍出版410024，电子书籍和杂志的在线出版410091，电子桌面排版410092，提供不可下载的在线电子出版物410099，除广告以外的版面设计410187

（二）※ 录像带发行C410001

注：1. 本类似群各部分之间服务不类似；
2. 录像带发行与4105电影发行类似，与第十一版及以前版本4105电影胶片的分配（发行）交叉检索。

4105 文娱、体育活动的服务

（一）电影摄影设备出租410006，电影摄影棚服务410008，演出用布景出租410013，无线电文娱节目410015，唱片出租410018，电影胶片出租410019，除广告片外的影片制作410020，收音机和电视机出租410025，广播和电视节目制作410026，戏剧制作410029，演出制作410030，电视文娱节目410031，舞台布景出租410032，电影放映410057，录音棚服务410063，录像机出租410068，录像带出租410069，配音410079，音响设备出租410085，剧院或电视演播室用灯光设备出租410086，摄像机出租410088，非广告剧本的编写410089，录像带剪辑410090，配翻译字幕410093，作曲410097，摄影报道410100，摄影410101，新闻记者服务410103，翻译410104，手语翻译410105，录像带录制410106，微缩摄影410182，文稿撰写*410184，书法服务410186，口译410192，音乐制作410196，提供不可下载的在线音乐410200，提供不可下载的在线视频410201，歌曲创作410204，剧本编写410205，通过视频点播服务提供不可下载的电影410208，通过视频点播服务提供不可下载的电视节目410209，艺术品出租410212，电影发行410217，为活动提供音响工程服务410222，为活动提供视频编辑服务410223，为活动提供灯光师服务410224，除广告片外的影片导演410225，导演节目410232，无人机摄影服务410236，无人机摄像服务410237，出租电子书阅读器410241，配原文字幕410245，播客节目制作410249，电影道具出租410250，广播和电视节目的编排410251，提供不可下载的在线图像410252

※ 译制C410002，电影外语配音C410005，诙谐诗创作C410006

（二）游乐园服务410003，娱乐服务410004，演出410007，马戏表演410009，提供娱乐设施410014，综艺表演410027，管弦乐团410028，迪斯科舞厅410047，提供娱乐信息410050，假日野营娱乐服务410055，现场表演410056，筹划聚会（娱乐）410060，提供关于消遣活动的信息410064，演出座位预订410078，游戏厅服务410084，通过计算机网络在线提供的游戏服务410094，提供卡拉OK服务410095，夜总会娱乐服务410098，票务代理服务（娱乐）410183，音乐主持服务410191，为娱乐或文化目的提供用户评价410226，为娱乐或文化目的提供用户排名410227，为娱乐或文化目的提供用户评级410227，脸部彩绘410230，电子竞技服务410233，玩具馆服务410234，密室逃脱（娱乐）410247，逃脱游戏（娱乐）410247

※ 棋牌室服务C410008

（三）体操训练410021，提供体育设施410035，提供高尔夫球设施410053，健身俱乐部（健身和体能训练）410054，浮潜设备出租410065，体育设备出租（车辆除外）410066，体育场设施出租410067，体育野营服务410071，体育比赛计时410073，网球场出租410087，运动场出租410190，私人健身教练

服 务 | 235

服务410193，健身指导课程410194，合气道训练410211，柔道训练410220，训练模拟器出租410228，为训练目的提供体能评估服务410229

（四）玩具出租410197

（五）游戏器具出租410198，提供实境角色扮演游戏设施410254

（六）导游服务410206，登山向导服务410214，提供在线虚拟导游410253

（七）提供博物馆设施410062

※公园C410009，植物园C410010，植物展览C410011，天文馆服务C410012，画展服务C410013，艺术展览C410014

注：1.本类似群各部分之间服务不类似；
2.第（一）部分与第七版及以前版本4222交叉检索；
3.第（一）部分与第七版及以前版本4223交叉检索；
4.第（一）部分与第七版及以前版本4219交叉检索；
5.电影发行与4104录像带发行类似；
6.浮潜设备出租与3907类似，与第八版及以前版本4105第（三）部分潜水贴身设备租赁，潜水设备出租交叉检索；
7.剧院或电视演播室用灯光设备出租与4306照明设备出租类似；
8.第（六）部分与3911类似；
9.第（一）部分与第十一版及以前版本第（二）部分书法服务交叉检索；
10.第（七）部分与第十一版及以前版本第（三）部分提供博物馆设施（表演、展览）交叉检索。

4106 驯兽

动物训练410005，动物园服务410033

4107 单一服务

为艺术家提供模特服务410036
组织彩票发行410081
室内水族池出租410213

注：1.本类似群为单一服务，各自然段间互不类似；
2.组织彩票发行与第六版及以前版本3602经营彩票交叉检索。

第四十二类

科学技术服务和与之相关的研究与设计服务；工业分析、工业研究和工业品外观设计服务；质量控制和质量认证服务；计算机硬件与软件的设计与开发。

【注释】

第四十二类主要包括由人提供的涉及复杂活动领域的理论和实践服务，例如：科学实验室服务，工程学，计算机编程，建筑学服务或室内设计。

本类尤其包括：

——保护计算机数据、个人和金融信息安全的计算机服务及技术服务，以及监测未经授权接入数据和信息，例如：计算机病毒的防护服务，数据加密服务，为侦测网络身份盗用而进行的个人身份信息电子监控；

——软件即服务（SaaS），平台即服务（PaaS）；

——为医务目的所做的科学研究服务；

——建筑学和城市规划服务；

——某些设计服务，例如：工业品外观设计，计算机软件与计算机系统设计，室内设计，包装设计，平面美术设计，服装设计；

——测量（工程）；

——石油、天然气、矿产勘测服务。

本类尤其不包括：

——某些研究服务，例如：商业研究（第三十五类），市场营销研究（第三十五类），金融研究（第三十六类），教育研究（第四十一类），宗谱研究（第四十五类），法律研究（第四十五类）；

——商业审计（第三十五类）；

——计算机化的文档管理（第三十五类）；

——金融评估服务（第三十六类）；

——采矿，石油和天然气钻探（第三十七类）；

——计算机硬件安装、维护和修理（第三十七类）；

——音响工程服务（第四十一类）；

——某些设计服务，例如：园林景观设计（第四十四类）；

——医疗和兽医服务（第四十四类）；

——法律服务（第四十五类）。

#4201 提供饮食供应，临时住宿服务

注：本类似群第八版时移入 4301 类似群。

#4202 提供房屋设施的服务

注：本类似群第八版时移入 4302 类似群。

#4203 医疗、社会福利服务

注：本类似群第八版时拆分移入 4303、4401 类似群。

#4204 卫生、美容服务

注：本类似群第八版时移入 4402 类似群。

#4205 兽医服务

注：本类似群第八版时拆分移入 4305、4403 类似群。

#4206 农业服务

注：本类似群第八版时移入 4404 类似群。

#4207 法律服务

注：本类似群第九版时移入 4506 类似群。

#4208 安全服务

注：本类似群第八版时移入 4501 类似群。

4209 提供科学技术研究服务

（一）技术研究 420040，技术项目研究 420061，工程学 420064，物理研究 420096，机械研究 420101，为他人研究和开发新产品 420161，城市规划 420192，节能领域的咨询 420207，环境保护领域的科学研究 420208，提供关于碳抵消的科学信息、建议和咨询 420212，水质分析 420216，科学实验室服务 420217，能源审计 420218，科学研究 420222，电信技术咨询 420233，撰写科技文稿 420236，自然灾害领域的科学和技术研究 420251，关于专利地图的科学和技术研究 420253，电信技术领域的研究 420255，焊接领域的研究 420256，人工智能技术咨询 420277，人工智能技术领域的研究 420278，提供与净零排放有关的科学信息、建议和咨询 420289

※ 工程绘图 C420015

（二）质量控制 420157，活立木的质量评估 420213，羊毛质量评估 420214

※ 质量检测 C420006，质量评估 C420007，质量体系认证 C420008

注：1. 本类似群各部分之间服务不类似；
2. 第（一）部分与第十一版及以前版本 4220 已接受项目人工智能领域的技术咨询，人工智能领域的研究，第十版及以前版本 4214 物理研究，机械研究交叉检索；
3. 工程绘图与 4217 建筑制图类似；
4. 质量检测与 4214 材料测试类似；
5. 技术研究，技术项目研究，科学研究与 4210 地质研究，4211 化学研究，化妆品研究，4212 细菌学研究，生物学研究、医学研究类似；
6. 科学实验室服务与 4212 医学实验室服务类似。

4210 提供地质调查、研究、开发服务

油田开采分析 420008，油井测试 420042，地质勘测 420062，油田勘测 420063，土地测量 420079，石油勘探 420095，地质勘探 420118，地质研究 420119，校准（测量）420136，水下勘探 420167，测量（工程）420193，石油、天然气和矿业领域的勘探服务 420252，发掘领域的研究 420270，提供地理信息 420275，提供不可下载的在线地理图 420276，岩土工程勘察 420280，地质试井 420281，考古挖掘 420292

注：地质研究与 4209 技术研究，技术项目研究，科学研究类似。

4211 提供化学研究服务

化学分析 420007，化学服务 420030，化学研究 420031，化妆品研究 420045

注：化学研究，化妆品研究与 4209 技术研究，技术项目研究，科学研究类似。

4212 提供生物学、医学研究服务

细菌学研究 420017，生物学研究 420190，临床试验 420224，医学研究 420257，为科学研究目的培养细胞 420284，基因学领域的科学研究 420290

※ 医学实验室服务 C420016

注：1. 细菌学研究，生物学研究、医学研究与 4209 技术研究，技术项目研究，科学研究类似；
2. 本类似群与第十一版及以前版本 4209 已接受服务医学研究交叉检索；
3. 医学实验室服务与 4209 科学实验室服务类似。

4213 提供气象情报服务

气象信息 420076，气象预报 420234

4214 提供测试服务

材料测试 420058，纺织品测试 420109，车辆性能检测 420195，新车和二手车的售前检查服务 420291

注：材料测试与 4209 质量检测类似。

#4215 印刷业

注：本类似群第八版时移入 4011 类似群。

4216 外观设计服务

工业品外观设计 420049，包装设计 420050，造型（工业品外观设计）420165，产品原型设计 420266

4217 建筑物的设计、咨询服务

建筑学服务 420011，建筑学咨询 420036，建筑制图 420038，室内装饰设计 420048，室内设计 420237，建筑领域的研究 420254，演出用布景设计 420265，高尔夫球场设计 420288

※ 建设项目的开发 C420013

注：建筑制图与 4209 工程绘图类似。

4218 服装设计服务

服装设计 420142，演出服设计 420264

注：夜礼服出租，衣服出租，服装租赁，制服出租第八版时移入 4503 类似群。

#4219 提供语言文字服务

注：本类似群第八版时移入 4105 类似群。

4220 计算机编程及相关服务

计算机出租 420083，计算机编程 420090，计算机软件设计 420139，计算机软件更新 420140，计算机硬件设计和开发咨询 420141，计算机软件出租 420159，恢复计算机数据 420175，计算机软件维护 420176，计算机系统分析 420177，计算机系统设计 420194，计算机程序复制 420197，把有形的数据或文件转换成电子媒体 420198，为他人创建和维护网站 420199，托管计算机网站 420200，计算机软件安装 420201，计算机程序和数据的数据转换（非有形转换）420203，计算机软件咨询 420204，网络服务器出租 420205，计算机病毒的防护服务 420206，提供互联网搜索引擎 420209，文档数字化（扫描）420210，通过远程访问监控计算机系统的运行 420215，网站设计咨询 420219，软件即服务（SaaS）420220，信息技术 [IT] 支持服务（软件的故障排除）420221，服务器托管 420223，远程数据备份 420225，电子数据存储 420226，通过网站提供计算机技术和编程信息 420227，通过云计算提供虚拟计算机系统 420229，计算机技术咨询 420232，计算机安全咨询 420235，手机解锁 420238，为检测故障监控计算机系统 420239，为他人创建和设计网络信息索引（信息技术服务）420240，互联网安全咨询 420241，数据安全咨询 420242，数据加密服务 420243，为侦测非授权访问和数据外泄而进行的计算机系统监控 420244，为侦测网络身份盗用而进行的个人身份信息电子监控 420245，为侦测网络诈骗而进行的信用卡活动电子监控 420246，软件出版框架下的软件开发 420247，平台即服务（PaaS）420248，计算机平台的开发 420249，通过技术手段为电子商务交易进行用户认证服务 420260，通过单点登录技术为在线应用软件进行用户认证服务 420261，编写计算机代码 420262，电信网络安全咨询 420263，计算机模拟模型的设计 420267，用于制图或热成像的无人机测量服务 420268，投影映射视频用计算机图形设计 420271，计算机犯罪领域的数字取证调查 420272，关于数字化转型的技术咨询服务 420273，数据中心设施出租 420274，使用区块链技术的用户认证服务 420279，视频游戏和计算机游戏的开发 420282，量子计算 420283，用于数据处理的计算机编程服务 420285，用于数据处理的软件工程服务 420286

#4221 提供人员服务

注：本类似群第八版时拆分移入 4304、4502 类似群。

#4222 提供照相、录像服务

注：本类似群第八版时移入 4105 类似群。

#4223 新闻记者服务

注：本类似群第八版时移入 4105 类似群。

4224 提供艺术品鉴定服务

艺术品鉴定 420132

#4225 物品清仓服务

注：本类似群第八版时移入 4012 类似群。

#4226 殡仪服务

注：本类似群第八版时移入 4404、4504 类似群。

4227 单一服务

平面美术设计 420144，名片设计 420250，广告宣传材料的平面设计 420258，标志设计服务 420287
（人工降雨时）云的催化 420202
笔迹分析（笔迹学）420211
地图绘制服务 420228
能耗记录表出租 420259
为检疫通关目的对进出口货物进行检测和分析 420293

望远镜出租 420294

※ 为他人称量货物 C420012

注：本类似群为单一服务，各自然段间互不类似。

第四十三类

提供食物和饮料服务；临时住宿。

━━━━【 注释 】━━━━

第四十三类主要包括为消费准备食物和饮料的服务，以及提供临时住所的服务。

本类尤其包括：

——预订临时住所，例如：旅馆预订；

——为动物提供膳食；

——出租会议室、帐篷和活动房屋；

——养老院；

——日间托儿所服务；

——食物装饰，食物雕刻；

——烹饪设备出租；

——出租椅子、桌子、桌布和玻璃器皿；

——水烟休息室服务；

——私人厨师服务。

本类尤其不包括：

——饭店商业管理（第三十五类）；

——出租住宅用途的不动产（例如：住房、公寓）（第三十六类）；

——家政（清洁）服务（第三十七类）；

——旅行和运输预订服务（第三十九类）；

——为他人酿造啤酒和葡萄酒，定制生产面包（第四十类）；

——食物熏制，食物和饮料的防腐处理（第四十类）；

——教育，培训和娱乐服务，包括由可能涉及辅助的住宿或饮食的场所（例如：寄宿学校、幼儿园、迪斯科舞厅和夜总会等）提供的服务（第四十一类）；

——提供博物馆设施（第四十一类）；

——康复中心和疗养院服务（第四十四类）；

——临时照看婴孩，临时照料宠物（第四十五类）。

4301 提供餐饮，住宿服务

住所代理（旅馆、供膳寄宿处）430004，备办宴席430010，咖啡馆430024，自助餐厅430025，餐厅430027，临时住宿处出租430028，寄宿处430066，家庭旅馆服务430071，饭店食宿服务430073，餐馆430102，寄宿处预订430104，旅馆预订430105，自助餐馆430107，快餐馆430108，酒吧服务430138，假日野营住宿服务430145，预订临时住所430162，汽车旅馆430183，食物雕刻430193，临时住宿的接待服务（抵达及离开的管理）430194，日式料理餐厅430195，供应乌冬面和荞麦面的餐馆430196，食物装饰430197，蛋糕裱花430198，关于膳食制备的信息和咨询430199，私人厨师服务430200，临时住宿接待服务（发放钥匙）430202，歇脚点提供的临时住宿服务430204，度假屋出租430205，食物点评服务（提供有关食物和饮料的信息）430208，外卖餐厅服务430209

※ 流动饮食供应C430002，茶馆C430003

注：本类似群与第七版及以前版本4201交叉检索。

4302 提供房屋设施的服务

提供野营场地设施430026，活动房屋出租*430160，会议室出租430187，帐篷出租430189，水烟休息室服务430201，移动式更衣室出租430207

注：本类似群与第七版及以前版本4202交叉检索。

4303 养老院

养老院430013

注：本类似群与4401第（二）部分类似，与第七版及以前版本4203养老院，疗养院（非医疗），疗养院，休养所，疗养院（诊所或小型私人医院），济贫院交叉检索。

4304 托儿服务

日间托儿所（看孩子）430098

注：本类似群与4101幼儿园类似，与第七版及以前版本4221日间托儿所（看孩子）交叉检索。

4305 为动物提供食宿

动物寄养 430134，动物收容服务 430203

注：本类似群与 4403 动物养殖，水产养殖服务类似，与第十版及以前版本 4403 动物饲养，宠物饲养，第七版及以前版本 4205 动物寄养，动物饲养，宠物饲养，动物喂养，为动物提供膳食，爱畜饲养交叉检索。

4306 单一服务

（一）出租椅子、桌子、桌布和玻璃器皿 430186，家具出租 430210，办公家具出租 430211
※ 餐具出租 C430004

（二）烹饪设备出租 430190
※ 家用电烤面包片机出租 C430006，家用微波炉出租 C430007

（三）饮水机出租 430191，制饮料用机器人出租 430212
※ 饮料分配机出租 C430008

（四）厨房洗涤槽出租 430206
※ 厨房操作台出租 C430011

（五）照明设备出租 * 430192
※ 被子出租 C430009，地毯出租 C430010

注：1. 本类似群各部分之间服务不类似；
　　2. 本类似群第（五）部分为单一服务，各自然段间互不类似；
　　3. 第（一）部分与第七版及以前版本 4227 桌子、椅子、桌布和玻璃器皿出租交叉检索；
　　4. 第（五）部分第一自然段与 4105 剧院或电视演播室用灯光设备出租类似。

第四十四类

医疗服务；兽医服务；人或动物的卫生和美容服务；农业、水产养殖、园艺和林业服务。

【注释】

第四十四类主要包括由个人或机构向人或动物提供的医疗（包括替代疗法）、卫生和美容服务，以及与农业、水产养殖、园艺和林业领域相关的服务。

本类尤其包括：

——医院；

——远程医疗服务；

——牙科，验光和心理健康服务；

——医疗诊所服务和由医学实验室提供的、用于诊断和治疗的医学分析服务，例如：X光检查和取血样；

——治疗服务，例如：理疗和语言障碍治疗；

——配药咨询和药剂师配药服务；

——血库和人体组织库服务；

——康复中心和疗养院服务；

——饮食营养建议；

——矿泉疗养；

——人工授精和体外授精服务；

——动物养殖；

——动物清洁；

——人体穿孔和文身；

——与园艺有关的服务，例如：植物养护，园林景观设计，庭院风景布置，草坪修整；

——与花卉艺术有关的服务，例如：插花，花环制作；

——除草，虫害防治服务（为农业、水产养殖业、园艺或林业目的）。

本类尤其不包括：

——虫害防治（为农业、水产养殖业、园艺和林业目的除外）（第三十七类）；

——灌溉设备的安装和修理服务（第三十七类）；

——救护运输（第三十九类）；

——动物屠宰及其标本制作（第四十类）；

——树木砍伐和加工（第四十类）；

——动物驯养（第四十一类）；

——为体育锻炼目的而设的健康俱乐部（第四十一类）；

——医学科学研究服务（第四十二类）；

——为动物提供膳食（第四十三类）；

——养老院（第四十三类）；

——殡仪（第四十五类）。

4401 医疗服务

（一）医疗诊所服务440021，脊柱推拿疗法440032，医院440059，医疗保健440060，医疗辅助440087，理疗440097，牙科440113，血库440133，接生440152，医疗护理440153，配药咨询440154，整形外科440156，头发移植440180，心理专家服务440185，芳香疗法服务440193，人工授精440194，物质滥用病人的康复440195，体外授精440196，远程医学服务440198，药剂师配药服务440204，治疗服务440205，医疗设备出租440208，保健站440209，替代疗法服务440210，语言障碍治疗440211，保健咨询440212，牙齿正畸服务440214，为残障人士提供医疗咨询440215，姑息治疗440218，人体组织库440221，动物辅助疗法440224，医学实验室为诊断和治疗目的提供的医学分析服务440225，医学筛检440226，上门护理440229，出租手术机器人440232，针灸440235，拔罐疗法440236，产后护理服务440237，出租装有医用气体的瓶子和容器440238，再生医学服务440240，作业疗法440246，健康评估服务440247，舞蹈疗法440251，艺术疗法440252，音乐疗法440253，远程监控用于医疗诊断和治疗的医疗数据440254，使用培养细胞的医学治疗440255，医学移植用培养细胞库服务440256，学习障碍筛查服务440257，注意缺陷障碍症筛查服务440258，注意缺陷多动障碍症筛查服务440259，视觉加工障碍的诊断440260，疫苗接种服务440262，人工呼吸用呼吸面罩出租440263，为检疫通关目的进行体检440264

※医疗按摩C440005

（二）康复中心440043，休养所440106，护理院440114，老年人护理中心440147，疗养院440219

（三）饮食营养咨询440233

※饮食营养指导C440001

注：1.本类似群各部分之间服务不类似；

2.各部分与第七版及以前版本4203相对应的各自然段分别交叉检索；

3.医疗按摩与4402按摩类似；

4.第（一）部分与第七版及以前版本4204按摩（医疗）交叉检索；

5.第（二）部分与4303类似。

4402 卫生、美容服务

公共卫生浴440018，蒸汽浴440019，美容服务440020，理发440034，按摩440086，修指甲440151，文身440197，桑拿浴服务440200，日光浴服务440201，矿泉疗养440202，化妆师服务440203，打蜡脱毛440213，人体穿孔440216，头发造型器具出租440230，浴用氢水发生器出租440239，美容师服务440241，染发服务440242，理发店服务440249

注：1. 本类似群与第七版及以前版本4204交叉检索；
  2. 按摩与4401医疗按摩类似。

4403 为动物提供服务

动物养殖440009，兽医辅助440111，动物清洁440131，宠物清洁440173，水产养殖服务440207，蜂箱出租440223，野生动物管理440234
  ※人工授精（为动物）C440002，体外授精（为动物）C440003

注：1. 本类似群与第七版及以前版本4205交叉检索；
  2. 动物养殖，水产养殖服务与4305类似。

4404 农业、园艺服务

庭院风景布置440012，花环制作440037，园艺学440072，园艺440077，农场设备出租440084，植物养护440094，空中和地面化肥及其他农用化学品的喷洒440115，花卉摆放440143，草坪修整440148，树木修补440166，灭害虫（为农业、水产养殖业、园艺或林业目的）440168，除草440171，园林景观设计440199，为碳抵消目的植树440206，再造林服务440217，虫害防治服务（为农业、水产养殖业、园艺或林业目的）440220，为园艺维护出租动物440222，葡萄栽培服务440227，葡萄栽培咨询440228，植物栽培440231，树木修剪440243，树木移植440244，园林景观规划440245，提供社区园艺设施440248，园艺器具出租440261
  ※灭鼠（为农业、园艺或林业目的）C440004

注：1. 本类似群与第七版及以前版本4206交叉检索；
  2. 花环制作与第七版及以前版本4226花圈制作交叉检索；
  3. 灭鼠（为农业、园艺或林业目的）与第十一版及以前版本3717灭鼠交叉检索。

4405 单一服务

配镜服务 440092

卫生设备出租 440188

为残疾人提供服务性动物 440250

注：1. 本类似群为单一服务，各自然段间互不类似；

2. 配镜服务与第七版及以前版本 4227 眼镜行交叉检索；

3. 卫生设备出租与第七版及以前版本 4227 卫生设备出租交叉检索。

第四十五类

法律服务；为有形财产和个人提供实体保护的安全服务；交友服务，在线网络社交服务；殡仪服务；临时照看婴孩。

【注释】

第四十五类主要包括法律和安全服务，以及为满足个人需要由他人提供的某些个人和社会服务。

本类尤其包括：

——仲裁和调解服务；

——域名注册；

——合法性和合规性审计服务；

——与个人人身安全和有形财产安全有关的调查和监控服务，例如：警卫服务，侦探服务，个人背景调查，行李安检；

——向个人提供与社会活动有关的服务，例如：社交陪伴，计划和安排婚礼；

——举行宗教仪式，下葬服务；

——临时照料宠物，遛狗服务；

——服装出租。

本类尤其不包括：

——为满足个人需要由他人提供的某些租赁服务，这些服务是通过租赁属于其他类别的物品实现，例如：公寓出租（第三十六类），汽车出租（第三十九类），临时住所出租（第四十三类）；

——旅行陪伴（第三十九类）；

——安全运输，例如：贵重物品的保护运输，装甲车运输（第三十九类）；

——筹划聚会（第四十一类）；

——各种形式的教育服务，包括宗教教育（第四十一类）；

——以人们的娱乐、游乐或消遣为基本目的的服务（第四十一类）；

——计算机和互联网安全咨询及数据加密服务（第四十二类）；

——为人类和动物提供医疗、卫生或美容服务（第四十四类）。

4501 安全服务

私人保镖450001，侦探服务450003，夜间护卫服务450006，寻人调查450053，警卫服务450099，实体安全保卫咨询450117，安全及防盗警报系统的监控450194，行李安检450196，个人背景调查450199，工厂安全检查450202，追踪被盗财产450222，救生员服务450243，无人机监控服务450251，医疗警报监控450255，通过远程监控系统对设施进行安全保护450256，对失踪人员进行定位和追踪450257，视频监控摄像机出租450262，对丢失物品进行定位和追踪450263

注：本类似群与第七版及以前版本4208交叉检索。

4502 提供人员服务

社交陪伴450002，社交护送（陪伴）450002，临时照看婴孩450195，临时看管房子450197，临时照料宠物450198，遛狗服务450232，为他人提供个人购物服务450254，代客排队服务450259，产妇陪护服务450261，为个人提供非医疗性的居家护理服务450265

※ 家务服务C450001

注：本类似群与第七版及以前版本4221中除日间托儿所（看孩子）外的其他服务交叉检索。

4503 提供服饰服务

晚礼服出租450046，服装出租450081，个人服装搭配咨询450227，协助穿着和服450234

注：本类似群与第七版及以前版本4218夜礼服出租，衣服出租，服装租赁，制服出租交叉检索。

4504 殡仪服务

火化服务450047，下葬服务450056，殡仪450057，尸体防腐服务450220，举行葬礼450229，入殓师服务450250

注：本类似群与第七版及以前版本4226交叉检索。

4505 单一服务

开保险锁450033

交友服务450005，婚姻介绍450112，在线网络社交服务450218，社交介绍所服务450253

消防450179，火警报警器出租450203，灭火器出租450204

组织宗教集会450184，举行宗教仪式450231

领养代理 450193

失物招领 450200

保险箱出租 450215

宗谱研究 450216

计划和安排婚礼服务 450217

为特殊场合释放鸽子 450219

互联网域名租赁 450233

动物领养服务 450264

互联网聊天室内容审核 450266

注：1. 本类似群为单一服务，各自然段间互不类似；
2. 本类似群各自然段与第七版及以前版本 4227 各单一服务交叉检索；
3. 计划和安排婚礼服务与第九版及以前版本 4102 组织安排婚庆活动，婚庆主持（司仪）交叉检索；
4. 保险箱出租与第九版及以前版本 3602 保险箱出租交叉检索。

4506 法律服务

调解 450201，仲裁 450205，知识产权咨询 450206，版权管理 450207，知识产权许可 450208，为法律咨询目的监控知识产权 450209，法律研究 450210，诉讼服务 450211，计算机软件许可（法律服务）450212，域名注册（法律服务）450213，替代性纠纷解决服务 450214，法律文件准备服务 450221，有关许可的法律服务 450223，代写私人信件 450228，为他人进行合同谈判的法律服务 450230，关于响应招标的法律建议 450235，软件出版框架下的许可（法律服务）450236，法律监测服务 450237，关于专利地图的法律咨询 450239，司法辩护服务 450240，移民领域的法律服务 450244，合规性审计 450246，合法性审计 450247，权益转让法律服务 450248，法律文书送达服务 450258，环境保护领域的法律研究 450260

※ 知识产权代理服务 C450002

注：本类似群与第八版及以前版本 4207 交叉检索。